Dochter van de nomaden

Waris Dirie
en Jeanne D'Haem

*Dochter van
de nomaden*

Vertaald door Jeannet Dekker
en Marie-Christine Ruijs

ARENA

Eerste druk 2001
Drieëntwintigste druk 2009

Oorspronkelijke titel: *Desert Dawn*
© Oorspronkelijke uitgave: Waris Dirie, 2001
© Nederlandse uitgave: Arena Amsterdam, 2001
© Vertaling uit het Engels: Jeannet Dekker en Marie-Christine Ruijs
Omslagontwerp: DPS
Foto voorzijde omslag: Terence Donovan / Camera Press / ABC
Foto achterzijde omslag: Frank Toussaint
Typografie en zetwerk: CeevanWee, Amsterdam
ISBN 978 90 8990 128 6
NUR 302

De uitgever heeft ernaar gestreefd alle copyrights van de in dit boek opgenomen illustraties te regelen. Degenen die echter menen alsnog zekere rechten te kunnen doen gelden, wordt verzocht contact op te nemen met de uitgever.

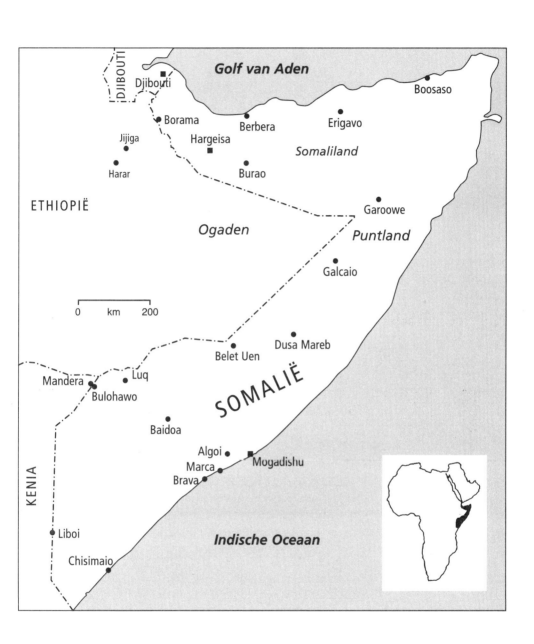

Belangrijkste stammen en clans

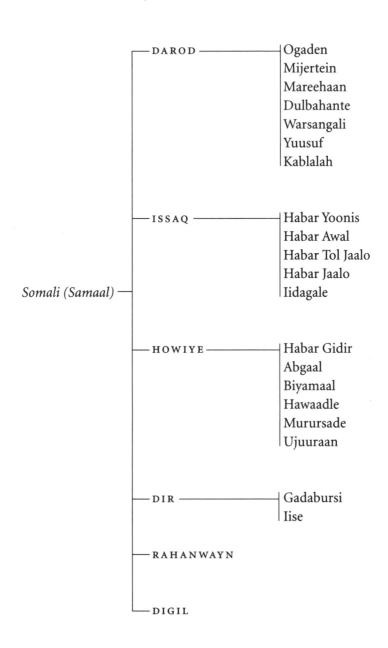

Somali (Samaal)
- DAROD
  - Ogaden
  - Mijertein
  - Mareehaan
  - Dulbahante
  - Warsangali
  - Yuusuf
  - Kablalah
- ISSAQ
  - Habar Yoonis
  - Habar Awal
  - Habar Tol Jaalo
  - Habar Jaalo
  - Iidagale
- HOWIYE
  - Habar Gidir
  - Abgaal
  - Biyamaal
  - Hawaadle
  - Murursade
  - Ujuuraan
- DIR
  - Gadabursi
  - Iise
- RAHANWAYN
- DIGIL

Voorwoord

Ik was nog maar net een tiener toen ik van mijn huis in Somalië wegliep. Mijn vader had een oude man uitgekozen met wie ik moest trouwen, maar ik wist dat ik niet mijn leven lang een oude man wilde bedienen. Ik heb dagen door de woestijn gelopen, zonder water, voedsel of zelfs schoenen.

Ik liftte van het kleine plaatsje Galcaio naar Mogadishu aan de Indische Oceaan, en daar woonde ik een tijdje bij mijn oudere zus Aman en de zussen van mijn moeder. Ik wist een oom van me, een Somalische ambassadeur, zover te krijgen dat hij me als zijn bediende meenam naar Londen. Daar werkte ik vier jaar als dienstmeisje voor zijn gezin. Zeven dagen per week kookte ik en maakte ik schoon voor een schamel loon, maar toen hij de Somalische ambassade verliet om terug te gaan naar Mogadishu zei ik tegen hem: 'Nee, ik ga niet met u mee terug naar Somalië. Dit is niet het moment om terug te gaan.' Hoewel ik mijn moeder en de rest van mijn familie miste, wist ik dat het doel van mijn leven nu niet in Somalië lag. Ik weet niet waarom ik dat dacht, ik wist het gewoon.

Ik had niets: geen kleren, geen geld, geen dak boven mijn hoofd. Ik sprak nauwelijks Engels, afgezien van een paar zinnen die ik van de tv had opgepikt. Op de een of andere manier wist ik te overleven door God Zijn wonderen te laten verrichten, door me vast te klampen aan mijn geloof in Hem zoals de wortels van de struiken in de woestijn zich aan de bodem vasthouden. Net als mijn beroemde nicht Iman maakte ik carrière als fotomodel. Zo had ik niets, zo werkte ik over de hele wereld. Ik werkte als mannequin voor de grootste ontwerpers. Wanneer ik tijdens modeshows in Milaan en Parijs over de catwalk liep, herinnerden de lampen die in mijn ogen schenen me aan de prachtige zon in Somalië. Dat gaf me een prettig gevoel. Ik weet nog dat mijn moeder vroeger altijd tegen me zei dat ik mijn rug recht moest houden en me sierlijk moest bewegen. Somalische vrouwen wordt verteld dat schoonheid in vertrouwen en trots ligt. 'Loop als een kameel, Waris,' zei mijn moeder. We noemen de kamelen de schepen van de woestijn omdat ze zich gracieus over het zand voortbewegen zoals een schip over de glinsterende zee. Ik nam het modellenwerk nooit zo serieus – het was voor het plezier, maar het was uiteindelijk wel de manier om mijn doel in deze wereld te vinden.

Marie Claire wijdde een artikel aan mijn vlucht en mijn weg naar de top, en ik vertelde de verslaggeefster dat ik besneden was en met hoeveel pijn en ellende dat gepaard was gegaan. Weer nam mijn leven een geheel andere wending; weer was het een richting waarop ik helemaal niet was voorbereid. Het artikel veroorzaakte veel opschudding. Talloze moslimvrouwen voor mij hadden zich uitgesproken tegen vrouwenbesnijdenis, maar míjn verhaal maakte indruk omdat ik een model was. De BBC maakte een documentaire en ik tekende in samenwerking met een auteur mijn levensverhaal op. *Mijn woestijn* werd wereldwijd een bestseller. De Verenigde Naties hebben me benoemd tot speciaal ambassadeur in de strijd tegen vrouwenbesnijdenis. Over de hele wereld hebben mensen geschokt kennisgenomen van mijn verhaal. Het wordt tijd om nú een eind te maken aan de genitale verminking van vrouwen.

Waris Dirie

Toen ik net met Waris begon te werken, vroeg ze me telkens weer waarom ik van huis was weggegaan en me bij het Vredeskorps had aangesloten. Ik heb twee jaar in een piepklein dorp in het noorden van Somalië, het huidige Somaliland, gewoond. Waris begreep niet waarom iemand alle kansen en comfort die de Verenigde Staten boden zou willen inruilen voor een leven zonder stromend water, elektriciteit, medische voorzieningen of een behoorlijke aanvoer van voedsel.

Hoewel onze levensverhalen verschillen en we een totaal andere achtergrond hebben, werd ik geraakt door het verhaal van Waris, die alles zelf moest ontdekken. Ik beleefde opnieuw mijn eigen strijd die ik in Somalië met traditites had gevoerd. Toen ik nog een tiener was en mijn moeder overleed, miste ik de leiding die ik nodig had om een volwassen vrouw te worden. Ik voelde me aangetrokken tot Afrika, al weet ik niet waarom: ik wist gewoon dat ik daar moest zijn. Op de een of andere manier had ik het gevoel dat ik door anderen te helpen ook mezelf kon helpen, en hoewel mijn vader het er niet mee eens was, ging ik bij het Vredeskorps werken.

Jeanne D'Haem

Jeanne D'Haem werkte aan het eind van de jaren zestig in Somaliland als lerares voor het Vredeskorps. Zij is de auteur van *The Last Camel*, een verhalenbundel over een dorp in het noorden van Somalië. Het zijn verhalen over Afrikaanse geesten, besneden vrouwen, ontastbare *midgaans*, ouderen die moeite hebben met de moderne technologie en bandieten. Zij schrijft vol begrip over de complexe gevoelens van de Somalische bevolking, omdat zij er deel van heeft uitgemaakt: ze sliep met hun kamelen, sprak hun taal, ervoer de hongersnood en proefde het Somalische leven.

1
Dromen over de woestijn

Er kwam een man naar de boodschapper van God die vroeg: 'O, boodschapper van God, wie heeft mijn vriendschap het meest verdiend?' De profeet zei: 'Uw moeder.' De man vroeg: 'En wie dan?' De profeet zei: 'Uw moeder.' De man vroeg vervolgens: 'En wie dan?' De profeet zei: 'Uw moeder.' De man vroeg weer: 'En wie dan?' De profeet zei: 'Uw vader.'

SOMALISCHE OVERLEVERING OVER
DE PROFEET MOHAMMED

In Somalië hebben duivels een lelijke witte huid. We noemen ze djinns en ze zijn overal. Ze kruipen in mensen en dieren en maken hen ziek, ze halen streken uit en maken je gek. Wanneer je iets neerzet en het even later is verdwenen, dan weet je dat er een djinn aan het werk is. Mijn moeder schreeuwde naar ze: 'Hé! Duivel! Scheer je weg van mijn spullen! Die zijn niet van jou; we moeten je hier niet.' Ze leerde me dat ik niet moest gaan zoeken, want zodra de duivel je verlaat, vind je dat wat je kwijt was. Mijn moeder wist alles over de duivels en hoe je van ze af moest komen. Ze kende speciale gezangen en wist precies met welke bladeren of boombast ze de duivel uit kon drijven wanneer we ziek waren. Ze zocht naar bloemen en kookte wortels van planten of gaf ons rauwe wortels om op te kauwen. De bijzondere bladeren en zwammen bewaarde ze in een leren buideltje. Ze kon de rook van het vuur, de wind en de sterren lezen en wist wanneer het de juiste tijd was. Ze stond in hoog aanzien omdat ze bijzondere gaven bezat, en toen ik nog een klein meisje was, kwamen mensen met zieke dieren naar haar toe.

Ik ben opgegroeid bij een nomadenstam in de Somalische woestijn. Mijn vader en moeder hadden veel kinderen. Zoals de meeste Somaliërs leidden we het leven van een herdersvolk: we hielden kamelen en geiten en leefden van hun melk. Zoals de traditie voorschreef, hoedden mijn broers doorgaans de kamelen, terwijl de meisjes op de kleinere dieren pasten.

Mijn familie trok voortdurend rond, en we bleven nooit langer dan drie of vier weken op dezelfde plek. De zorg voor onze dieren dreef ons voort. We waren altijd op zoek naar voedsel dat ons vee in leven zou houden, maar die broodnodige bestaansmiddelen zijn in het droge Somalische klimaat vaak moeilijk te vinden.

Op een dag, toen ik ongeveer acht *gu* of regentijden oud was, was ik onze geiten aan het hoeden, niet ver van de plek waar mijn familie de tenten had opgeslagen. Die morgen klauterde ik over de steile zanderige oevers van de *tuug*, de droge rivierbedding, naar een plek die ik de vorige dag had ontdekt. Daar stonden een paar acacia's en wat vers gras. De grote geiten gingen op hun achterpoten staan en trokken de takken naar beneden zodat ze de onderste bladeren op konden eten. In de regentijd kun je de geiten rond de nederzetting min of meer hun gang laten gaan, maar in het droge seizoen moet je op zoek gaan naar stukken gras en mag je de dieren geen moment uit het oog verliezen want achter iedere struik loert een roofdier naar een mogelijke prooi. Ik bracht de hete middag in de schaduw door, ik zong liedjes in mezelf en speelde met poppen die ik van takjes had gemaakt. Ik heb altijd al geweten wat ik wilde worden. Zelfs als klein kind had ik al een beeld voor ogen. Ik wist met wat voor man ik zou gaan trouwen. Ik speelde dat ik een hut had. Ik deed net alsof kleine steentjes mijn geiten waren en grotere steentjes mijn kamelen en koeien. Ik bouwde een grote ronde hut van zand. Met nat zand ging het het beste, omdat ik de hut dan precies zoals ons eigen hutje kon maken, alleen was de mijne beter omdat ik zelf kon bepalen hoe hij eruit ging zien. Mijn moeder bouwde onze hut altijd van matten die ze van lange grasstengels weefde, zodat ze snel op kamelen konden worden geladen wanneer we weer verder trokken. Mijn speelhutje was net zo veilig en knus als haar hut. Ik had een man en kinderen en we woonden een heel eind bij mijn familie vandaan.

Midden op de dag leek de zon met zijn hitte alles te verstarren. Ik kon in beide richtingen een heel eind langs de zanderige *tuug* kijken. 's Avonds, op weg terug naar de hutten, had ik de gemene gele ogen van een troep hyena's gezien die mij en de geiten in de gaten hielden. Ik was bang, ook al zei mijn vader dat de hyena's niet dichterbij zouden komen wanneer ik in de buurt was. Ze zijn slim en als je niet goed oplet, zullen sommige tussen jou en een van de geiten komen terwijl je de andere in de gaten houdt. Je moet jezelf groot en onbevreesd maken, want als ze merken dat je bang bent, laten ze je niet met rust.

Witje, de lievelingsgeit van mijn moeder, keek op en snuffelde, en dus keek ik ook op. Ik zag een man langs de rand van de *tuug* lopen die een kameel aan een gevlochten koord met zich meevoerde. Gewoonlijk lopen de kamelen achter een leidkameel aan met een houten kamelenbel. Die maakt een hol geluid, en de andere beesten volgen in een rechte rij, als olifanten die elkaars staart met hun slurf vasthouden. Deze gekke kameel liep op een vreemde manier naar één kant te draaien en te trekken. Het dier verzette zich niet, maar liep te trillen en had het schuim op de bek staan. Af en toe hield het halt en stond het te rillen. Dat beest was bezeten door een djinn, dat kon niet anders. Er huisde een duivel in. Ik keek toe terwijl de man de arme stumper langs de heuvelrug voorttrok. Ineens zeeg het dier als een zielig hoopje ineen. De man schreeuwde en riep dat de kameel op moest staan. Hij begon het dier met een stok op zijn buik te slaan, maar de kameel lag daar maar als een bezetene te stuiptrekken in het zand. Het leek me dat het een *hahl* was, een wijfje, en dat ze drachtig was, en dus een waardevol dier. De man ging zitten en sloeg zijn handen voor zijn gezicht. Het verbaasde me dat een volwassen man in het zand ging zitten. Gewoonlijk staan nomaden rechtop, met de voet van hun ene been tegen het dijbeen van het andere en met hun armen op een stok geleund die ze op hun schouders dragen. Ook hurken ze op de grond, maar nooit in het zand. Ik had nog nooit iemand op die manier een kameel zien slaan. In mijn familie golden kamelen als buitengewoon kostbaar. Ze konden bijvoorbeeld geruild worden tegen een bruid. Mijn vader en mijn ooms behandelden onze kudde streng, maar ze sloegen de kamelen alleen wanneer ze koppig waren en niet wilden gehoorzamen. Kamelen kunnen gemeen zijn, en ik wist dat ik uit de buurt van schoppende poten en bijtende tanden moest blijven.

Ik zorgde ervoor dat de man me niet zag, omdat ik bang was dat hij mij anders ook zou slaan. Ik wilde naar huis rennen en alles aan mijn moeder vertellen, maar ik durfde de geiten niet alleen te laten. Als de dieren wegliepen of als een hyena er eentje te pakken zou krijgen, zou mijn vader woedend worden en me een pak slaag geven. Ik bleef zo stil als een verschrikt gazellenjong in de struiken staan en durfde amper adem te halen.

Eindelijk hield de *hahl* op met trillen. Ze keek even om zich heen en leek te beseffen dat ze op de grond lag. Ze trok haar poten op onder haar buik en stond ineens op. Hoewel ze sierlijk bewoog, zoals alle kamelen, liepen het kwijl en het schuim van haar bek. De vreemdeling stond ook op – het leek wel alsof hij dit al vaker had meegemaakt – en begon haar weer voort te trekken. Ze daalden af in de *tuug* en kwamen aan de andere kant, aan de kant van ons kamp, weer te voorschijn. Ik nam aan dat de man zich zorgen maakte over zijn zieke kameel. Als ze doodging, zou hij het jong en daarmee ook de kans op meer bezit kwijtraken.

Voorzover ik me kon herinneren, was het nog nooit zo lang heet en droog geweest. Ik wist dat mijn ouders zich zorgen maakten, ook al zeiden ze er niets over. We hadden niet veel water omdat de bronnen in de *tuug* opdroogden. We moesten verschillende keren verder trekken, op zoek naar water voor de dieren. Op een nacht stierf een pasgeboren kamelenjong. Mijn jongere broertje, dat we Oude Man noemden omdat hij vanaf zijn geboorte grote plukken wit haar had, vond het de volgende ochtend. Oude Man leek alles altijd eerder dan anderen te weten, hoewel hij nog klein was. Mijn vader gaf het kleine ding, dat een en al poten en nek was, een por en keek op naar de wolkeloze hemel. Wanneer het droog was, keek hij voortdurend naar de hemel en naar Allah, smekend om regen. We konden het vlees van het jong niet eten, omdat het volgens de islam onrein is om een dier te eten dat niet op de juiste manier – met een mes door de keel – is gedood. Gieren cirkelden al zo onverschrokken boven onze hoofden dat hun lange vleugels elke keer wanneer ze overvlogen een schaduw wierpen. Ik herinner me nog het geluid van de droge wind en het zachte gemompel van mijn moeder die zat te bidden.

Mijn moeder sloeg nooit een van haar dagelijkse gebeden over, hoe uitzichtloos de situatie ook was. Als iemand ziek is, hoeft hij maar drie in plaats van vijf keer per dag te bidden en dan hoeft hij niet te knielen, maar mijn moeder bad altijd vijf keer. Voordat moslims beginnen met bidden, wassen ze zich, zodat ze schoon en rein met God kunnen spreken. *Allah, laat deze wassing mijn ziel zuiveren...* We hadden amper genoeg water om in leven te blijven of om aan de dieren te geven, en er was al helemaal geen water om ons te wassen. Wanneer mama geen water kon vinden, waste ze zichzelf met zand. Vijf keer per dag groef ze zorgvuldig wat zand onder een struik weg, waar nog geen dieren of mensen hadden gelopen. Ze hield het in haar handen en waste zich ermee alsof het water was. Ze wreef ermee over haar gezicht en voeten. Vervolgens rolde ze haar gebedskleed uit en wendde zich tot het oosten, in de richting van de heilige stad Mekka, en bad, buigend en knielend en zingend. *Er is geen andere God dan Allah en Mohammed is Zijn profeet...* De zon was onze klok en we hielden onze gebeden bij zonsopgang, als de zon zijn hoogste punt had had bereikt, voor zonsondergang, na zonsondergang en 's nachts.

Wanneer mijn moeder haar gezang tot Allah had beëindigd, rolde ze haar kleed op en borg het op in onze ronde hut. Die had ze zelf gebouwd van de lange boomwortels van de *galol*. Ze had de buigzame wortels opgegraven en ze tot een koepelvorm gebogen. De wortels werden bedekt met matten die ze van gras had geweven. Mijn moeder was de werker van de familie. Ze kookte het eten, voedde de zuigelingen, bouwde het huis, weefde de matten waarop we sliepen en maakte manden en houten lepels. Ze was de kok, de huizenbouwer, de dokter en mijn enige leermeester. Mijn moeder zei niets over het dode kameelveulen, ze ging gewoon verder met haar werk. 'Als God het wil, hebben de geiten vanmorgen melk,' zei ze. Dat zei ze elke dag wanneer we de geiten en kamelen gingen melken. Mijn moeder kon goed met dieren omgaan. Ze bleven altijd rustig staan wanneer ze ze aanraakte. Ik moest de kop van een dier altijd tussen mijn benen klemmen, in de plooien van mijn jurk, en me over de rug van het beest buigen om te voorkomen dat het zou trappen of in de kom zou schijten wanneer ik het probeerde te melken. Ze leken altijd naast haar te willen staan en te willen dat zij hun zachte uiers aanraakte. Moeder maakte grapjes en zong tijdens het melken.

Witje gaf die ochtend de meeste melk en mijn moeder verdeelde die tussen ons. Ze keek mijn vader recht in zijn ogen, wat ze zelden deed, en toen ze hem haar kom met melk gaf, hielden ze die allebei even vast. Mijn vader was zo sterk dat hij de grootste geit die we hadden kon optillen. Hij behoorde tot de stam van de Darod en tot de clan van de Mijertein, de grootste en sterkste clan in heel Somalië. De bijnaam voor de Darod is *libah*, of leeuw. Hij was langer dan alle andere mannen die ik kende en had zulke scherpe ogen dat hij van een afstand kon zien of hij met een gazellenbok of -geit te doen had.

Ik wist dat hij knap was, want ik zag dat vrouwen grapjes met hem maakten om zijn aandacht te trekken.

De vreemdeling leidde de kameel naar ons kamp. Ik wist dat ik de geiten niet alleen kon laten, maar ik wilde dolgraag weten wat er aan de hand was met de boze man en zijn gekke kameel. Ineens zag ik Oude Man langs de andere kant van de *tuug* lopen, op zoek naar hout. '*Calli*, kom hier,' riep ik al wenkend. Ik vroeg me af waarom hij op zoek was naar brandhout. Hij sprong naar beneden en bleef in de *tuug* staan.

'Wat is er aan de hand?' riep ik.

'Moeder wil een groter vuur,' zei hij. 'Een neef van ons heeft een zieke kameel meegebracht om te kijken of zij hem kan genezen.' Oude Man had een lief gezichtje onder zijn verbazingwekkende witte haar, en ronde goudbruine ogen. Hij leek op mijn moeder, de echte schoonheid van onze familie. Niemand zei dit echter, want we geloofden dat er iets ergs met hem zou gebeuren zodra je zoiets zei.

'Oude Man,' riep ik. 'Kom eens hier en pas op de geiten. Ik moet mama spreken.' Mijn broertje aarzelde, maar hij vond het fijn dat ik hem oud genoeg vond om op de geiten te letten. Als voorbereiding op het hoeden van kamelen, het werk dat het meeste aanzien geniet, hoeden de jongens op jonge leeftijd eerst de schapen en de geiten. Doorgaans liet ik hem niet eens in de buurt komen en dan zei ik dat hij de dieren bang maakte, maar nu wilde ik zo graag weten wat er aan de hand was dat ik een pak slaag riskeerde, wat ik ongetwijfeld zou krijgen als Oude Man een van de geiten kwijt zou raken.

Ik was bang dat iemand zou zien dat ik de geiten had achtergelaten en sloop voorzichtig in de richting van onze hut. Niemand had echter oog voor een mager kind dat daar rondzwierf. Ik kon de rook van het vuur en de thee ruiken. Ik zag dat mijn oudere zus de thee in een van onze twee glazen goot. Ze hield de pot omhoog en schonk de thee in een lange dunne straal uit, zodat de kruidige geur zich kon verspreiden. Ze gaf de thee aan mijn vader en aan de vreemdeling. Ze keek hen nooit recht in hun ogen, maar richtte haar blik alleen maar naar de grond, als een fatsoenlijke vrouw. Ik vroeg me af waarom mama de mannen hun thee niet gaf.

De drachtige kameel stond naast onze hut en begon weer te draaien en te stuiptrekken. De kameel kreeg een aanval! Mijn moeder zat vlakbij in de schaduw van onze hut op haar hurken te wachten. Ze hield elke beweging van het dier in de gaten, alsof ze het wilde kopen. De kameel was lichtbruin, bijna de kleur van de manen van een leeuw, en haar buik was gezwollen door het jong. Ze had sneden in haar vlees en haar knieën waren bloederig van het vallen. Mama keek zo ingespannen naar het dier dat het leek alsof ze in de ban van iets was, maar het was geen angst. Ik hurkte zachtjes achter mijn moeder neer. Ik wilde ook genezeres worden en moest dus weten wat ze deed.

Mijn moeder keek naar de mannen die thee zaten te drinken. De vreemdeling was een verre neef van de clan van mijn vader, de Mijertein. Hij was niet zo lang als mijn vader en had een vreemd gevormd hoofd en een lange nek, als een struisvogel. Mijn moeder wilde weten wat voor vlees ze in de kuip had en keek toe terwijl hij zijn thee dronk en met mijn vader over een of andere politieke partij en de gevechten in de Ogaden in Ethiopië praatte. Ze keek naar het opgedroogde kamelenbloed en de haren aan het uiteinde van zijn stok. Ze stond op en liep langzaam en zachtjes kirrend naar de kameel toe. '*Allah bah wain*, God is groot,' zong ze. Ze legde haar vlakke hand tegen de kaak van de kameel en liet toen zachtjes, behoedzaam, haar vingertoppen langs de lange nek, boven langs de schouder naar de buik glijden. De kameel liep niet weg, maar stond de hele tijd te rillen. Mama betastte de hele buik met het nieuwe leven erin. Het dier was zo mager dat de ribben uitstaken, ook al droeg ze een jong. Mama legde haar oor tegen de buik van het beest en luisterde of ze de hartslag van een nieuw leven kon horen. Langzaam deed ze een paar stappen achteruit. Ze haalde met haar vingers wat van het schuim rond de zwarte lippen van het dier weg. Ze wreef het tussen haar vingers en proefde ervan. Ze deed de bek van de kameel open en keek naar de tanden en de dikke tong. Toen het dier plaste, pakte ze wat van het natte zand op en rook eraan. Ze leek op het juiste moment te wachten en keek naar de zon die langzaam achter de heuvels in de verte verdween. Ze wist hoe de sterren bewogen en wanneer de seizoenen zouden veranderen van de *gu*, de regentijd, in de *hagaa*, het droge seizoen. Ze wist gewoon wanneer bepaalde dingen moesten worden gedaan en wanneer het beter was om te wachten.

Mama pakte de gevlochten halster en trok die naar achteren. Ze probeerde de kameel over te halen tot *faardisimo*, om te gaan zitten. Ik zag dat de lange oren allebei in de richting van de stem van mijn moeder bewogen, alsof ze ernaar verlangden haar te horen. Het beest ging moeizaam zitten. Eerst knielde ze neer op haar voorpoten, vervolgens trok ze haar achterpoten op en ging zitten, met haar achterpoten onder haar gevouwen. Kamelen worden gedresseerd om te zitten omdat ze zo hoog zijn dat ze als ze staan niet kunnen worden beladen. Mama hurkte neer, zodat haar gezicht op gelijke hoogte met de kop van de kameel was.

Overal in het kamp werd het stil. De mannen hielden op met praten, de vrouwen rammelden niet meer met hun pannen. Zelfs de rook van het vuur leek stil in de lucht te hangen. Mama hief haar handen op en hield ze aan weerszijden tegen de kop van de kameel, alsof ze het gezicht van een kind vasthield. Ze keek het dier recht in de ogen en gaf de kameel toen zachte tikken. 'Kom eruit, duivel, kom eruit! Je bent niet gewenst.' Op de een of andere manier wist ze precies hoe vaak en hoe hard ze moest slaan om de djinn te verjagen. Ze pakte de leren amulet met woorden uit de heilige Koran die ze om haar hals droeg en raakte hiermee de neus van het dier, de poort tot de ziel, aan. Het dier bleef enkele ademteugen lang volkomen stil staan – en toen hield het trillen op en de kameel begon te kauwen zoals rustende kamelen doen.

Mama stond op en bedekte haar gezicht met haar hoofddoek voordat ze naar mijn vader en zijn neef liep. Ze keek naar de grond en vertelde hun dat een boze geest, een bepaalde djinn, in de kameel was gekropen en ervoor had gezorgd dat het dier aanvallen kreeg. 'Ze zal spoedig bevallen van haar jong,' vertelde mama, 'nog voor de nieuwe maan. Die rillende djinn is nu weg, maar de kameel moet rusten en extra water en voer krijgen totdat ze van haar jong bevalt. Dat zal haar kracht geven om tegen de djinn te vechten, mocht hij terugkomen.'

'Ze wil niet eten,' zei de neef.

'Ze is bang voor de duivel,' legde mijn moeder uit. 'Je moet lief voor haar zijn en zachtjes tegen haar praten, dan gaat ze wel eten en wordt ze dik.'

'*Hiyea*, ik begrijp het,' zeiden mijn vader en zijn neef tegelijkertijd knikkend.

'We gaan een geit slachten, een feest geven en tot Allah bidden om deze djinn weg te houden,' zei vader. Ik moet overeind zijn gesprongen toen hij 'geit' zei, want hij keek op en zag me. Hij stak zijn hand uit en greep me vast voordat ik de kans kreeg om weg te rennen. Hij trok me naar zich toe en sloeg me zo hard dat ik het bloed kon proeven dat uit mijn neus liep. Voordat hij me weer kon slaan, wist ik me uit zijn greep los te wurmen en rende ik terug naar de plek waar de geiten graasden. De bodem van de *tuug* was donkerder dan de lucht en door de invallende duisternis kon ik weinig zien. Ik struikelde over scherpe stenen en door de doornen van de *galol*-struiken kreeg ik schrammen op mijn huid. In het duister hoorde ik een van de geiten, Kleintje, blaten. We noemden hem zo omdat hij altijd zoveel lawaai maakte. Oude Man liep in de *tuug*, met de geiten gehoorzaam achter hem aan. Ik was zo blij dat ik zijn zilverkleurige haar in de schemer zag dat ik begon te huilen en niet meer kon ophouden. Ik had het gevoel dat mijn arm gebroken was en ik wist dat mijn vader me weer zou slaan wanneer we terug waren. Ik wilde de hand van mijn moeder op mijn gezicht voelen in plaats van die woedende klap. Waarom was een kameel meer waard dan een dochter?

Een aantal jaren later, toen men mij oud genoeg vond om uit te huwelijken, vluchtte ik voor het harde leven in Somalië, maar de westerse wereld is in veel opzichten nog harder. De klap van een vader was minder erg dan de eenzaamheid in de moderne wereld. Vele malen heb ik in de Verenigde Staten of Groot-Brittannië eenzaam in een hotelkamer gelegen die tolde door alle duivels, en dan verlangde ik naar de aanraking van een mens, zelfs naar een klap van een hand die me toch liefhad. Mijn ogen waren pijnlijk en opgezwollen van het huilen en ik wist dat ik het spoor bijster was; mijn leven had geen richting meer. Tijdens mijn jeugd was familie alles. Relaties waren even belangrijk als water en melk. De ergste belediging die je iemand naar het hoofd kon slingeren was: 'Mogen gazellen in je hut spelen.' Het betekent: moge je familie verdwijnen; alleen zijn is erger dan de dood. Gazellen zijn schuchter en zullen zich alleen in de buurt van een hut wagen als die verlaten is. Mijn relatie met mijn verloofde Dana was een ramp, ik voelde me moederziel alleen en ik wist niet wat er was gebeurd met mijn familie in Somalië. Ik wilde mijn moeder terugvinden maar toen ik een man uit Somalië ontmoette zei hij: 'Vergeet Somalië maar. Het bestaat niet meer.' Het was alsof hij zei dat ik geen moeder meer had. Het kon niet waar zijn. Als Somalië er niet meer was, wat was ik dan? Mijn taal is uniek, mijn cultuur en mijn gebruiken zijn uniek, zelfs ons uiterlijk is uniek. Hoe kan een land verdwijnen, als water in een *tuug*?

Het was nu negentien jaar geleden dat ik was weggevlucht en mijn land werd verscheurd door hongersnood en oorlogen en ik wist niet wat er met mijn familie was gebeurd. Ik bevond me in Los Angeles, waar ik een lezing over genitale verminking zou geven, ook al was dat moeilijk voor me. Hoewel ik in 1995 een diepgeworteld taboe had doorbroken en de waarheid over mijn eigen besnijdenis had verteld én ik bovendien was benoemd tot speciaal VN-ambassadeur op dit gebied, riep het onderwerp nog steeds pijnlijke emotionele en lichamelijke herinneringen bij me op. Als kind heb ik mijn moeder gesmeekt om het te laten doen omdat ik had gehoord dat het me rein en zuiver zou maken. Toen ik nog vrij klein was, zo hoog als een geit, hield mijn moeder me vast terwijl een oude vrouw mijn clitoris en de binnenste delen van mijn vagina afsneed en de wond dichtnaaide. Ze liet slechts een piepklein gaatje, zo groot als de kop van een lucifer, open voor urine en menstruatiebloed. Ik had geen idee wat er aan de hand was omdat we er nooit, maar dan ook nooit, over praatten. Het onderwerp is taboe. Mijn mooie zuster Halemo is eraan gestorven, en hoewel niemand van onze familie me er iets over heeft verteld, weet ik zeker dat ze dood is gebloed of aan een infectie is overleden. De *midgaan,* de vrouwen die de besnijdenis uitvoeren, maken de sneden met een scheermesje of een mes dat ze op een steen hebben gewet. Ze gebruiken een papje van mirre om het bloeden te stelpen, maar als er iets misgaat, hebben we geen penicilline. Na vele moeizame jaren besefte ik pas dat het eigenlijk verminking betreft, maar ik voelde me nog steeds niet op mijn gemak als ik erover vertelde – ik was bang dat me iets ergs zou overkomen omdat ik het stilzwijgen had verbroken.

Ik kwam pas laat bij het hotel aan en ik wist niet dat er in al die verschillende ruimten van alles gaande was. Het kostte me moeite om uit te vinden waar ik precies moest zijn. Uiteindelijk wees iemand me de weg naar de balzaal. Toen ik de dubbele deuren opendeed, zag ik tot mijn verbijstering dat er wel vijf-, zeshonderd mensen in de enorme zaal zaten. Het hoofd van het panel, Nancy Leno, zat al met de andere panelleden op het podium. Ik heb geleerd om me in dit soort situaties te gedragen alsof ik precies weet wat ik doe. Ik haalde diep adem, hief mijn hoofd en liep via het trapje het podium op. Nancy stond op en kwam me begroeten. Ze stelde me op mijn gemak, en door haar vriendelijkheid kalmeerde ik.

Ik zat in het panel met een advocate die was gespecialiseerd in asielzaken en met een Soedanese arts. Beide vrouwen konden alles wat ze zeiden met feiten en cijfers staven. Naar schatting zijn ongeveer zeventig miljoen vrouwen het slachtoffer geworden van deze eeuwenoude traditie, maar het is niet bekend waar en wanneer deze gewoonte precies is ontstaan. Over de hele wereld worden verschillende vormen van besnijdenis uitgevoerd, van mild tot ernstig. *Sunna* betekent dat de clitoris wordt weggesneden. Bij excisie worden ook de kleine schaamlippen verwijderd. Meisjes in Somalië zijn het slachtoffer van de ergste vorm van genitale verminking, de faraonische besnijdenis of infibulatie. De clitoris en de grote en kleine schaamlippen worden weggesneden en daarna wordt de wond dichtgenaaid, waarbij maar een klein gaatje voor bloed en urine wordt opengelaten. De arts vertelde dat bijvoorbeeld vierentachtig procent van de Egyptische meisjes tussen de drie en dertien wordt besneden. Besnijdenis beperkt zich niet tot de islamitische landen: meer dan zesduizend jonge moslimmeisjes in de westerse landen lijden nu ook onder deze praktijken.

Ik probeerde uit te leggen wat me als jong meisje in Somalië was overkomen en welke problemen ik met plassen en menstrueren heb gehad. Mijn moeder zei me dat ik niet moest drinken, zodat ik niet veel hoefde te plassen en de opening klein zou blijven en dat ik op mijn rug moest slapen zodat de wond netjes en zonder infecties zou helen. De geslachtsdelen van een onbesneden meisje worden als onrein en lelijk beschouwd. Ze geloofde dat dit me zou verzekeren van een goede toekomst, omdat onbesneden meisjes als ongeschikt voor het huwelijk worden beschouwd. Het zijn onreine hoeren met wie geen man ooit zou willen trouwen. Mijn moeder geloofde, zoals alle leden van mijn volk, dat de Koran dit voorschreef. Praten over de verminking van mijn geslachtsdelen was zowel een zegen als een vloek. Ik was blij dat mensen iets aan deze wrede gewoonte wilden doen, maar ik moest alle pijn en ellende die het in mijn leven had veroorzaakt weer doormaken. Elke keer wanneer ik mijn mening gaf over de genitale verminking van vrouwen, sprak ik me uit tegen iets waarin mijn moeder, mijn vader en mijn volk geloven. Ik hekelde mijn familie en een traditie die voor hen erg belangrijk was. Ik wilde de vrouwen troosten die deze pijnlijke ervaringen hadden doorgemaakt, maar daardoor werd ik een vijand in mijn eigen land. Als ik nog steeds bij mijn familie had gewoond, had ik het nooit gewaagd om iets in het openbaar te zeggen. Somaliërs spreken niet over dergelijke zaken. Daardoor was ik elke keer wanneer ik iets over vrouwenbesnijdenis vertelde angstig en nerveus. We hebben veel geheimen, want als je zegt dat er iets vreselijks gaat gebeuren, zal dat ook gebeuren. Ik was geschokt toen de advocate zei dat vrouwenbesnijdenis in feite marteling was. Mijn moeder heeft me niet laten martelen. Ze geloofde dat ze een reine vrouw van me maakte. Een vrouw die een goede echtgenote en moeder voor haar kinderen zou zijn. Een vrouw die haar familie tot eer zou strekken.

Na mijn lezing wilde een groot deel van het publiek nog veel meer weten, maar ik schaamde me en had het gevoel dat ik niets meer kon zeggen. Ik wist dat mijn deel van de lezing vreselijk was. Ik verliet de zaal door de zijdeur, pakte de lift en drukte op het knopje voor de negentiende verdieping. Ik vind het eng om zo hoog in een gebouw te zijn. Als kind kende ik een wereld die vlak en open was, en het idee dat je lichaam in een klein doosje recht naar boven gaat, maakt me nerveus. Het komt me zo onnatuurlijk voor.

Met trillende handen haalde ik de sleutelkaart door de gleuf en hing ik het bordje NIET STOREN op de deur. Ik trok de bruine gordijnen dicht om het zonlicht buiten te houden. Het was een heldere, wolkeloze dag die me herinnerde aan mijn thuis in het zuiden van Somalië. Ik keek in de minibar en een djinn glimlachte me toe. Hij zei: 'Welkom! Welkom!' Ik pakte de flesjes met gin en rum en whisky en kroop ermee in bed. Ieder flesje was een andere duivel, en ik dronk ze allemaal op, de een na de ander.

Mijn moeder kon de duivels weghouden, maar ik had geen idee waar ze was en of ze me nog wel zou herkennen. Ze begreep niet wat foto's waren, laat staan wat een fotomodel was. Mijn familieleden zouden mijn ogen uit mijn hoofd krabben als ze zouden horen wat ik over onze cultuur zei. Ooit wilde ik een genezeres zijn, net als mijn moeder, maar door me uit te spreken tegen vrouwenbesnijdenis beledigde ik haar. Ze heeft me geleerd om nooit iets lelijks te zeggen, want als je het eenmaal de wereld in hebt geslingerd, is het eruit en kun je het nooit meer terugnemen. Op de ene schouder zit een zwarte engel, die Malick wordt genoemd, en op de andere een witte duivel, Behir. Wanneer de witte duivel ervoor zorgde dat mijn moeder iets lelijks zei, vroeg ze Malick om het terug te nemen. 'Neem het terug, neem het terug,' zei ze dan meteen, voordat het te laat zou zijn. 'Ik neem het terug, ik neem het terug,' riep ik, maar ik wist dat het te laat was. Al die vreselijke dingen die ik over mijn volk had gezegd, waren de wereld al in geslingerd. Ik kon de woorden niet meer terugnemen.

Ik wilde voor altijd in die kamer blijven. Ik trok de lakens over mijn hoofd en kroop weg als een schildpad. Ik was doodsbang en alleen, ik was een waardeloze mislukking. Snikken welden op in mijn borstkas en baanden zich door mijn mond een weg naar buiten; ze hadden heel lang in mijn keel weggestopt gezeten. Elke gedachte werd beheerst door angst. Toen ik eindelijk in slaap viel, droomde ik dat ik de geiten niet kon vinden. Ze waren weggelopen en ik zocht overal. Mijn voeten bloedden omdat ik over de rotsen en doornige struiken moest strompelen, maar ik kon ze niet vinden. Ik hoorde ze blaten, maar toen ik wakker werd, was ik degene die aan het huilen was.

Hoewel het me niet echt kon schelen wat er met me gebeurde, was zelfmoord ondenkbaar. Mijn moeder had me verteld dat ze een meisje van vijftien had gekend dat zichzelf in brand had gestoken omdat ze van haar ouders niet mocht trouwen met de jongen van wie ze hield. Ze begroeven haar niet, en zelfs de gieren waagden zich niet in de buurt van het lichaam. Toen ik in de badkamer vol glimmende tegels de kraan opendraaide om een douche te nemen, kon ik alleen maar denken aan mijn moeder die zich met zand waste, en hier liet ik liters water door de afvoer weglopen. Ik staarde naar mezelf in de wand vol spiegels. Mijn moeder is een buitengewoon mooie vrouw, maar ze heeft nog nooit haar eigen gezicht gezien. Ik keek naar mijn lichaam en schaamde me voor mijn benen. Die zijn krom omdat ik als kind ondervoed ben geweest, en vanwege die benen zijn me bepaalde modellenopdrachten geweigerd. In Somalië ligt de hongerdood altijd op de loer, als de duivels die op kruispunten wachten. Ik vroeg me af of er nog familieleden van me in leven waren. Er was maar weinig nieuws, en het was altijd vreselijk. Mijn broer, Oude Man, was dood, en mijn zussen Aman en Halemo ook. De grappige broer van mijn moeder, oom Wold'ab, die heel erg op haar leek, was gedood door verdwaalde kogels die door een keukenraam in Mogadishu binnen waren gekomen. Mijn moeder was geraakt, maar had het overleefd. Over de anderen wist ik niets.

Toen mijn vader me rond mijn dertiende aan een oude man probeerde uit te huwelijken, ben ik weggelopen. In Somalië moeten mannen een bruidsprijs voor een maagd betalen, en deze kalende oude man die al met een stok liep, bood meerdere kamelen voor me. Een vrouw heeft er niet veel over te zeggen; vrouwen moeten gewoon trouwen. Een andere manier om in de woestijn te overleven is er niet. Voor vrouwen is er verder geen werk, op de prostitutie en bedelen na. Op de een of andere manier wist ik dat het hoeden van geiten en het verzorgen van een oude man niets voor mij was. Ik trotseerde mijn vader en liep weg. Mijn moeder hielp me, al weet ik niet goed waarom. Misschien wilde ze niet dat ik een slechte echtgenoot zou krijgen. Ze leerde me dit liedje:

> Jij bent degene die reist in de donkere nacht
> Alleen maar om een verkeerd gekozen man te trouwen
> Die je slaat met een herdersstaf
> Tijdens de schermutseling raakt je sluier los

Nu ik in mijn eentje was, omringd door duivels, verlangde ik naar mijn moeder omdat ik wist dat zij degene was die me kon helpen. Toen mijn zoon Aleeke was geboren, verlangde ik zo naar mijn moeder dat het pijn deed. Ik wilde haar armen om me heen voelen en haar stem in mijn oor horen fluisteren: 'Het komt allemaal wel goed.' Het maakt niet uit wat er tussen moeder en dochter is gebeurd, het maakt niet uit hoe moeilijk je leven is geweest: wanneer je zelf een kind hebt gebaard, wil je je moeder zien. Elke keer wanneer ik mijn Aleeke in mijn armen hield, miste ik mijn thuis in Afrika en mijn moeder die deel uitmaakt van Afrika.

Mijn moeder gelooft met hart en ziel in Allah en ze kan niet ademen of wat dan ook zonder Allah. Ze kan geen graan malen of geiten melken zonder God te bedanken. Zo heb ik geleerd te leven en dat is wat ik zo mooi aan haar vind. Sinds ik in het Westen woon, leef ik niet langer het soort leven waarin je bij elke stap met God verbonden bent. Ik kreeg het gevoel dat ik alles zou verliezen als ik mijn leven niet op orde zou krijgen – als ik niet terug zou gaan naar de woestijn, waar mijn ziel thuishoorde.

Mijn naam, Waris, betekent woestijnbloem in het Somali. De ovale bloemblaadjes zijn geel-oranje van kleur, en dit kleine bloempje buigt zich diep om de aarde van Allah tussen haar wortels vast te houden. In Somalië kan er wel een jaar verstrijken zonder de zegen van regen, maar op de een of andere manier blijft deze plant leven. Wanneer de regens eindelijk komen, zie je de bloemen de volgende dag al bloeien. Ze komen als zwervende vlinders uit de scheuren in de aarde te voorschijn. Wanneer niets anders overleeft, versieren deze kwetsbare bloemen de woestijn. Op een keer vroeg ik mijn moeder: 'Waarom heb je me zo genoemd?'

Mijn moeder maakte zich er met een soort grapje van af en zei: 'Ik denk omdat je bijzonder bent.'

Volgens mij betekent mijn naam dat ik een overlever ben, net als de woestijnbloem. Mijn ziel zegt het ook. Na alles wat ik heb doorgemaakt, heb ik het gevoel dat ik 130 jaar ben, of soms nog ouder. Ik weet dat ik hier al talloze keren eerder ben geweest. Toen ik aan alle goede en slechte dingen in mijn leven dacht, twijfelde ik er niet aan dat ik op de een of andere manier zou overleven. Ik weet niet waarom mijn moeder die plant koos, ik weet niet waarom Allah me heeft gekozen, maar de naam past uitstekend bij me. Dat weet ik wel.

Wanneer je bent opgegroeid in Somalië, weet je dat je altijd verder moet gaan, ook al heb je de kracht niet. Dat deed ik dan ook: ik stond op en ging verder. Ik wist dat ik mijn moeder moest vinden. Ik wilde teruggaan naar de plek waar ik was geboren en die met mijn nieuwe blik bekijken. Ik wist alleen niet hoe ik het moest aanpakken. Het leek onmogelijk om mijn familie te vinden, bijna even onmogelijk als het voor een kamelenmeisje leek om fotomodel te worden.

2
Alleen

Een vrouw zonder familie
danst met haar kinderen op haar rug.

SOMALISCH SPREEKWOORD

De reisagent keek me aan alsof ik gek was. Mijn vrienden hadden gezegd: 'Heb je de kranten niet gelezen? Mogadishu ligt in een oorlogsgebied.' Mijn vriend Dana weigerde om het over een reis naar Somalië te hebben. Hij wilde dat zijn band beroemd zou worden en werkte alleen maar aan zijn muziek. Ik wilde wanhopig graag mijn familie vinden, maar niemand die ik kende in New York hielp me of stond achter mijn idee. 'U kunt beter het ministerie van Buitenlandse Zaken bellen om te vragen of het wel veilig is,' zei de agent. 'Weet u dat Somalië een van de gevaarlijkste landen is om naartoe te gaan?' In de informatie die ik over Somalië had verzameld, stonden verschrikkelijke waarschuwingen: *De regering van de Verenigde Staten raadt elke vorm van reizen in Somalië af. Er is geen functionerende regering in het land. De huidige politieke situatie wordt gekenmerkt door anarchie, stammenoorlogen en overvallen. Geregeld wordt er melding gemaakt van ontvoering, verkrachting en moord. Er is geen nationale regering die hulp of politiebescherming kan bieden. In de noordelijke regio, die zichzelf in 1991 heeft uitgeroepen tot Republiek van Somalië, is het minder gevaarlijk, maar er is geen diplomatieke aanwezigheid in het land.*

De medewerker van de luchtvaartmaatschappij wist niet of er vliegtuigen naar Somalië gingen. 'Ik heb geen idee hoe je zo'n reis zou moeten maken,' zei hij. 'Dat soort vluchten doen we niet, en een rechtstreekse vlucht kan ik niet vinden.' Vervolgens legde hij uit dat om naar Afrika te vliegen ik zou moeten worden ingeënt tegen gele koorts, pokken, tyfus, hepatitis B en polio. Vanaf zijn computerscherm las hij voor: 'Recentelijk zijn er in Somalië gevallen van pokken gemeld. Bovendien zult u malariatabletten moeten slikken.' Het was zo ontmoedigend dat ik hem niet eens mijn paspoort liet zien. In mijn Britse reisdocumenten staat expliciet vermeld dat ik niet naar Somalië mag. Toen ik de papieren in Londen kreeg, wilden de autoriteiten niet verantwoordelijk zijn voor een Brits onderdaan in Somalië. 'En een leuk Caribisch eiland?' stelde hij voor. 'Dan kunt u er even echt uit.' Maar ik wilde er niet uit; ik wilde mijn familie vinden.

Ik belde mensen die ik ken bij de Verenigde Naties. Ze vertelden me dat het te gevaarlijk was om door Somalië te reizen. Ze zeiden dat ik een escorte nodig zou hebben en raadden me aan om voor de hele reis lijfwachten en een truck in te huren. Ze maakten zich zorgen dat fundamentalistische moslimgroeperingen een aanval op me zouden beramen of me zouden willen ontvoeren vanwege mijn openlijke uitspraken tegen de genitale verminking van vrouwen.

Ontmoedigd ging ik terug naar mijn appartement. Het was er zoals gewoonlijk rommelig en vuil. Op het aanrecht stonden stapels borden en afhaaldozen, en een groot stuk pizza was gewoon op de keukentafel achtergelaten. Ik vond het vreselijk om te zien dat voedsel verspild werd. Als kind had ik niet eens elke dag te eten gekregen. Mijn broer dronk ooit de laatste druppel van zijn eigen kamelenmelk op en stak toen zijn hand uit om mijn beker te pakken. Ik schoof zijn arm weg, en hij stompte me zo hard tegen mijn borst dat ik viel en de beker omstootte. De kostbare melk kwam op de aangestampte aarde terecht en sijpelde de grond in. Ik kon hem niet van de vloer likken. Het enige wat ik nog kon drinken waren mijn tranen.

De kraan in de keuken was niet helemaal dichtgedraaid en het water druppelde eruit. Ik kan maar niet begrijpen dat mensen water op die manier kunnen laten lopen. In mijn jeugd was water zo kostbaar dat we nooit een druppel verspilden. En wanneer ik mijn tanden poets of de afwas doe, zal ik het water nooit laten stromen. Voor mij is het een kwestie van respect; respect voor de zegen van water. Er was geen raam geopend in de tijd dat ik weg was geweest, en er brandde geen wierook om de lucht wat op te frissen. Wierook en mirre komen uit Somalië, en we branden ze altijd om een gast te verwelkomen, voor bruiden of voor pasgeboren baby's. Wanneer haar man terugkomt van een reis staat een vrouw boven het brandertje om haar rokken en haar haar van de geur te doordringen.

Ik kwam terug van mijn reis naar Los Angeles in een leeg huis. Dana was weg en Aleeke was bij zijn grootmoeder. Ik pakte de post en de rekeningen om te zien wat er betaald moest worden zodat er niets afgesloten hoefde te worden. Dat huis zat vol djinns en problemen. Toen Dana terugkwam, hadden we vreselijke ruzie. Uiteindelijk schreeuwde ik: 'Ga weg, ik moet je hier niet!' Daarna ging ik naar een vriendin om wat te drinken en tot rust te komen. Alcohol is ten strengste verboden voor moslims, en mijn moeder heeft nooit een druppel gedronken. Ik voelde me schuldig dat ik dronk, maar mijn familie in Somalië was ik kwijt, en nu was ik mijn familie in het Westen ook kwijt.

In Somalië probeert iedereen een echtpaar bij elkaar te houden ten bate van de betrokken stammen. Vrouwen hebben niet dezelfde rechten als mannen wanneer het om een scheiding gaat. Mannen bepalen wanneer een huwelijk voorbij is, en vrouwen kunnen hun kinderen verliezen en aan hun lot worden overgelaten zonder bron van inkomsten. Een man kan zeggen: 'Ik scheid van je ten overstaan van jou, van jouw familie en van mijn familie.' Als de families er niet in slagen om hem van gedachten te doen veranderen is het huwelijk ontbonden. Als haar man niet in haar levensonderhoud wil voorzien, mag een vrouw hem verlaten, maar waar kan ze heen? Wat kan ze doen? Mannen moeten een bruid een aantal geiten of schapen schenken. Dit is het enige wat ze mee kan nemen wanneer ze uit elkaar gaan.

'Goed gedaan, Waris,' zeiden mijn vriendinnen. 'Je moet je niet op je kop laten zitten door mannen, want anders maken ze misbruik van je.' Dat verbaasde me, want ik had verwacht dat ze zouden zeggen: zo zijn mannen nu eenmaal, kijk maar uit, hij zal je slaan wanneer je weer teruggaat. Mijn vriendin Sharla zei: 'Joh, blijf een paar dagen bij mij logeren.' Ze had Dana en mij al eerder ruzie zien maken en dacht dat het wel over zou waaien, maar ik dacht er anders over. Nu was hij te ver gegaan. De waarheid was dat ik deze relatie niet meer voelde. Ze was als een leeg struisvogelei of een droge rivierbedding; er zat geen leven meer in. Ik herinner me nog stukken van een lied dat altijd door de vrouwen in Somalië werd gezongen:

> Geiten moeten met tederheid worden gehoed
> Kamelen moeten worden vastgelegd aan hun tuier
> Je kinderen moeten veel zorg krijgen
> Een man moet je zijn boodschappen laten doen
> En hij moet je slaan voor zonden die je niet hebt begaan

Toen ik thuiskwam, was Dana er niet. Er zouden geen verontschuldigingen en geen verzoening zijn. Aleeke logeerde bij zijn grootmoeder, en ik voelde me alleen met de djinns. Ze wachtten het moment af en drongen toen in mijn hoofd, waardoor ik de hele nacht lag te woelen. Ik had een slapeloze nacht en maakte me nog een keer druk en boos over de hele situatie. Het was voorbij tussen ons, dat wist ik wel.

Ik had een hekel aan verhuizen, ook al had ik ooit als nomade geleefd. We hadden er allemaal een hekel aan. Wanneer de geiten en de kamelen het gras hadden opgegeten en we ons kamp ergens anders moesten opslaan, was het mijn vaders tactiek om midden in de nacht te gaan zodat we water en vers gras konden vinden voordat alle anderen kwamen. Wanneer we allemaal diep in slaap waren, schudde hij ons wakker en zei ons dat we op moesten staan en inpakken zodat we de kamelen konden opladen. Het was inktzwart buiten en iedereen, behalve mijn vader, strompelde in het donker rond om onze spullen te vinden. Op de een of andere manier kon hij in het donker zien.

'Pak de pan, Waris.'

'Ik kan hem niet vinden.'

'Aan de andere kant van de vuurplaats.' Ik liep een stukje en vond de pan door mijn handen tastend over de grond te bewegen, in de hoop dat ik niet in een gloeiend kooltje zou grijpen.

Mijn moeder en hij tuigden de kamelen op met de weinige spullen die we hadden. Vrouwen vlochten altijd leren touwen van dierenhuiden, die heel sterk waren. Mama knoopte de gevlochten touwen onder de buik van de kameel en vanachter zijn oren naar onder aan zijn staart. Ze knoopte onze spullen aan de touwen vast. Daarna sprak ze het dier vleiend toe zodat hij zou neerknielen en ze bij zijn rug kon komen. Als basis legde ze eerst de dekens over zijn bult. Alles moest strak worden vastgeknoopt en zorgvuldig uitgebalanceerd zodat niets zou vallen of verschuiven tijdens de lange tocht. In het donker kon je nauwelijks zien, en soms kwam de hele lading in één keer naar beneden en dan sloeg mijn vader mijn moeder met zijn schoen. Mama hing zware dingen als de melkmanden aan weerszijden, en daarna de pan en de kleinere manden. Op een andere kameel maakte ze de matten vast die ons ronde onderkomen bedekten, opgerold en aan weerszijden vastgebonden. Moeder bouwde de lading als een soort huisje op en zorgde ervoor dat de kameel het goed kon dragen. In het midden kun je een jong kind of een jong dier zetten dat niet snel genoeg kan lopen. We kenden allemaal de verhalen van kinderen die niet snel genoeg konden lopen en achter werden gelaten om te sterven in de woestijn. Struikelend en strompelend liepen we voort, bang dat we iets achter hadden gelaten, bang dat we zelf achter zouden worden gelaten. Mijn moeder zong het werklied of *salsal* terwijl zij en mijn vader de kamelen bepakten.

> Zeuren en zorgen zijn het gezelschap
> Van een man met vele vrouwen.

Ik denk niet dat mijn vader van dat lied hield, maar het was er een dat alle vrouwen zongen, dus hij moest wel. Nadat de kamelen waren bepakt liep ons gezin de hele nacht en bijna de hele volgende dag. Mijn volk berijdt geen kamelen. Alleen baby's, oude familieleden of zieke mensen mogen op de rug van een kameel zitten.

Ik moest kiezen tussen zelf weggaan of de strijd met Dana aangaan. Ik liep mijn kantoor in, ging op mijn stoel zitten en haalde diep adem om tot rust te komen. Dit was mijn appartement; ik betaalde iedere maand de huur en andere lasten. In Somalië worden geschillen door de betrokken mannen besproken en opgelost. Er zijn geen bazen; iedere man krijgt de gelegenheid om te spreken. Vrouwen worden niet beschouwd als lid van de stam van hun man, dus hun broers of familieleden vertegenwoordigen hun kant wanneer ze bij een ruzie zijn betrokken. Toen mijn moeder met mijn vader trouwde werd ze geen lid van de Darod. Ze bleef verbonden met de Mijertein. De mannen komen bijeen onder een grote boom om het probleem te bespreken totdat er een beslissing wordt genomen waarmee iedereen kan leven.

Ik woonde niet langer in Somalië, ik woonde in Brooklyn, waar ik rechten had. Maar omdat Dana's naam op het huurcontract stond, hoefde hij er niet uit. Toen ik het appartement vond, was ik hoogzwanger van Aleeke. Ik ben naar Omaha gevlogen om in de buurt van Dana's familie te bevallen. Ik vond het toen vervelend om zo'n lange, ambtelijke tekst te moeten ondertekenen. Het leek zo ingewikkeld, en ik wist echt niet waar het over ging. Ik gaf Dana mijn betaalcheques en hij ondertekende het huurcontract bij de huisbaas.

Voor nomaden is een huis heel belangrijk, omdat onze omgeving regelmatig verandert, maar ik keek om me heen in het appartement en concludeerde dat ik er toch niet wezenlijk thuishoorde. Ik kon niet ergens wonen met een dode ziel, een droge waterbron, een leeg hol. Het was tijd om verder te gaan; het gras was weg en de plaats zat vol met djinns. Ze veroorzaakten ook overal moeilijkheden!

Ik wist dat ik moest veranderen – dat ikzelf het probleem voor een groot deel veroorzaakt had, maar ik wist niet hoe. Ik heb me nooit op mijn gemak gevoeld in de buurt van mannen, niet alleen vanwege mijn vader, maar ook door andere dingen die me zijn overkomen. Veel ontmoetingen met mannen in mijn leven zijn afschuwelijk geweest, en ik ben afstandelijk en achterdochtig. Ik dacht dat het anders zou zijn met Dana, omdat hij zo verlegen en lief was toen we elkaar ontmoetten, maar uiteindelijk voelde ik me een deel van het meubilair. Ik dacht dat ik al die luie mannen die hun vrouwen alles laten doen in Somalië had achtergelaten, maar ik had net zo'n exemplaar in het Westen getroffen. Te veel mannen hebben misbruik van me gemaakt.

Toen ik nog heel jong was, kwam er een oom bij ons wonen. Ik moet negen of tien jaar oud zijn geweest. Hij was kleiner dan mijn vader, dus noemden we hem Kleine Oom. Hij bleef tijdens het droge seizoen bij mijn familie en vertrok pas toen de *gu*-regens aanbraken. Hij kwam uit Galcaio waar hij betrokken was geraakt bij een gevecht met een man van een andere stam. Kleine Oom had de arm van de andere man er bijna afgesneden. Wanneer er bloed vloeit, wordt iedereen van de stam verantwoordelijk gehouden, dus onze stamoudsten hadden de *diya*-prijs betaald om het geschil te beslechten. Ze stuurden Kleine Oom naar ons in de bush totdat de gemoederen weer zouden bedaren.

Kleine Oom was grappig en hij plaagde me altijd; hij strekte zijn lange armen uit en graaide stiekem naar mijn *guntino* wanneer ik voorbijliep. Hij keek me recht in de ogen. Ik vond het heerlijk en vond hem heel bijzonder. Op een avond zei hij: 'Waris, zal ik met je meegaan om je met de geiten te helpen?' Het vleide me dat hij me zag staan, mij, een klein meisje.

Halemo zei: 'Vertrouw hem niet,' maar ik luisterde niet naar haar, ze zei me altijd dit of dat te doen. Buiten liepen we langs de *tuug* naar beneden en aan de andere kant weer naar boven om de geiten te roepen voordat de zon achter de heuvels zou zakken. Kleine Oom zocht een mooie acaciaboom uit en zei: 'Kom, laten we even uitrusten in de schaduw.' Hij trok zijn jas uit en zei dat ik naast hem moest gaan zitten.

Er was iets vreemds aan hem en ik zei: 'Nee, laten we de geiten halen en weggaan,' maar hij stond erop dat ik op zijn jas kwam zitten. Ik ging op het randje zitten en hij kwam vlak naast me liggen. Hij was zo dichtbij dat ik zijn zweet kon ruiken. Kijkend naar de geiten kauwde ik op een grassprietje en tastte de grond af op zoek naar mooie, jonge spruiten.

'Luister Waris,' zei hij. 'Ik ga je een verhaal vertellen. Ga liggen en kijk naar boven naar de sterren die te voorschijn komen.' Dat vond ik mooi, dus ik ging op het randje van zijn jas liggen, een stukje bij hem vandaan.

Hij draaide zich op zijn zij en keek naar me terwijl hij zijn hoofd op een hand liet rusten. Hij kietelde in mijn hals en vertelde over een meisje met een grote neus. Hij raakte mijn neus aan, en daarna zei hij dat ze een dikke nek had en een grote buik en grote borsten. Hij streelde me elke keer dat hij over de vrouw in het verhaal vertelde. De ene minuut lag ik naast hem en vertelde hij me een verhaal, de volgende trok hij aan mijn *guntino*, pakte me vast en maakte de knopen los. Hij trok me onder zich ook al schreeuwde ik dat hij van me af moest gaan. Natuurlijk hoorde niemand me omdat we zo ver van het kamp waren. Hij strekte zijn handen uit en trok mijn jurk naar boven en kwam op me liggen. Zijn *maa-a-weiss*, een soort lendendoek, stond open en hij duwde mijn benen uit elkaar en ging ertussen liggen. Hij porde tegen mijn vagina met dat ding en ik riep: 'Hou op, hou op! Wat doe je?' Hij legde zijn enorme hand op mijn kleine mond en het volgende moment spoot er iets over me heen. Hij rolde van me af en begon te lachen. Die plakkerige troep zat helemaal over me heen, ik had nog nooit zoiets geroken, en nog steeds heb ik een bloedhekel aan die geur. Ik stond op, veegde me af en rende de hele weg naar huis terug. Ik greep me vast aan mijn moeders been en snoof haar geur op – ze rook schoon als de aarde. Ik wist niet wat ik moest zeggen, omdat ik niet wist wat er gebeurd was. Ik wist niets van seks, want we hadden het er nooit over. Die man had iets verkeerds gedaan, maar ik wist niet wat hij had gedaan. Ik kon er de woorden niet voor vinden, dus hield ik mijn moeders been maar vast.

Ze streelde over mijn hoofd en zei: 'Liefje, rustig maar, wat is er? Wat is er aan de hand? Ben je achternagezeten door een hyena?' Ik kon niet huilen, ik kon niet praten, ik kon niets zeggen. Ik stond daar maar zonder haar los te laten. Ik voelde me vies en beschaamd, maar ik begreep niet waarom. Ik haatte die man, omdat ik wist dat hij iets slechts had gedaan jegens de familie die hem hielp.

Mijn problemen werden niet opgelost door de breuk met Dana. Ik was een alleenstaande moeder zonder man en zonder familie die me kon helpen. Ik vond een appartement met uitzicht op Central Park en samen met Aleeke trok ik erin, maar ik voelde me erg alleen. Hem uit mijn leven te bannen had moeten helpen, maar de dingen werden er alleen maar erger door. Hoe eenzamer ik me voelde, hoe meer ik naar mijn moeder verlangde, maar mijn droom om mijn familie weer te vinden leek onmogelijk. Alleen al het slechte nieuws bereikte me uit Somalië. Ik wist niet wat er met mijn familie was gebeurd in de jaren van hongersnood en stammenoorlogen die op mijn vertrek waren gevolgd. Ik wist dat de regering ten val was gekomen na de vlucht van Muhammad Siyad Barre in 1991 en dat er maar geen nieuwe regering kwam die in staat was om vrede te stichten onder de oorlogvoerende partijen.

Mijn moeder wist niet eens dat ik een zoon had; Aleeke was al drie jaar oud en er was geen manier om haar over hem te vertellen. De beperkte posterijen die er in Somalië waren geweest, waren vernietigd, en mijn familie had nooit in de buurt van een postkantoor gewoond. Niemand van mijn familie kon lezen of schrijven, dus ook al was er post geweest, dan nog kon ik geen brief, e-mail of fax sturen. Mijn arme kleine land heeft de technologie niet bij kunnen houden, het is zelfs achteruitgegaan.

Ik was iemand zonder familie, zo goed als dood.

3
Tamtam

Geluk is vliegen op de vleugels van God
Op de flanken is een goed voorteken te zien
Rustig aan, mijn zoon, en wanhoop niet.

SOMALISCH LIED

Op een bewolkte middag ging de telefoon, en ik wist dat ik op moest nemen. Ik had een bepaald gevoel over dat telefoontje. Het was iemand die namens Oprah Winfrey belde. Ze is een machtige zakenvrouw en daar heb ik bijzonder veel respect voor.

'We zijn bezig met een programma over geweld tegen vrouwen over de hele wereld,' zei de stem aan de andere kant van de lijn. 'We zouden je graag voor het programma willen uitnodigen. Een deel van de uitzending is gewijd aan het sterker maken van vrouwen.'

'Wil je dat ik iets over vrouwenbesnijdenis kom vertellen?'

'Vrouwenbesnijdenis is een van de onderwerpen die we zullen behandelen,' zei ze, 'Calista Flockhart gaat vrouwen in Afrika daarover interviewen.'

'Calista Flockhart?' zei ik.

'De actrice die Ally McBeal speelt in de gelijknamige tv-serie.'

'O,' zei ik, maar ik dacht: wat weet zij nou van vrouwenbesnijdenis?

Als het niet over vrouwenbesnijdenis ging, dan kon ik me niet voorstellen wat ik zou moeten zeggen of wat Oprah van me zou willen horen.

'We wilden je vragen voor het onderdeel *Een moment van bezinning*.'

'Bezinning?' vroeg ik. 'Geen vrouwenbesnijdenis?' Ik snapte er niets van. Ik had het gevoel dat ik een olifant was die zijn eigen staart probeerde te zien.

'Ja,' zei de vrouw, 'volgens ons zou je perfect passen in dat onderdeel.'

Ik was verbijsterd dat ze me niet vroegen om over vrouwenbesnijdenis te vertellen. Bezinnen was op dat moment in mijn leven wel het laatste waaraan ik toe was. Ik was als een melkmand tijdens de droogte, helemaal opgedroogd met niets goeds erin. Ik begreep niet waarom Oprah Winfrey met mij over bezinning wilde praten en met een blank meisje dat niet was dichtgenaaid over vrouwenbesnijdenis. Waarop zou ik me trouwens moeten bezinnen? Het leek wel alsof alles wat ik trachtte te bereiken als zout door mijn vingers liep. Ik zei tegen haar dat ik erover na zou denken en terug zou bellen. Ik zag overal moeilijkheden en problemen die ik niet op leek te kunnen lossen.

In dezelfde week werd ik 's morgens heel vroeg gewekt door het schelle rinkelen van de telefoon. Ik keek naar de wekker vlak naast mijn bed om te zien hoe laat het was. Het was vijf uur, maar ik was nog slaperig en kon me niet herinneren of het nu vijf of zes uur was wanneer de klok vijf uur aanwees. Misschien was het wel vier uur wanneer de klok op vijf uur stond. Een vriend had me verteld over de zomertijd en het uur tijdsverschil, maar ik kon er geen wijs uit worden, zeker niet half slapend.

'Waarom moeten we de klok verzetten?' vroeg ik hem. 'Hoe kan tijd nu veranderen?'

'In de herfst zet je de klok terug en in de lente weer vooruit,' zei hij. 'In de herfst zet je de klok een uur terug omdat de zon dan steeds later opkomt. We willen graag dat het steeds even laat is wanneer de zon opkomt.'

'Waarom sta je dan niet gewoon met de zon op?'

In Somalië denken we niet zo. Niemand vertelt de zon wat hij moet doen. In de buurt van de evenaar is het bijna het hele jaar elke dag even lang licht, en aan de lengte van de schaduwen kon ik zien hoe lang het zou duren voordat de zon zou ondergaan. Wat hadden klokken met de zon te maken? In westerse steden zijn er zoveel lampen dat het niet uitmaakt of het nacht of dag is. Het is zo bewolkt en vervuild dat je de zon meestal toch niet kunt zien. In Somalië beheerste de zon ons leven. Wanneer het donker was, sliep je. Wanneer de zon opkwam, dreef die je je bed uit. Mijn vriend zei iets over boeren in Michigan die opstonden om de koeien te melken. Geiten worden bij zonsopgang wakker. Kunnen koeien in Michigan niet hetzelfde doen?

Ik had het gevoel dat het telefoontje van een familielid kwam. Zij zijn degenen die op de gekste uren bellen. Ik klauterde mijn bed uit en nam op. Het was mijn oudste broer, Mohammed, die belde vanuit Amsterdam, waar hij woont. '*Niheya*, mens,' zei hij, en daardoor schrok ik wakker. Hij had geld nodig en ik zei dat ik het hem zou sturen. Me om vijf uur 's morgens wakker maken is kenmerkend voor mijn broer. Ik hou van hem, maar als hij je geld nodig heeft, is hij er als de kippen bij. Mohammed had een paar verwanten getroffen die net waren teruggekeerd uit Somalië. Ze hadden geen problemen gehad en sterker nog, ze hadden familieleden opgezocht die vlak bij mijn moeder woonden! Ze gingen nu weer terug en Mohammed wilde proberen of hij haar wat geld kon sturen. In mijn familie is het zo dat je geld moet delen als je het hebt. Zo zijn we.

In Afrika maken mensen grappen over de tamtam. Vaak weet je gewoon dat iemand op bezoek komt of ziek is. Er wordt zonder telefoon of papier gecommuniceerd; het is iets wat ik niet in een andere taal kan omschrijven. Ik wist niet hoe Mohammed wist dat ik juist dat wilde horen wat hij me te vertellen had. Het was een wonder dat hij precies op dat moment belde. Hier heb je de mobiele telefoon, de fax en het antwoordapparaat. Het zijn fijne apparaten, maar ik geloof dat je contact hebt zolang je contact met God hebt. Mensen vragen me voortdurend: 'Staat je fax aan? Ik wil je iets sturen.'

'Nee.'

'Nou, heb je dan e-mail?'

Dan zeg ik tegen hen: 'Ik loop een beetje achter wat de technologie in jullie wereld betreft.' Wil je contact houden met de mensen van wie je houdt, dan zijn er wel belangrijkere manieren, die niets met technologie te maken hebben.

Mohammed belde op een moment dat ik het hele idee om naar Somalië te gaan eigenlijk al had laten varen, en ik geloof dat zijn belletje een boodschap van Allah was. Hij vertelde me dat mijn moeder in een dorpje vlak bij de grens tussen Somalië en Ethiopië woonde, waar het tamelijk rustig en veilig was. Mijn vader woonde nu in de woestenij bij Galcaio, maar hij was geen nomade meer, al was hij nog steeds te trots om in een dorp te wonen. Door de aanhoudende oorlog had hij de meeste van zijn kamelen verloren en hij had problemen met zijn ogen. Hij leefde met de twee vrouwen met wie hij naast mijn moeder was getrouwd.

Mohammed is opgegroeid in het huishouden van de rijke broer van mijn vader in Mogadishu, dus ik ken hem eigenlijk niet goed. Een dergelijke regeling is niet ongewoon bij mijn volk. Vaak wordt een familielid dat meer geld heeft gevraagd om te helpen bij de opvoeding van de kinderen van armere familieleden. Zelfs de struisvogel legt haar ei in een ander nest. De nietsvermoedende moeder broedt alle eieren uit en voedt de kuikens. Soms zie je wel dertien eieren in één nest liggen.

Toen Mohammed en ik nog klein waren, greep een militaire dictator, Siyad Barre, de macht in Somalië. Hij stond te popelen om allerlei veranderingen door te voeren. De Somalische taal stond niet op schrift, omdat de religieuze leiders en de regering het niet eens konden worden over een schrift. Degenen met een opleiding pleitten voor het Latijnse schrift, maar de sjeiks hielden vol dat het Arabische schrift beter was omdat de Koran in het Arabisch was geschreven. Barre onderhandelde met de Russen en de Chinezen over hulp en wilde daarom beide landen tevredenstellen. Partijvoorzitter Mao vertelde een Somalische delegatie die een bezoek aan China bracht dat hij de voorkeur gaf aan het Latijnse schrift en dat hij zou willen dat China dat van het begin af aan had gebruikt. De Russen gaven ook de voorkeur aan het Latijnse schrift. Siyad Barre verklaarde dat het Somali voortaan in het Latijnse schrift zou worden geschreven. Hiermee was het twistpunt uit de wereld en werd het Somali voor het eerst op schrift gesteld. De regering kondigde een culturele revolutie af en verordende dat iedereen binnen twee jaar moest leren lezen. In Mogadishu openden nieuwe scholen hun poorten, en daar leerde Mohammed Somali, Italiaans en Arabisch. De meeste documenten van de regering werden nog steeds in het Italiaans opgesteld omdat het zuidelijke deel van Somalië ooit een Italiaanse kolonie is geweest.

Tijdens Mohammeds jeugd viel de stad uiteen. De scholen en ziekenhuizen die dankzij het geld van de ontwikkelingshulp zouden verrijzen, werden nooit gebouwd. Het enige wat groeide, was het leger. Omdat Siyad Barre Darod was, waren er in het leger veel kansen voor iemand die tot de clan van de Darod behoorde. Omdat het leger een grote behoefte aan qat had, ging Mohammed in qat handelen. Qat is een groene plant die een amfetamineachtige stof afscheidt die aan speed doet denken. Van oorsprong werd het gebruikt door religieuze leiders, die dag en nacht de Koran zaten voor te dragen. Later zaten oudere mannen de hele middag bij elkaar en scheurden kleine groene blaadjes van een bosje qat terwijl ze over allerlei problemen en politiek praatten. Ze kauwden op de blaadjes tot die een soort pasta waren geworden en propten die aan een kant van hun mond, zodat ze een bolle wang kregen. Uiteindelijk werd hun hele gebit er zwart van. Ik heb nooit begrepen wat ze allemaal in qat zagen. Het smaakt vies en ziet er nog viezer uit; bij de mannen druppelt het groene sap uit hun mondhoeken naar beneden. Mohammed smokkelde qat, dat in de hooglanden van Ethiopië en Kenia groeit, het land in en verkocht het aan het leger.

De tienerjongens in het leger vonden het stoer om qat te gebruiken. Na het kauwen van de drug werden de toch al rusteloze soldaten nog veel opgefokter en steeds minder voor rede vatbaar. De eerste twee uur na het kauwen ben je opgewekt, maar daarna voel je je neerslachtig, doodmoe en wantrouwig. Slapen is echter onmogelijk.

Ik herinner me dat nadat Siyad Barre de macht had overgenomen in de jaren zeventig, mijn rijke oom Ahmed uit Galcaio op een keer naar zijn kamelen en geiten kwam kijken. Hij leek niet op zijn gemak en zat heel lang met mijn vader te praten. Mijn moeder en ik waren koorden aan het vlechten van lange reepjes kamelenhuid en zaten zo dichtbij dat we hun gesprek konden volgen.

'De soldaten van Siyad Barre zijn op zoek naar jonge jongens.'

'Wat doen ze met hen?'

'Ze nemen alle jongens die ze kunnen vinden mee en leiden hen op tot soldaat. Geloof, er zijn al heel veel jongens verdwenen, ontvoerd! Er dreigt oorlog met Ethiopië vanwege de Ogaden die ze van ons hebben afgepakt. Ik wil niet dat mijn zonen gaan vechten, ze zijn nog veel te jong. Ik ga ze verstoppen.'

'Waar halen ze de geweren vandaan die ze aan de kleine jongens geven? Waarom zou je een klein jongetje een geweer geven?'

'*Afweine* (Siyad Barre) krijgt van iedereen geld! Italië, de Verenigde Staten, Duitsland, Rusland en China geven hem geld en dat gebruikt hij om spullen voor zijn leger te kopen. Hij heeft de wapens, hij heeft alleen nog soldaten nodig.' Oom nipte aan zijn thee en spuwde. 'Ik heb dit al van veel familieleden gehoord,' zei hij waarschuwend. 'Jonge jongens verdwijnen terwijl ze in de wildernis de kamelen aan het hoeden zijn. Soldaten ontvoeren hen voor het leger en stelen ook het vee.'

Toen hij weer weg was, dachten mijn vader en moeder erover om een hol te graven en de jongens in te verstoppen. Ten slotte stuurde mijn vader de jongens naar familie in het noorden en hij leerde mij hoe ik met de kamelen moest omgaan. Ik was erg trots en vastbesloten om het goed te doen, want doorgaans viel jongens de eer te beurt om voor de kamelen te zorgen.

Elke dag bracht ik de kamelen via het pad dat mijn vader me had gewezen naar de bron. Kamelen bewaren het water niet in hun bulten; in de bulten wordt het voedsel als vet opgeslagen, als een soort energiereep waar de kamelen op kunnen leven. De leidster van de kudde kende de weg en de rest kuierde achter haar aan, het geluid van haar houten bel volgend. Ik had een zak aan een lang touw bij me waarmee ik het water uit de bron kon halen. Die had mijn moeder van geitenhuid gemaakt. Op een dag was de weg versperd. Overal stonden legervoertuigen en tenten. Mijn hart leek stil te staan omdat ik wist dat soldaten meisjes verkrachtten en elk dier dat ze vonden meenamen. Ik klom een klein heuveltje op en hurkte neer, zodat ik naar de soldaten kon kijken die in gele uniformen en met hun grote geweren rondliepen en achter op hun vrachtwagens nog veel grotere machinegeweren hadden liggen. Ik liet de kamelen los, maar ze waren bang voor al die geluiden en vreemde luchtjes. Ze liepen in een grote boog om het kamp heen, en ik hoopte dat ze uiteindelijk naar de bron zouden gaan. Ik kroop al die kilometers naar de bron, dicht tegen de grond, zodat de soldaten me niet zouden zien. Ik haalde het water voor de kamelen naar boven en was de hele donkere avond bezig om terug te kruipen naar onze hutten, nog steeds bang voor de soldaten.

Mijn rijke oom besloot Mogadishu te verlaten. Hij zei dat de stad uiteenviel. 'Mensen leven van fooien en smeergeld, ze stelen en ze plunderen,' vertelde hij aan mijn vader. 'Mogadishu zit vol *muryaan*, straatkinderen, die alleen maar last veroorzaken.'

'Honger drijft mannen zonder eer ertoe om alles te eten en van alles te doen om aan eten te komen,' zei mijn vader.

'Ze zijn *dayday*, ze hebben geen huis en weten niet hoe ze hun brood moeten verdienen. We hebben die stad verlaten en ik wil er nooit meer naar terug. In de regering zitten alleen nog maar mensen die zichzelf willen verrijken. Gewone mensen zijn hun leven in de stad niet meer zeker.'

Kort na het bezoek van mijn oom liep ik van huis weg en ging ik naar Londen. Ik hoorde nog maar heel af en toe iets over mijn familie, en al snel kwam er helemaal geen nieuws meer. In december 1992, toen ik net van Londen naar New York was verhuisd om aan mijn carrière als fotomodel te werken, kreeg ik de zondagsbijlage van de *New York Times* onder ogen, die een vriend voor me had gekocht. Het was bijna ondraaglijk om naar de foto's kijken. Meer dan honderdduizend mensen waren door de hongersnood gestorven. Die was niet veroorzaakt door droogte, maar door de burgeroorlog die was uitgebroken nadat het regime van Siyad Barre omver was geworpen. Er was geen regering meer. Het land werd bestuurd door bendes die deals sloten met andere bendes. Niemand kon nog voedsel verbouwen en de meeste dieren waren omgekomen. Hulporganisaties konden de mensen die verhongerden niet voeden omdat bandieten het eten stalen dat voor vrouwen en kinderen was bestemd. Op de foto's stonden kinderen met ingevallen ogen en uitstekende jukbeenderen. Een vrouw die eruitzag als een geknakte paraplu lag als een voddig hoopje langs de kant van de weg. Ik hoorde dat in die vreselijke jaren een op de vier kinderen stierf. Natuurlijk leden de vrouwen en kinderen het meest. Er was geen enkele manier om erachter te komen hoe het met mijn familie ging. De krant schreef: 'Degenen die in dit door oorlog, droogte en hongersnood ontwrichte land het beste af zijn, zijn de doden.' Ik keek naar tv-documentaires over *Restore Hope*, de grote hulpactie van de VN, en over de steeds wanhopigere pogingen om de steden van gewapende en bandeloze soldaten te ontdoen.

Een miljoen Somaliërs ontvluchtten hun land. Mijn broer Mohammed was een van de gelukkigen die wist te ontsnappen. Hij belde me toen hij in Amsterdam was aangekomen. Ik was zo blij dat hij nog leefde dat ik meteen naar hem toe vloog.

Toen ik Mohammed zag, kon ik niet geloven dat deze broodmagere man mijn broer was. Zijn bovenlip was helemaal gespleten omdat hij lange tijd zonder water had gezeten. Zijn sleutelbeenderen staken uit onder zijn overhemd en hij had een holle blik in zijn ogen, alsof er iets in hem was gestorven, alsof er een leegte in hem gaapte. Ik greep hem vast en drukte hem dicht tegen me aan. 'Mohammed, wat is er gebeurd? Wat is er met je gebeurd?'

Mijn broer zag er gekweld uit. 'Ze hebben me maandenlang opgesloten achter hekken van prikkeldraad. We kregen niet genoeg water en eten.'

'Wie heeft je dit aangedaan?'

'Waris, het was daar een gekkenhuis. De soldaten zaten de hele dag te drinken en qat te kauwen. Ze kauwden qat als ontbijt, als middageten en als avondeten. Ze maakten ruzie over de stomste dingen en schoten zomaar wat in het rond wanneer ze door de stad reden.'

'*Hiyea*.' Ik vroeg me af wat Mohammed allemaal had gezien.

'Al vroeg in de avond waren ze high en roekeloos, en de officieren wantrouwden iedereen die niet dronken was omdat alle anderen dronken of high waren. Al zei je maar: "Hé, rustig aan, daar kunnen ook nog mensen zitten," dan begonnen ze al tegen je te schreeuwen. Het leger werd gebruikt om beslissingen van de regering door te drukken waarover niet te praten viel. De regering verklaarde dat vrouwen het recht hadden om bezittingen te erven, maar veel religieuze leiders protesteerden omdat dit tegen de islamitische traditie inging. Tien sjeiks werden midden in de moskee geëxecuteerd door de Rode Baretten, de privé-troepen van Afweine. Degenen die in opstand kwamen tegen de moorden op hun religieuze leiders werden op straat afgeslacht. Soldaten liepen maar te schieten en verkrachtten vrouwen en kleine meisjes alsof het een spelletje was.'

In de dagen daarna vertelde Mohammed dat Afweine iedereen was gaan wantrouwen die tot de clans van de Howiye, de Issaq of de Mijertein, de clan van mijn vader, behoorde. Hij zette mannen van zijn eigen familieclan in en zij dansten naar zijn pijpen. Op een nacht werd mijn broer ervan beschuldigd dat hij niet loyaal genoeg was aan de president en hij belandde in de gevangenis.

'Ze gingen alle Mijertein wantrouwen. Op een nacht sleurden ze me uit mijn bed, sloegen me in elkaar en ketenden me meer dan een week lang vast in een donkere ruimte. Geen proces, niets. Het was gewoon een straf, al weet ik niet eens waarvoor.' Mohammed wilde er niet echt over praten.

'Hoe at je dan?' vroeg ik. Hij was zo dun dat zijn ogen diep in zijn hoofd verzonken leken te liggen.

'Ze gaven ons geen eten, alleen een klein beetje rijst en een kom water om ons te wassen.'

'O, mijn god, Mohammed,' zei ik. 'Hoe ben je daar weer uit gekomen?'

'Iedereen was voortdurend onder invloed. Mijn oom wist genoeg geld bij elkaar te krijgen om de bewakers om te kopen, zodat ik kon ontsnappen. Ze wisten dat ik eraan zou gaan als ik in Somalië zou blijven. Op de een of andere manier wisten familieleden zoveel geld bij elkaar te krijgen dat ze me naar Chisimaio aan de zuidkust konden sturen. Daar had de clan van Afweine nog niet zoveel macht. Ik reisde met een dhow naar Mombasa en nam daar een vliegtuig met een bestemming buiten Afrika.'

Ondanks alle verschrikkingen die mijn broer had doorstaan, bleef hij met Somalië verbonden, zelfs acht jaar nadat hij had weten te ontsnappen. Als iemand me kon helpen, was hij het wel. 'Mohammed,' zei ik nu tegen hem door de telefoon, 'ik droom ervan om terug te gaan naar Somalië.' Mijn broer had me dit wel vaker horen zeggen, maar hij geloofde me niet.

'Ja, ja, ja, mens,' zei hij. 'Je bent er al twintig jaar niet geweest, hoe denk je nu dan ineens terug te kunnen gaan? Je kunt beter proberen om geld te sturen.'

'Nee, Mohammed, deze keer meen ik het echt. Ik wil naar huis, maar ik maak me zorgen en weet niet hoe goed hoe ik het moet aanpakken. Wil je me helpen?'

'*Hiyea*,' zei hij instemmend.

Hiyea? Ik had verwacht dat hij me zou waarschuwen over hoe gevaarlijk het allemaal wel niet was en me zou vragen waarom ik net als iedereen zo graag terug wilde gaan. *Hiyea* betekent zoveel als 'ik snap wat je bedoelt'. Het was alsof iemand in het donker een lucifer afstak. 'Denk je dat ik daar veilig kan reizen? Denk je dat ik bekenden zal kunnen vinden? Ik heb al geen twintig jaar Somali meer gesproken,' zei ik, op hetzelfde moment opgewonden en zenuwachtig.

In 1995 werkte ik op verzoek van de BBC mee aan een documentaire, omdat zij me zouden helpen om mijn moeder te zoeken. Ik zag haar drie dagen lang in Galadi in Ethiopië, dat vlak bij de grens met Somalië ligt. Ik ging de grens met Somalië niet over omdat dat te gevaarlijk was. Het kostte me moeite om Somali met haar te spreken.

Ik zei tegen Mohammed dat ik echt naar Somalië wilde gaan, ik moest het gewoon proberen. Mohammed wilde best met me mee gaan, mits ik betaalde. Hij krijgt een uitkering van de Nederlandse regering en heeft geen geld voor reizen als deze. Hij spreekt vloeiend Somali, wat goed zou uitkomen voor het geval ik het me niet meer kon herinneren. Bij mijn broer zou ik me veilig voelen, en ik kon Aleeke bij zijn vrouw en kinderen in Amsterdam achterlaten. Ik besloot om meteen de volgende week te vertrekken. Deze plotselinge kans, dit nieuws over het gebied waar mijn moeder woonde – alles kon weer veranderen en dan kon de deur voor eeuwig gesloten worden. Toen Mohammed me vertelde dat hij geloofde dat we mijn vader zouden kunnen vinden, stond het zweet opeens in mijn handen. Alleen al de gedachte aan mijn vader maakte me na al die jaren opgetogen. Mohammed was ook opgewonden. Hij was met gevaar voor eigen leven ontsnapt en werd in zijn dromen achtervolgd door de beestachtige behandeling die hij in Mogadishu had moeten ondergaan. Na al die jaren had hij in Nederland eindelijk de officiële status van politiek vluchteling weten te verkrijgen, maar hij mocht niet naar school of werken. Hij was net zo op zoek naar zichzelf als ik.

Die middag belde ik naar de agent van Oprah om te vertellen dat ik niet aan het programma kon meewerken omdat ik dan in Somalië zou zijn. Ik wilde niet doen alsof ik tot bezinning was gekomen terwijl het in werkelijkheid voelde alsof er een gat in mijn hart zat.

Nu ik eenmaal het besluit had genomen om op zoek te gaan naar mijn familie raakte ik in paniek. De vrouwen in mijn familie zijn fatsoenlijke Somalische vrouwen. Ze dragen geen strakke broek, of een T-shirt en een honkbalpetje. In Londen had ik al mijn Somalische gewaden weggegooid, als een rups die zijn cocon afwerpt. Nu wilde ik mijn cocon terug. Ik zocht heel New York af, nota bene de textielhoofdstad van de wereld, maar ik kon geen Somalische jurken of *dirah* vinden. Dit zijn lange gewaden, gemaakt van dun materiaal, die je van top tot teen bedekken. De stof is versierd met bloemen of kleurige geometrische patronen, en de jurken zijn heel gemakkelijk te maken. Je meet vier meter stof af door de lap in je uitgestrekte arm te houden en de afstand tot je neus te meten. De kleermakers van het dorp, die over een naaimachine met een voetpedaal beschikken, vouwen de lap in de lengte dubbel en knippen een rond gat voor de halsopening uit. Ze naaien de zijkanten op een paar armsgaten na dicht en zomen de hals en de onderkant af. Onder de jurk draag je een onderrok. Ik ken niemand die zulke grote borsten heeft dat ze een beha moet dragen, zeker ik niet! Vrouwen bedekken hun hoofd met een lange sluier, die je voor je gezicht houdt wanneer je naar buiten gaat of met een andere man dan je vader of je echtgenoot praat. Benen worden als bijzonder aanstootgevend beschouwd. Als een vrouw het zou wagen om een strakke of een korte broek te dragen, zou ze worden gestenigd, of erger.

Ik vroeg mijn vriendin Sharla om raad. Zij stuurde me naar Banana Republic, een kledingzaak. 'Hebt u ook iets wat geschikt is voor de woestijn?' vroeg ik.

'We hebben leuke camouflagebroeken, kaki korte broeken en safarihoeden.'

'Ik heb iets nodig wat soepel valt, zonder ritsen of een tailleband,' zei ik. 'Een broek is veel te heet in de woestijn.'

De verkoopster liet me een lange zwarte jurk zien en ik vroeg of ze ook iets kleurigers had. 'Ik houd van kleurige kleren, ik wil er niet zo uitzien als de woestijn.'

Het enige wat ik kon vinden, waren Indiase sari's. De katoenen stof leek op wat ik zocht en ik zou er een *guntino* of wikkeljurk van kunnen maken, maar dat was niet echt iets wat vrouwen uit mijn familie zouden dragen. Een sari is van veel stof gemaakt omdat je hem onder het lijfje om je heen moet kunnen wikkelen. Somalische jurken vallen vanaf de schouder recht naar beneden.

Ik wilde voor iedereen in mijn familie, vooral voor mijn moeder, cadeautjes meenemen, maar ik wist eigenlijk niet goed wat. Wat kon ik meenemen? Nomaden hebben geen spullen gewoon maar voor de heb, en ik had er geen idee van wat ze echt nodig hadden of wilden hebben. Mijn familie zou niets kunnen beginnen met kleine tinnen bordjes met het silhouet van New York erop, of met plastic replica's van het Vrijheidsbeeld. Mijn moeder zou niet blij zijn met een groot potlood met een kwastje aan het einde of met een T-shirt met afbeeldingen van het Empire State Building. Ze zouden alleen blij zijn met dingen waar ze echt iets aan zouden hebben of die ze konden eten. Ik kocht babyolie en kokosolie voor een droge huid. In de woestijn is het altijd handig om iets tegen een droge huid te hebben. Ik kocht kammetjes, geurige gele zeepjes in de vorm van een waaier, haarolie, tandenborstels en tandpasta. Toen ik een klein meisje was, maakten we ons gebit altijd met een takje schoon, en ik vroeg me af of mijn familie die bepaalde struik nog zou kunnen vinden. Omdat er in Somalië geen tandartsen zijn, konden tandenborstels weleens heel nuttig zijn. Voor mijn moeder kocht ik de mooiste spiegel die ik kon vinden. Ik wilde dat ze zichzelf kon zien, dat ze kon zien hoe mooi ze was. Het winkelen viel niet mee, en ik liep door de zaken heen en weer, telkens denkend: nee, nee, nee. We gebruiken geen papieren zakdoekjes of handdoekjes, wegwerpluiers, toiletpapier of maandverband. Wanneer vrouwen ongesteld zijn, dragen ze een oude donkere jurk en blijven ze binnen. We gebruiken geen lippenstift, foundation, wenkbrauwpotlood of mascara. We hebben geen elektriciteit voor föhns of broodroosters. Ik dacht er even over om kleren mee te nemen, maar omdat ik al zo lang niet meer in Somalië was geweest, wist ik niet welke maat mijn familieleden hadden of wat ze nodig hadden. Mensen in Somalië hebben geen kast vol met verschillende kleren, en ik heb nooit de behoefte gevoeld om heel veel kleren te bezitten. Ik vind het leuk om ze als model te dragen, maar ik hoef ze niet per se te houden.

Uiteindelijk kocht ik kleurige doeken voor de vrouwen en sandalen voor mijn vader en moeder. We eten geen snoep, en omdat ander voedsel bedorven zou zijn tegen de tijd dat ik aankwam, nam ik niets eetbaars mee. Ik kocht scheermesjes voor mijn broers zodat ze zich konden scheren. Ik kocht voor mijn vader een kam en een borstel maar bracht die later weer terug naar de winkel omdat hij ze vreselijk zou vinden. Ik ben vroeger eens voor hem weggelopen, en het duurde toen twee dagen voordat hij me weer had gevonden. Ik zal nooit vergeten wat hij tegen me zei: 'Ik weet niet waar je vandaan komt. Je bent niet een van ons.' Hoe kun je zo iemand een kam en een borstel geven? Al die tranen die ik nooit had vergoten omdat ik er de tijd niet voor had – ik moest overleven – waren er nog steeds, weggesloten in mijn hart. Maar ik had nog steeds geen tijd om te huilen, ik moest op reis.

4
Verschillen

Mannen dekken elkaar in de flank
En worden zo broeders
Zullen we elkaar helpen
Of afscheid nemen?

SOMALISCH WERKLIED

Om naar Amsterdam te komen, vertelde de medewerker van het reisbureau van American Express, moest ik drie weken van tevoren een ticket kopen, of op dinsdag of woensdag vertrekken en de woensdag of donderdag van de week erop weer terugreizen. Ik legde haar uit dat mijn broer erachter was gekomen waar mijn moeder woonde, maar dat ze misschien weer door zou reizen, dus dat ik meteen wilde gaan. De vrouw staarde me vreemd aan.

Bij binnenkomst was het me al opgevallen dat er een gigantische handtas op haar bureau stond. Voordat ik ging zitten, haalde ze er een enorme voordeelfles lotion uit en spoot wat op haar handen. Het is me nog steeds een raadsel waarom vrouwen de hele dag een hele drogisterij aan spullen moeten meezeulen die ze niet nodig hebben. Iemand als zij zou een nomade nooit begrijpen, dus zei ik: 'Ik wil graag twee tickets kopen voor volgende week, een volwassene en een kind.' Toen ze me vroeg naar de terugreisdata zei ik: 'Ik ga van Amsterdam naar Somalië en ik weet echt niet hoe we daar kunnen komen en weer terug, maar als God het wil, komt alles in orde en keren we veilig terug.'

Ze keek verbaasd en zei: 'Ik wist niet eens dat je naar Somalië kon reizen.'

'Ik ga het proberen,' zei ik. 'Mijn moeder woont daar.'

De blik in haar ogen verzachtte zich en ze knikte. Ze legde uit dat ze een specifieke terugreisdatum en -tijd moest hebben omdat de tickets anders een stuk duurder zouden worden. Ze vertelde me ook dat ik problemen zou kunnen krijgen met de immigratiedienst als we een open retourticket zouden hebben, dus ik boekte de datum de dag voordat ik een vergadering van de Verenigde Naties moest bijwonen. Ik betaalde met mijn creditcard en zei dat ik de tickets nu mee wilde nemen in plaats van ze bij een balie op het vliegveld op te halen, omdat ik niet het risico wilde lopen dat de baliemedewerker me zou vertellen dat hij niets kon vinden. Ik wil een ticket dat ik in mijn hand kan houden om het aan de desbetreffende persoon op het vliegveld te laten zien.

Ze lachte en zei vertrouwelijk: 'Ik heb dat ook altijd.'

We vertrokken op dinsdagavond en ik belde Mohammed die middag om hem te vertellen hoe laat hij ons moest komen ophalen. Hij geloofde me nog steeds niet en zei: 'Ja hoor! Ik geloof het pas wanneer ik je op Schiphol zie,' ook al verzekerde ik hem ervan dat we op weg naar het vliegveld waren.

Ik was zo trots op Aleeke in het vliegtuig. Hij zat daar als een kleine man en keek naar de mensen of maakte tekeningen. Mijn zoon houdt van vliegen en autorijden, zelfs als dat betekent dat hij niet rond kan rennen en overal op kan springen zoals hij thuis doet. Toen hij naar de wc moest, stond hij op en liep door het gangpad naar het kamertje zoals hij elke dag deed. Mijn kind is een nomade, net als ik.

Nu ik zo naast hem zat, had ik goed zicht op de kruin van zijn hoofd. Hij had een huidprobleem en ik kon er maar niet achter komen wat er mis was. Plukjes van zijn zachte kroeshaar vielen uit, en ik zag dat hij kleine witte bultjes achter op zijn hoofd had. Ik deed alles om ze weg te krijgen. Ik had pure eucalyptusolie gekocht, voegde een druppel water toe en wreef het mengsel op de bultjes. Ik stampte oregano in de vijzel tot een pasta om de bacillen te doden en maakte een balsem van honing en mirre.

Toen ik alle kruiden tevergeefs had geprobeerd nam ik hem mee naar de kinderarts, maar die zei slechts: 'Kinderen hebben dit zo vaak.' De dokter schreef een plakkerige witte crème voor, maar die hielp ook al niet; de witte bultjes zaten er nog steeds. Ik stond op het punt om mijn kind achter te laten bij een vreemde, terwijl hij ziek was.

Ik had Mohammeds vrouw, Dhura, nog nooit ontmoet. De laatste keer dat ik Mohammed had gezien was in 1992, toen hij net uit Mogadishu was ontsnapt en naar Amsterdam was vertrokken, en toen kende hij Dhura nog niet. Zij is ook Somalisch. De afgelopen twee jaar had ik haar echter een paar keer aan de telefoon gehad, en ik kreeg het gevoel dat ze een goede, zorgzame vrouw was. Ze stimuleerde mijn broer om dingen te doen en voor hun gezin te zorgen. Toen hij en ik ooit ruzie hadden en niet met elkaar spraken, zei zij dat hij me moest bellen. 'Stel je niet zo aan,' zei ze tegen hem, 'jij bent de oudste. Schiet op, bel je zus – zeg hallo – vertel haar wat er in Afrika is gebeurd.' In mijn hart wist ik dat ze ook goed zou zijn voor mijn zoon.

Dat iemand familie van je is, betekent nog niet dat ze voor je kind zullen zorgen. Toen ik nog een meisje was dat ongeveer tot mijn moeders borsten kwam, ging ik bij een tante logeren. Helaas werd ik ziek op de dag van mijn aankomst. Ik had het warm en koud, mijn hoofd deed pijn en ik was zo zwak dat ik nauwelijks kon praten. Waarschijnlijk had ik malaria. Mijn tante was niet erg behulpzaam, ze liet me daar maar liggen terwijl zij ging zitten roddelen met haar vriendinnen. Ze zei me dat ik op haar kinderen moest passen, ook al kon ik niet eens opstaan zonder duizelig te worden. Ik verlangde zo naar mijn moeder dat ik bad tot Allah om het haar te vertellen. Zij wist wat ze moest doen wanneer mensen ziek werden, en ze maakte iedereen beter, ook al had ze alleen maar boomschors die ze plukte en tot een poeder vermaalde onder het zingen van speciale genezende gebeden. Soms hebben een aanraking en een koud, nat doekje dezelfde genezende kracht als antibiotica. Mijn tante zette geen speciale thee voor me; ze deed alsof ik de ziekte op haar kon overdragen. Maar over Dhura had ik een ander gevoel, en ik wist dat ze voor mijn kind zou zorgen alsof het haar eigen kind was. Voor mij was het heel belangrijk dat Aleeke Somalische gewoonten leerde. Van zijn vader zou hij ze niet leren, die begreep de Afrikaanse manier van denken niet.

Toen ik Dana leerde kennen was hij trots dat ik uit Afrika kwam. Hij vond me bijzonder en exotisch, maar later keurde hij mijn manier van doen af. We hadden dezelfde huidskleur, maar we kwamen uit twee verschillende werelden. Dana is Afro-Amerikaans en hij zei vaak: 'Kom, dan halen we pizza op weg naar de bioscoop.' Dat doen we niet in Somalië – voedsel is een gift van Allah. Voor het eten wassen we ons en zeggen een kort gebed. We eten met onze handen, maar nemen het voedsel langzaam en met respect tot ons. Ik vond het altijd een belediging dat Dana lopend op straat eten in zijn mond stopte. Maakten Dana en ik ruzie omdat ik in Afrika was opgegroeid? Kwam het doordat ik geld verdiende? Omdat ik bekend was? Omdat ik als model werkte?

Toen ik voor het eerst de club inliep waar Dana met zijn band optrad, wist ik dat hij bijzonder was. Ik begon te dansen zodat ik dichter bij hem kon komen. Die avond droeg ik een groene sweater en hooggehakte laarzen, en mijn haar zat in een wild afrokapsel. Hij vertelde me dat hij zijn ogen niet van dat meisje in de groene sweater met het afrokapsel had kunnen houden. Ik plaagde hem: 'Ik ga je kind krijgen.' Hij werd bang, alsof ik gek was of iets dergelijks. Toen ik zwanger was van Aleeke herinnerde ik hem aan die woorden. De eerste keer dat ik hem zag, vertelde iets me dat hij mijn ideale man was.

Ik was meteen onder de indruk van Dana vanwege zijn spiritualiteit. Hij is opgegroeid in het Middenwesten van Amerika en was gevoelig en verlegen. Op mij kwam hij over als een eerlijk mens met een goed hart. Ik vertrouw mannen niet snel, maar Dana's behoedzaamheid had een magische uitwerking op me.

Toen ik klein was, hoorde ik op een nacht geluiden die ik niet begreep. Ik zag mijn moeder, die op haar slaapmat lag aan de andere kant van onze ronde hut. Mijn vader lag boven op haar. Zij zei niets, maar hij duwde en hijgde en gromde. Ik stond op om te zien wat er aan de hand was en liep op hen af. Ik strekte mijn hand uit om mijn moeders aandacht te trekken, maar voor ik het wist, vloog ik door de kamer. Mijn vader had mijn been beetgepakt en me de lucht in gegooid. Ik was zo verbluft dat ik het niet eens uitschreeuwde, zo sprakeloos was ik. Mijn oudere zus, Halemo, nam me in haar armen. 'Wees stil, Waris,' fluisterde ze. 'Laat mama maar met rust.' Toen ik mijn moeder er de volgende dag naar vroeg, joeg ze me weg. Seks was een geheim.

Dana was zacht en fris als regen in de ochtend. Bij hem voelde ik me op mijn gemak en veilig, en daardoor voelde ik me ook sexy. Hij hoefde maar over mijn hand te strelen en ik was al opgewonden. Ik geloof niet dat seksuele verlangens helemaal worden weggenomen door infibulatie, maar ik ben er zeer voorzichtig en terughoudend door geworden. Wanneer ik me echter eenmaal veilig en op mijn gemak voel, wil ik vastgehouden worden en over mijn hele lichaam worden aangeraakt. Mijn familie en mijn volk zijn zeer aanhankelijk, al zul je mannen en vrouwen in het openbaar nooit samen zien. Het is niet ongebruikelijk dat twee mannen hand in hand door het dorp lopen. Het betekent echter niet dat ze homoseksueel zijn; Somalische mannen geven uiting aan hun vriendschap door elkaar op dezelfde manier aan te raken als vrouwen dat doen met goede vriendinnen. In het Westen omhels je elkaar alleen wanneer je een oude vriend begroet, dus het voelde heerlijk om lichamelijk dicht bij iemand te zijn. Somaliërs geloven dat een vrouw te veel seksuele behoeften zal hebben als je de clitoris niet weghaalt. Een deel van mijn lichaam is weggesneden, maar wanneer Dana me kuste, ontbrak er niets wezenlijks. Voor mij heeft seks te maken met wat ik voor mijn partner voel. Een orgasme begint in mijn hoofd en eindigt in mijn hart. Vrouwen die een borst hebben moeten laten afzetten vanwege kanker, kunnen zich nog steeds heel sexy voelen. Ik ben nogal schrikachtig, maar Dana raakte me verlegen aan en ik werd verliefd op hem.

Na de geboorte van Aleeke werd het steeds duidelijker hoe verschillend Dana en ik waren. In Somalië doen we baby's geen luier om. Moeders zijn zo dichtbij dat ze weten wanneer de baby gaat plassen. Je hurkt neer op de grond en zet het kind schrijlings op je benen. De baby doet zijn behoefte in het zand en je gebruikt een blad om zijn billetjes af te vegen. Allah's billendoekjes. De hele tijd praat je tegen ze en vertel je ze wat ze doen, zodat ze die bepaalde handeling associëren met wat je zegt. Wanneer kinderen gaan lopen, kun je ze gemakkelijk zover krijgen dat ze zelf neerhurken om hun behoefte te doen. Totdat ze een jaar of drie zijn dragen de kleine kinderen slechts een T-shirt. Ze zijn heel trots op zichzelf wanneer ze oud genoeg zijn om een korte broek of jurk te dragen.

Dana begreep dit niet en zijn grootmoeder evenmin. Zij was degene die hem had opgevoed, en we gingen heel vaak bij haar op bezoek. Ze vond dat Aleeke altijd een luier om moest. Ik begrijp dat wanneer het koud is, maar in huis trok ik hem zodra hij kon kruipen alleen zijn T-shirtje aan. Dana vond het vreselijk dat Aleeke rondkroop zonder luier. Ik vind kleine babylichaampjes prachtig en heerlijk om naar te kijken; kinderen zijn fysiek zo perfect. Dana's familie vond het verkeerd om een kind naakt te laten rondlopen. De opmerkingen die ze maakten, waren kwetsend, maar ik wilde geaccepteerd worden door Dana en zijn familie, dus kleedde ik mijn zoontje aan in T-shirts, broeken, schoenen en sokken. Maar wegwerpluiers, daar kon ik me niet toe zetten. Wat een verspilling! Al dat papier van al die baby's werd zomaar weggegooid? En waar moet al dat papier en plastic heen?

Dana en ik waren niet getrouwd toen ik van Aleeke beviel, maar zijn grootmoeder, die we beiden *granny* noemden, hield zielsveel van mijn kind. Ze was zo blij dat ze een achterkleinzoon had. Op een bepaalde manier deed ze me aan mijn eigen grootmoeder denken. Ze is onafhankelijk en houdt er strenge, ouderwetse normen en waarden op na. Dat had ze gemeen met mijn grootmoeder, maar daar hield de overeenkomst ook op. Mijn grootmoeder in Mogadishu was een echte Somalische dame. Ze ging nooit het huis uit zonder haar gezicht te bedekken. 'Hoe kunt u daar nou mee zien?' vroeg ik haar altijd. Ze moest haar kinderen alleen opvoeden, maar deed de dingen zoals het hoorde. Granny's manier van doen was heel anders en ze zei steeds tegen me: 'Dat is niet de manier waarop we de dingen hier doen.' Ze wilde niets horen over Afrikaanse gewoonten, ze wilde dat ik het op haar manier deed. Granny woonde al haar hele leven in Omaha, Nebraska, en de zee had ze nog nooit gezien. Ik grapte weleens dat ik haar ooit met haar twee kippenpootjes in de zee zou zetten, maar ik vroeg me af waarom ze er steeds op hamerde me te vertellen wat ik moest doen.

Ik had er altijd van gedroomd zelf borstvoeding te geven, nog voordat ik voor de geiten kon zorgen. Mijn moeder gaf mij en mijn broers en zussen borstvoeding tot we drie of vier jaar oud waren en ze weer een kind kreeg. In Somalië hebben we geen zuigflessen en ook niet voldoende water om ze schoon te houden. Wanneer mijn moeder haar houten melkkom schoonmaakt, spoelt ze hem uit met verse geitenurine. Dan haalt ze een gloeiend kooltje uit het vuur om de binnenkant van de kom te steriliseren. Met as en zand schrobt ze de binnenkant van de schalen schoon. Toen ik een baby was, was mijn moeders borst mijn enige voedselbron, en een borst betekende zowel voedsel als troost. Een paar jaar daarna zag ik mijn moeder en andere vrouwen borstvoeding geven en toen wilde ik het ook proberen. Ik vroeg me af hoe het voelde; het zag er gezellig uit. Baby's sliepen bij ons en werden op de rug van hun moeder gedragen, en zodra ze huilden, werden ze naar voren gezwaaid voor hun voeding.

Op een dag, toen ik nog te klein was om boven het hoge gras uit te kijken, paste ik op de kleine baby van mijn tante terwijl zij brandhout sprokkelde in de bush. Hij was zo klein als het hoofd van een kameel en hield zijn armpjes en beentjes nog opgetrokken tegen zijn lichaam. De beschermende amulet die hij droeg, was bijna groter dan zijn zachte babybuikje. Hij begon te schreeuwen en ik dacht: ik moet iets doen. Ik wilde weten hoe het voelde wanneer een baby aan je borst zoog. Dus legde ik hem aan mijn kleine, platte borst, en zijn mondje tuitte zich en hapte ernaar. Het was een vreemde gewaarwording. Eerst keek hij verbaasd, omdat ik anders was dan zijn moeder. Ik trok hem dichter naar me toe, zodat hij er beter bij kon. Hij probeerde het, maar er was niets om in zijn mond te nemen. Toen werd hij echt boos en vertrok zijn gezicht als een sissende kameel. Hij kromde zijn rug, weg van mijn bedrog, en begon te schreeuwen. Ik kon hem niet stil krijgen totdat ik hem uiteindelijk op mijn rug knoopte zodat hij me niet kon zien en tot rust kwam. Ik nam aan dat het met je eigen kinderen gemakkelijker moest zijn.

Een van mijn zusjes stierf kort na haar geboorte. De borsten van mijn moeder zaten vol met melk en ze begonnen pijn te doen. Ze probeerde zichzelf te melken als een geit, maar er kwam niet veel uit. Na een paar dagen waren ze groot en rood en warm wanneer je ze aanraakte. De aders staken uit als de lijnen in een boomschors. Mijn moeder begon te huilen van de pijn, en ik was bang en bezorgd. Ik had mijn moeder nog nooit zien huilen, zelfs niet wanneer mijn vader haar had geslagen. 'Mama,' smeekte ik, 'laat mij je helpen. Ik kan het er voor je uitzuigen.' Ik zoog de melk uit haar borsten en spuugde hem op de grond. Ik zoog en spuugde en zoog en spuugde totdat ze zich beter voelde. Hij smaakte niet als de melk die ik dronk; hij rook vies en had een zure smaak.

Toen ik erachter kwam dat ik zwanger was, was ik niet bezorgd, helemaal niet. Ik had zoveel moeders met baby's gezien dat ik het gevoel had dat ik al vaak zwanger was geweest. Toen ik acht maanden zwanger was, reisde ik naar Spanje voor een fotoreportage. Dana's familie was ontzet – alsof zwangerschap een soort ziekte was. Ze wilden niet dat ik in het vliegtuig sprong om naar Europa te gaan. Mijn moeder en mijn tantes hielden niet op met hun werk omdat ze zwanger waren, dat bestond gewoon niet. Ik was niet bang om te werken en trok een ruimvallende sweater aan en stapte in het vliegtuig. Op de foto's staat een vrouw die bruist van de energie. Het was een prachtige zwangerschap; ik was dol op mijn grote buik en de bewegingen erin. Het was een zegen om gevuld te zijn met leven, een eer dat Allah het me toestond om een nieuwe familie te scheppen. Ik voelde me sterk en had er het volste vertrouwen in dat niets me kon raken.

Elke keer dat ik voor controle naar de dokter ging, vroeg hij: 'Wilt u weten wat het geslacht van de baby is?'

'Nee, dat wil ik niet weten,' antwoordde ik. 'Ik heb een voorgevoel. Ik weet hoe dit kind zal zijn.' Ik kende zijn persoonlijkheid, ik wist hoe de baby eruit zou zien, en hoe hij de wereld zou zien. 'Heeft dit kind twee benen, twee armen en twee ogen?' Dat was het enige wat me kon schelen. Elke dag bad ik vurig voor een gezonde baby. Als meisje had ik veel dode baby's gezien die meteen na hun geboorte moesten worden begraven. Mijn moeder wikkelde ze in een doek en vader legde ze op een rotsrichel totdat Allah ze meenam. Dode kinderen worden in een witte doek gewikkeld, de kleur van de duivel, de kleur van de rouw.

Toen Aleeke uit mijn buik de wereld in kwam, wist ik dat mijn voorgevoel klopte. Aleeke is mijn kleine broertje, Oude Man, die weer tot leven was gekomen als mijn zielengids. Het moment waarop hij werd geboren, toen de verpleegster hem aan me gaf, keken we elkaar in de ogen. 'O,' zei ik tegen hem, 'je bent het echt, Oude Man.' Aleeke keek me aan en ik weet dat hij het ook wist. Ik weet niet hoe ik God moet bedanken voor deze gift dat mijn kleine broertje weer in mijn leven is gekomen.

We hebben Aleeke in het ziekenhuis laten besnijden op de dag na zijn geboorte. Dit is iets heel anders dan vrouwenbesnijdenis; dat zou nooit besnijdenis genoemd mogen worden, want het is het niet. Bij mannen wordt het gedaan uit medisch oogpunt, namelijk vanwege de hygiëne. Ik hoorde Aleeke huilen toen ze het deden, maar hij was meteen stil toen ik hem vasthield. Ondanks mijn sterke gevoelens ten opzichte van de vrouwenbesnijdenis wist ik dat het goed was om te doen. Mijn zoon heeft een prachtige penis. Hij ziet er zo goed en schoon uit. Een paar dagen geleden zei hij dat hij naar de wc moest, en ik zei: 'Dat kun je alleen, je bent een grote jongen nu,' maar hij wilde dat ik meekwam om naar hem te kijken. Zijn kleine penis stond rechtop en was brandschoon. Het was heerlijk om te zien!

Helaas had ik niet veel succes met de borstvoeding van Aleeke.

Hij was een gezonde baby, maar leek niet genoeg melk te krijgen. Hij schreeuwde en huilde en ik wist niet wat ik moest doen. Mijn borsten waren zo enorm dat ik niet kon geloven dat er niet genoeg melk in zat, maar hij huilde onophoudelijk. Hij kromde zijn rug en deinsde voor me terug. Ik kon niet bedenken wat mijn moeder of mijn tantes deden, het had er zo gemakkelijk uitgezien, zij hadden er nooit een probleem mee gehad. Voorzover ik wist, zoog de baby gewoon. Granny en Dana zeiden: 'Geef hem toch een fles, dat is beter voor hem.' Nadat ik drie dagen niet had geslapen gaf ik hem de fles, en hij dronk hem in één keer leeg. Hij was tevreden en verzadigd, en ik gaf de borstvoeding op. Granny zei: 'Flesvoeding is beter voor baby's.' Ik wilde niet met haar in discussie gaan, ik wilde dat mijn baby blij en gelukkig was en een vol buikje had.

Wanneer mijn moeder haar behoefte moest doen of ging bidden gaf ze mijn kleine broertje aan mij, mijn zussen, of tantes. We hebben geen kinderstoelen, geen maxicosi's of babyboxen. Dat kon ik maar niet geloven! Een kooi voor een kind alsof het een gevangen leeuw of tijger was. Ik hield mijn zoon altijd vast en zong Somalische wiegeliedjes, ook al deden ze me naar Afrika verlangen.

> Vader kameel loopt
> Ver, heel ver weg
> Wees niet bezorgd, baby
> Allah brengt hem
> Weer naar onze stam terug

Soms zong ik deze:

> Vader reist, reist, reist,
> Tante reist, reist, reist,
> Broeder reist, reist, reist,
> Wanneer Vader terugkomt, brengt hij ons vele geschenken
> Wanneer Tante terugkomt, brengt ze ons vele geschenken
> Wanneer Broeder terugkomt, brengt hij ons vele geschenken
> Allemaal voor de lieve baby!

Ik leerde Aleeke uit een bekertje drinken toen hij twee maanden oud was, omdat ik dat als kind had geleerd. Ik schonk een beetje melk in een bekertje en zette hem op mijn schoot. Daarna kneep ik zachtjes in zijn wangetjes, zodat zijn mondje wat openging. Voorzichtig schonk ik een of twee druppels in zijn mond. Granny zei: 'Nee, Waris. Die baby is nog te jong om uit een bekertje te kunnen drinken.' Merkwaardig, dacht ik, want hij doet het heel goed. Maar ik liet haar hem van me overnemen om hem de fles te geven.

Ze zag dat ik hem op mijn schoot waste met een warm, nat washandje en bood aan me te laten zien hoe ik hem in bad moest doen. Granny vond het beter om het arme kind in de gootsteen te baden waar je de borden in wast. Leeki werd bang en schreeuwde toen ze hem in die metalen bak stopte. Hij strekte zijn armpjes en beentjes totdat ik hem oppakte en hem heen en weer wiegde.

Nadat ze haar kind had gewassen gebruikte mijn moeder *subaq ghee* of boter voor het babyhuidje. Wanneer moeder genoeg geiten- of kamelenmelk had, goot ze die in haar melkmand of *dhill*. Een *dhill* is een ovale mand, die zo strak is geweven dat er geen druppel, niet eens zweet, doorheen kan komen. Aan de buitenkant zitten takken die in een u-vorm zijn gebogen. Moeder bond de bovenkant stevig vast en liet hem een dag of twee staan totdat de melk dik als yoghurt was. Ze legde een dekentje onder de *dhill*, zodat hij gemakkelijk kon worden geschud. Die hele dag had een van de kinderen de taak om de *dhill* heen en weer te schudden. Wanneer moeder 's middags terugkwam, opende ze het gaatje in het deksel om hem te controleren. Als er melk door het gaatje kwam, dan was het nog niet klaar. Als er niets uit kwam, was de boter dik en klaar. Mama opende de *dhill* en schraapte de klonten *subaq* van de bodem en de zijkanten. Het is heerlijke boter! Daarna gaf ze ons de resterende melk te drinken. Wanneer mijn moeder *subaq* maakte, was dat voor ons een bijzondere dag omdat er meestal niet genoeg melk voor was. Je gebruikt de *subaq* om vlees in te braden en als ingrediënt in de keuken. We deden het op onze pannenkoeken en in de thee. We gebruiken het als gezichts- en lichaamscrème en in ons haar. Mijn moeder masseerde het spul in de babyhuid om die zacht en soepel te houden.

Op een frisse herfstdag toen ik bij Dana's familie logeerde, bond ik Leeki op mijn rug met een stuk katoenen doek. Hij was twee of drie maanden oud. Het was een beetje koud, dus ik had een jas aan. Wanneer ik mijn broertjes en zusjes en neefjes en nichtjes op de rug droeg, vonden ze dat heerlijk, en ik wist precies hoe ik het moest doen. Ik gebruikte een kleurrijke Afrikaanse doek, mijn *chalmut*, die strak geweven is als een beddenlaken, maar niet zo breed. De mijne is heldergeel, met een groen-rood Afrikaans patroon erop. Ik boog voorover en legde Aleeke voorzichtig op mijn platte rug. Je houdt een van de armpjes van de baby onder je oksel, zodat hij niet valt wanneer je de doek om jezelf en het kind slaat. De doek gaat over een schouder en onder de arm, en je bindt hem precies tussen je borsten vast. Het is gemakkelijk, niet zwaar en je bent zo dicht bij elkaar dat je iedere ademhaling van je kind voelt. Ik heb nooit begrepen dat mensen een baby'tje helemaal alleen in een kinderwagen leggen. Aleekes grootmoeder zei nog voordat hij was geboren dat we een kinderwagen moesten kopen.

Ik antwoordde: 'Die heb ik niet nodig.'

Ze keek heel verbaasd en zei: 'Wat bedoel je? Hoe ga je dan boodschappen doen en de baby mee naar buiten nemen voor een wandeling?'

Ik zei: 'Ik zal mijn kind zelf dragen.'

Ze zei: 'Luister Waris, volg mijn advies nou maar op, het is je eerste kind en je weet niet wat je doet. Je hebt een kinderwagen nodig. Je kunt je baby niet overal naartoe dragen.'

Ik zei: 'Ik begrijp hoe u uw dingen doet, maar wij dragen onze kinderen op een andere manier.'

Ze kocht toch een kinderwagen voor ons, een enorm, grijs en lelijk exemplaar. Ik had er zo'n hekel aan dat ik hem na een paar weken al niet meer gebruikte. Niet vanwege haar, ik hield van haar, maar omdat hij zo groot was als een koe. Ik voelde me raar wanneer ik ermee op straat liep. New York is een drukke stad en iedereen moest voor me uitwijken, omdat ik het hele trottoir in beslag nam met dat gevaarte. Het was al erg dat je het ding van en op de stoep moest duwen, maar een winkel binnenkomen was gewoon onmogelijk. Je moest helemaal naar voren leunen om de deur open te duwen, en daarna moest je de kinderwagen razendsnel achter je aan naar binnen sleuren. Ik was altijd bang dat de deur zou dichtgaan en mijn baby zou vermorzelen. Reizen per metro ging ook niet, je moest overal naartoe lopen, hoe ver het ook was. Thuis moest ik de wagen beneden laten staan terwijl ik Aleeke naar boven tilde, waarna ik hem weer alleen moest laten om naar beneden te rennen zodat ik het stomme geval naar binnen kon slepen en onder de trap stallen, waar mensen er niet over zouden struikelen. Dan stel ik het toch liever zonder dat zogenaamde gemak.

Hoe dan ook, ik rende die ochtend de trap af met Aleeke op mijn rug. De gewoonten van mijn jeugd in de woestijn blijven, en ik ren altijd, ook al heb ik geen bestemming. Zijn lieve gezichtje zat onder mijn jas verscholen, ik voelde me heerlijk. Ik zag Granny in de keuken waar ze de ontbijtspullen stond af te wassen en ik zei: 'Tot straks, Granny.'

Ze riep: 'Wacht even. Waar is de baby? Je zei dat je met het kind ging wandelen. Waar is hij dan?' Ze liep de gang in en bleef met de theedoek in haar handen staan.

'Hij zit op mijn rug,' antwoordde ik.

Ze geloofde haar oren niet. Ik verplaatste Aleeke onder mijn arm naar voren en schoof mijn jas open. 'Hier is hij.' Hij keek naar haar met een grote, gelukkige babyglimlach om zijn mond. Het mens kreeg bijna een aanval, ze begreep niet dat het kind daar kon hangen. Zoiets had ze nog nooit gezien, en ze begreep niet dat de baby het zo naar zijn zin had. Ze bleef volhouden dat hij stikte en herhaalde steeds weer: 'Ik smeek je, haal hem eruit.'

Ik lachte een beetje en zei: 'We gaan wandelen, ik zie u straks.' Maar het zat me dwars, ik wilde dat mensen me steunden en geruststelden, niet dat ze me zeiden dat ik mijn kind verstikte. Ik wilde dat ze me zou vragen: hoe doe je dat toch, en niet dat ze ervan uitging dat het slecht moest zijn omdat het Afrikaans was.

5
Eindeloze vluchten

De tong en de tanden zitten het dichtst bij elkaar, en zelfs die strijden.

SOMALISCH SPREEKWOORD

Het vliegtuig daalde uit de wolken neer en landde vlak naast de terminal in Amsterdam. Ik glimlachte, ook al was het een sombere dag. In de menigte die bij de gate stond te wachten, zag ik een lange figuur die erboven uit leek te steken. Dat moest mijn broer wel zijn, die meer dan één meter negentig lang is. Mohammed stond samen met een vriend te wachten en ik had hem nog nooit zo breed zien glimlachen. Zijn ogen hebben de kleur van Afrika, donkerbruin en vol geheimen. Vlak na zijn vlucht uit Mogadishu had hij er uitgehongerd uitgezien. Hij verlangde destijds gretig naar eten, naar water en naar hoop. Hij was nu niet zo mager meer, maar had nog altijd die opgejaagde hongerige blik in zijn ogen. Zijn lip was nog steeds gebarsten van de droogte en ik denk niet dat dat litteken van de gevangenissen van Mogadishu ooit zal helen. Mohammed droeg een rond brilletje, en toen hij ons door de hal dichterbij zag komen, leek hij net een kameel die bij een bron op water stond te wachten.

Het voelde goed mijn broer weer te omarmen, hem te omhelzen en hem in het Somali te begroeten. Aleeke keek met grote ogen op naar zijn lange oom. Mohammed tilde hem op en zette hem met een zwaai op zijn schouders. Aleeke kraaide van plezier.

Toen we na een uur rijden bij Mohammeds flat aankwamen, stond Dhura in de deuropening te wachten. Mijn schoonzus was precies zoals ik me haar had voorgesteld. Ze heeft een rond gezicht en ogen die stralen wanneer ze lacht. Ze is lang, net als mijn broer, en ze vormen een mooi paar. Dhura droeg een lange Somalische jurk en had haar haar bedekt met haar sluier. Ze stak haar handen naar me uit toen ik binnenkwam en hield de mijne vast toen Mohammed ons aan elkaar voorstelde. Ze haakte haar arm door de mijne en hield me dicht tegen zich aan toen ze me het huis liet zien en me onze bedden wees. Ik kon haar warmte en haar kracht voelen. Dhura is ook een Darod en heeft twee kinderen, een jongetje en een meisje, uit een vorig huwelijk. Haar zoon heet Mohammed (ze volgde de Somalische traditie en vernoemde haar eerstgeboren zoon naar de profeet) en is ongeveer elf, en haar dochter Zhara is tien en belooft net als haar moeder een lange vrouw te worden. De eerste man van Dhura verdween tijdens alle gekte in Mogadishu, en zelfs zijn familie wist niet waar hij was. Op een nacht sloeg een granaat de hele gevel van het huis waar ze woonden weg. Dhura vluchtte met haar kinderen naar Chisimaio en van daaruit verder per boot naar de vluchtelingenkampen in Mombasa. Eenmaal in Nederland gaf ze de hoop om haar man ooit nog terug te vinden op en scheidde ze van hem. Ze deelde het mee aan de mensen van zijn clan, die ermee instemden.

Beide kinderen hadden warme ogen en verborgen zich verlegen achter haar lange jurk. Met een aarzelende glimlach gluurden ze naar Leeki. Hij ging naar ze toe om met hen te spelen en keek niet meer naar mij om. Ik was zo blij dat ik bijna begon te huilen. Ik wilde maar al te graag dat hij een heel stel neefjes en nichtjes zou hebben om mee te dollen en kattenkwaad uit te halen, net zoals ik had gedaan toen ik klein was. Hij begon meteen te spelen, alsof hij hen al zijn hele leven kende.

Dhura en ik dronken samen een kopje kardemomthee. 'Ik maak me zorgen omdat ik Aleeke moet achterlaten,' bekende ik.

'Waris,' zei ze, en gaf me een klopje op mijn hand, 'hij zal het samen met mijn kinderen prima hebben.'

'Hij heeft een paar bultjes op zijn hoofd die maar niet weggaan,' vertelde ik haar. Ik riep Leeki bij me. Hij vond het goed dat Dhura zijn hoofd betastte en een van de bultjes uitdrukte, zodat er wat pus uitkwam. Ze leken Leeki niet te deren, hij wilde er gewoon weer vandoor om met zijn neefje en nichtje te spelen.

'Mijn Mohammed heeft dit ook gehad,' zei Dhura. 'Als het binnen een paar dagen niet overgaat, neem ik hem mee naar een Nederlandse dokter. De medische zorg hier is gratis en de artsen zijn erg aardig voor ons.'

'Gratis?' Dat verbaasde me. 'Ik heb de dokter in New York meer dan honderd dollar betaald, maar de zalf die hij me gaf, hielp niet.'

'De dokters kosten niets en we krijgen geld voor eten en de huur, maar Mohammed mag niet werken omdat hij de A-status heeft. Dat betekent dat we hier alleen maar mogen wachten tot de situatie in Somalië verbetert. We hebben geen permanente verblijfstatus. We zitten maar te wachten en ik heb weinig hoop dat hij ooit nog naar school kan of mag werken. Mohammed wil niet voorgoed terug naar Somalië en daar weer wonen.'

O, dacht ik. Er zit geen zout in de tranen die hij over Somalië vergiet.

De volgende morgen gingen Mohammed en ik onze vliegreis naar Afrika regelen. Ik droeg een lange katoenen wikkelrok, die bij een windvlaag af en toe openwaaide zodat je mijn benen kon zien. Omdat het koud was, droeg ik ook nog sokken, schoenen, een trui en mijn jas. Toen we de flat verlieten, wierp mijn broer me een zijdelingse blik toe en zei: 'Ga je zo naar buiten?'

'Ja,' zei ik. 'Hoezo?'

'Ik vind die rok maar niets.'

'Ik kan teruggaan en mijn spijkerbroek aantrekken.'

Hij rolde met zijn ogen en zei grommend: 'Nee! Dat is nog erger.'

Ik bleef staan en keek hem recht in zijn gezicht. 'Wat is er aan de hand?' vroeg ik.

Hij zei: 'Is dat alles wat je aan kleren hebt? Een spijkerbroek en die rok!'

'Tja,' zei ik, 'we wonen allebei in een koud land. Ik weet niet wat ik volgens jou aan zou moeten.'

Hij zuchtte en zei boos: 'We gaan naar een reisbureau waar ze vliegtickets en reizen naar Somalië verkopen. Je zult me in verlegenheid brengen als je je benen laat zien. Heb je niets om eronder aan te trekken?'

'Nou, dit gaat nog een leuke reis worden,' zei ik. 'We zijn het huis nog niet uit of je gaat al tegen me tekeer. Ik ga me niet zo opstellen als een Somalische en me helemaal inpakken en niets zeggen. Ik merk dat je tegen Dhura zegt dat ze dit moet doen en dat moet doen, maar ik wil je één ding duidelijk maken: ik pik dat niet.'

'Waris, je weet niet hoe het hier gaat,' begon hij.

'Hou je mond,' zei ik tegen hem. 'Ik ben van huis weggegaan toen ik jong was, ik heb mezelf opgevoed en jij of wie dan ook hoeft me niet te vertellen hoe ik me zou moeten kleden. Ik kan mezelf onderhouden, en jij bent degene die mij steeds om geld vraagt. Ik weet dat de benen in Somalië als het verleidelijkste deel van het lichaam worden beschouwd en altijd bedekt moeten blijven, maar we zijn hier in Nederland en je past je maar aan.'

Mohammed keek stomverbaasd. Ik denk niet dat er ooit een vrouw is geweest die hem heeft tegengesproken. Zijn ogen waren even rond als zijn brillenglazen.

Voor mijn vertrek uit New York had ik reischeques van American Express gekocht, omdat ik naar veel verschillende plaatsen zou gaan en ik niet steeds met contant geld rond wilde lopen. Nu moest ik eerst naar de bank om geld te wisselen, want ik had minstens achtduizend gulden nodig. We namen de trein naar de stad en gingen naar de grootste bank van Amsterdam. Het was een wit gebouw met grote zuilen aan de voorkant en een koperen deur. Binnen stond een lange rij mensen die geld wilden wisselen. Toen ik aan de beurt was, gaf ik de man achter het loket mijn cheques en paspoort. Deze bleke man met zijn dikke nek en rode neus keek me over de rand van zijn bril aan en zei: 'Zijn dit uw cheques?'

'Ja, natuurlijk zijn ze van mij.'

'Kunt u hier even uw handtekening zetten?' vroeg hij. Hij schoof me vanaf zijn kant van de balie een stukje papier toe. Ik zette mijn handtekening, maar nadat hij het papiertje verschillende keren in zijn hand had omgedraaid, zei hij: 'Nee, ik ben bang dat deze handtekening niet hetzelfde is.'

'Dit is mijn paspoort; het is dezelfde naam en dezelfde handtekening.' Ik had nog zeker tienduizend gulden aan cheques in mijn rugzak zitten en ik vroeg hem of hij de rest ook wilde zien. Hoewel ik nooit naar school ben geweest en geen leraar me heeft laten zien hoe ik mijn naam moet schrijven, weet ik heel goed hoe ik mijn handtekening moet zetten.

Zijn nek werd rood, en hij zei: 'Nee, ik geef geen toestemming voor deze transactie. U moet maar kijken of u deze cheques ergens anders kunt wisselen.'

'Er is niets mis met mijn handtekening.'

Hij keek me aan en zei langzaam: 'Hij komt niet overeen met de andere handtekening.'

Ik rechtte mijn rug en antwoordde: 'Ik zou graag de chef spreken.'

Hij kneep zijn ogen tot spleetjes, alsof hij tegen de zon keek, en zei plechtig: 'Ik ben de chef.' Ik zag dat hij loog.

Mohammed pakte me bij mijn arm en maakte aanstalten om te vertrekken. 'Kom mee,' fluisterde hij. 'Je ziet toch dat de handtekening niet klopt, dus kom maar mee.' Toen ik bleef staan, werd hij zenuwachtig. 'Die handtekeningen komen niet met elkaar overeen, dat zie je toch.' Hij pakte de cheques van de balie. 'Kom mee, het geeft niet, we gaan ervandoor.'

Ik kon niet geloven dat hij het zo gemakkelijk opgaf. 'Hou op,' zei ik tegen hem. Ik wilde hem een pak slaag geven omdat hij zo kinderachtig deed. Ik siste hem toe: 'Sla niet meer zo'n toon tegen me aan! Ik weet wat ik doe.' Ik wendde me weer tot de zogenaamde chef en vroeg: 'Nou, waar moet ik volgens u dan naartoe?'

De man die zichzelf tot chef had gebombardeerd zei: 'Aan de andere kant van het centrum is een kantoor van American Express. Daar kunnen ze controleren of uw cheques in orde zijn.' Hij vertelde ons dat we eerst de ene tram moesten nemen, en dan een andere, en dan zes straten verder linksaf moesten slaan, en dan was het in het midden van de straat...

Ik zei: 'Ik heb geen tijd om de hele stad door te rennen, alleen maar omdat u niet gelooft dat dit mijn handtekening is!' Hij keek me boos aan, en toen ik bleef staan, gebaarde hij naar degene achter me in de rij dat die nu aan de beurt was. Mohammed stond al bij de deur. Ik kon kiezen uit een enorme scène trappen of weglopen, en omdat ik niet goed wist wat ik tegen zo iemand moest zeggen, liep ik maar weg.

De hele weg naar de andere bank liep mijn broer maar te mopperen en te zeuren dat het mijn schuld was. 'Je luistert gewoon niet,' zei hij knorrig. 'Je moet altijd goed opletten wat er aan de hand is. De handtekeningen zagen er echt anders uit.'

'Nou, het was een ander soort pen,' mompelde ik. 'Volgens mij heb ik in New York mijn handtekening met mijn linkerhand gezet en nu met rechts.'

Het duurde een hele tijd voordat we de andere bank bereikten omdat we steeds moesten overstappen en op de tram moesten wachten. Mohammed ging de hele tijd tegen me tekeer, maar ik zei niets. Ik vind dat je voor jezelf op moet komen en nooit moet toestaan dat mensen je zonder reden in een hoek proberen te drukken, maar ik had geen zin in een nieuwe ruzie en ik wist dat mijn broer toch niet naar me zou luisteren.

De andere bank was een kantoor van American Express. Hier deed niemand moeilijk over de handtekening op mijn cheques. De beambte nam de cheques aan en vroeg me: 'Hoe wilt u het hebben?' Dat was alles wat hij vroeg. Ik vertelde hem wat er bij de andere bank was gebeurd. Hij was verbaasd. 'Echt? Waarom wilden ze de cheques niet wisselen? Wat was het probleem?'

'Ik heb geen idee. Misschien hield hij niet van Afrikanen.'

Hierna haastten we ons naar het reisbureau waar we volgens mijn broer een goedkoop vliegticket konden kopen. Weer vroeg ik hem niet waarom we zo'n haast hadden. Ik liet me gewoon door hem de weg wijzen.

Bij het reisbureau hadden ze Somalische muziek, kaarten en nog veel meer. Ik wilde kijken wat ze allemaal hadden, maar mijn broer heeft nu eenmaal geen geduld. 'Ga daar zitten,' zei hij, 'voor het geval ik je nodig heb.' Ik had hem nog nooit zo meegemaakt. Hij liep maar heen en weer, heen en weer, praatte met een vriend van hem en met andere mannen. Hij ging geen moment zitten en zwaaide maar met zijn armen, al had ik geen idee waarom. Hij wiebelde heen en weer, ook wanneer hij stilstond. Ik kon al die onrust niet aanzien en ging naar buiten, ook al was het koud en regenachtig. De tickets kostten ongeveer vierduizend gulden per stuk en ik gaf Mohammed het geld. Dat was mijn taak: het geld aangeven. We kochten tickets naar Boosaso, een vliegveld in het noorden van Somalië. Ik vroeg of we morgen al konden vertrekken en een rechtstreekse vlucht konden nemen, omdat ik over dertien dagen alweer terug in New York moest zijn. De reisagent vertelde me dat er helemaal geen rechtstreekse vluchten naar Somalië zijn. Hij legde uit dat we tot zaterdag moesten wachten. We konden een vroege vlucht naar Londen nemen en moesten onderweg naar Boosaso nog een paar keer overstappen.

Per week zijn er maar een paar vluchten tussen Nairobi en Mogadishu, die worden geannuleerd wanneer er in de hoofdstad wordt gevochten. Er is geen veilige route over land vanuit Kenia of Ethiopië, tenzij je deel uitmaakt van een konvooi met hulpgoederen. Ik was er niet in geslaagd om zoiets te regelen via mijn contacten bij de VN. Kortgeleden waren regeringsambtenaren op weg naar een vredesconferentie beschoten en hadden negen mensen de dood gevonden. Overal waren *shifta bandits* met veel geweren en nog veel grotere wapens. Ze azen op mensen die het land proberen te verlaten, vooral wanneer ze denken dat die geld op zak hebben. Je betaalt ze wat ze willen of je wordt ter plekke doodgeschoten. Vrienden van Mohammed vertelden ons dat deze vlucht naar Boosaso de beste optie was die we hadden. Hoe verder je naar het noorden ging, hoe minder kans op problemen.

'Hoe komen we van Boosaso bij onze familie?' vroeg ik aan mijn broer.

'We kunnen op het vliegveld een auto huren en naar Galcaio rijden. Moeder woont in een dorpje vlak bij Galcaio,' zei mijn broer. 'Ik wil uit de buurt van Mogadishu blijven.' Hij wilde er niet eens overheen vliegen. 'Dat schorem uit het leger in Mogadishu ziet niet eens het verschil tussen een lijntoestel en een gevechtsvliegtuig,' zei hij. 'Als ze high zijn of zich vervelen, dan schieten ze op alles behalve de qatsmokkelaars.'

'Wat hebben ze dan om mee te schieten?'

'Waris, ze hebben SCUD-raketten,' zei hij op een toon alsof ik dom was. 'Die zijn om te beginnen oud en gevaarlijk, en ze zijn ook nog in handen van een stel wanhopige mensen zonder opleiding die de bevelen van een stelletje gekken opvolgen.'

'Mohammed,' vroeg ik, 'wat is er met Mogadishu gebeurd?' Toen ik nog een meisje was, dacht ik dat het de mooiste stad ter wereld was. Hammawein, het oude deel van de stad, ligt aan de kust van de Indische Oceaan. Ik ging daar vaak langs de vloedlijn op het strand naar de twee of drie verdiepingen tellende gebouwen staan kijken, die allemaal wit glansden in het maanlicht. In Mogadishu zag ik voor het eerst trappen. Mijn oom zei dat de stad mooier was dan Mombasa of Zanzibar. Natuurlijk had ik geen reden om aan zijn woorden te twijfelen. Een groot deel van de huizen was gebouwd door sultans die handelden met China, Perzië en India en wier dhows over de Indische Oceaan voeren. Een van de huizen heette 'Melk en honing'. De sultan die het had laten bouwen was zo rijk geweest dat hij melk en honing door de specie voor het metselwerk had laten mengen. Het huis had een bleekgouden kleur en keek uit over de blauwe oceaan. De mensen zeiden dat het nooit zou instorten vanwege die specie. Mijn tante vertelde me dat er op de bovenste verdieping een grote zaal was met aan weerszijden vier versierde houten deuren. Hier woonden de vrouwen uit de harem van de sultan, en de deuren konden alleen van buitenaf worden geopend.

'Waris,' zei Mohammed met een zucht, 'de stad is grotendeels een ruïne. Waar ooit gebouwen stonden, liggen nu bergen puin en de straten staan vol uitgebrande vrachtwagens en bergen stenen die als barricades hebben gediend. Soldaten die high van de qat waren, richtten voor de lol een granaatwerper op een gebouw, alleen maar om te kijken of ze het konden raken. Ze vonden het leuk om dingen te zien instorten, de imbecielen.'

'Allah!'

'Iedereen was zo gek van de qat dat ze niet wisten wat ze deden, en ze hadden ook geen zin om erover na te denken. 's Middags, wanneer ze qat zaten te kauwen, was het rustig in de stad, maar na zonsondergang begon de ellende. Waren de drugs eenmaal uitgewerkt, dan werd het weer stil.' Mohammeds ogen schoten heen en weer en ik kon de diepe woede en razernij in mijn broer voelen. Wanneer hij erover praatte, zag hij er oud uit, beroofd van vreugde. Iets in hem was verdwenen, dood. Misschien was Dhura's buik daarom wel niet gezwollen van nieuw leven, van een kind van Mohammed.

Toen we Mohammeds flat binnenkwamen, hoorde ik Aleeke in de achterkamer rondrennen met zijn neefje en nichtje. Hoewel ze veel ouder waren dan hij, was hij degene die ze in het rond jaagde, en terecht. Mijn zoon is een echte kleine krijger.

Ik was bang dat hij zich tijdens zijn jeugd anders en alleen zou voelen, net als ik, dat hij niet zou begrijpen wat zijn afkomst is. Hij behoort tot een machtige en belangrijke stam. Ik wilde dat hij zijn familie in Afrika zou leren kennen, maar ik wist ook dat ik mijn grootste schat, van wie ik meer hou dan van mezelf, met geen mogelijkheid mee kon nemen. Ik kon alleen maar hopen dat onze reis veilig, vredig en succesvol zou zijn. Hoe vaker Mohammed het over kogels in Mogadishu en bandieten aan de grens met Ethiopië had, hoe banger en nerveuzer ik werd. Ik wilde mijn zoon mee naar huis nemen en hem kennis laten maken met mijn moeder, zijn grootmoeder, zodat hij meer over haar te weten zou komen dan alleen maar haar naam. Haar persoonlijkheid, haar kijk op het leven en haar wijsheid; ik wilde dat hij die zou leren kennen. Ik wilde dat hij zijn hele familie in Afrika kon leren kennen. Hoe kon hij trots op zichzelf zijn als hij niet trots was op zijn afkomst?

In'shallah neem ik Aleeke een andere keer mee naar Afrika. Ik wilde dat mijn moeder zou zien dat Aleeke als twee druppels water op Oude Man lijkt, mijn kleine broertje dat is gestorven. Alles aan hem herinnert me aan mijn broertje. Ze zou me niet geloven; ik weet dat ze hem met eigen ogen zou moeten zien, en daarom zou ik er nu niets over zeggen.

Toen ik Dhura de kleren liet zien die ik had ingepakt, lachten we over de moeite die het me had gekost om in New York iets geschikts te vinden.

'Ik zou van Mohammed nooit zo'n wikkelrok mogen dragen,' zei ze.

'Ik dacht dat hij niet meer in Somalië wilde wonen,' zei ik. 'Waarom kleed je je niet zoals de Nederlandse vrouwen?'

Dhura knikte en glimlachte naar me. 'We zien wel,' zei ze. Ik vroeg haar of ik ergens Somalische jurken kon kopen. Ze zei dat de vrouwen ze zelf maakten en bood aan om me voor de reis een paar van haar Somalische kleren te lenen. Eén *dirah* had een patroon van knalgele bloemen. Mijn lievelingskleur. Ze gaf me een onderrok met blauw en zilverkleurig borduursel en een gebloemde zijden sluier waarmee ik mijn hoofd en gezicht kon bedekken. Ik trok alles aan, en Dhura verklaarde dat ik er nu als een fatsoenlijke Somalische vrouw uitzag: alleen mijn ogen waren nog te zien. Ik liep door de kamer heen en weer en liet mijn sluier zakken, zodat ze mijn glimlach kon zien. De lange jurk zwaaide rond mijn enkels en ik struikelde bijna over Aleeke, die de kamer in kwam rennen om te kijken waar we zo om moesten lachen.

Als meisje leverde ik altijd een strijd met die lange jurken. Op een nacht maakte mijn vader ons wakker en zei dat we verder moesten trekken naar verse weidegrond. Mijn moeder en ik rolden de grasmatten op waarmee het gebogen raamwerk van onze hut was bedekt. Ze trok de palen uit de grond en laadde alles op een van de kamelen. We hingen de melkmanden en waterzakken op een andere kameel. Mijn vader leidde de kamelen en wij liepen achter hem aan met de geiten. We liepen de hele nacht en de volgende dag onafgebroken door, totdat de zon achter de blauwe heuvels begon te zakken. Eindelijk liet mijn vader de karavaan halt houden bij een klein stukje nieuw land. We wisten dat we daar tot de volgende volle maan zouden blijven. Er groeide gras, en mijn vader zei dat hij wist dat er niet al te ver daarvandaan een bron was die onze stam toebehoorde. Zodra je ergens bent aangekomen, maak je een omheining voor de dieren. Mijn vader zei dan ook tegen me: 'Waris, ga jij eens takken afsnijden zodat we voor vannacht een kraal voor de kamelen en de geiten kunnen maken.' In Somalië lijkt elke boom en elke struik doorns te hebben en ik wist dat ik onder de schrammen zou zitten omdat ik de takken in mijn handen moest dragen. Mijn vader hakte de struiken met zijn lange mes om en zei dat ik de takken eraf moest trekken.

'Breng die stapel terug naar de plek waar je moeder de hut aan het bouwen is.' Hij liep snel naar een paar struiken verderop. Het waaide, en telkens wanneer ik de takken probeerde op te pakken, haakten de doornen in mijn jurk. Ik moest ervoor zorgen dat de stof niet scheurde wanneer ik de doorns eruit haalde, want dit was mijn enige jurk. Zodra hij uit het zicht was, stopte ik mijn jurk tussen mijn benen, zodat de stof niet verstrikt zou raken in de doorns, en begon ik de takken terug te dragen naar onze hut. Mijn vader riep: 'Waris, wacht op me.' Ik wist dat hij het nooit goed zou vinden dat ik rondliep met mijn jurk tot mijn knieën opgetrokken. Ik pakte een grote doorn en haalde hem over mijn huid. Daarna wreef ik het bloed uit over mijn gezicht en mijn armen, zodat het leek alsof ik over mijn hele lichaam bloedde. Toen mijn vader bij me was, zag hij mijn bebloede armen, benen en gezicht en vroeg: 'Wat is er aan de hand, kindje?'

'O, niets, het is goed, het is goed,' zei ik. 'Met mij is niets aan de hand, maar... kijk vader, ik bloed overal en ik moet die takken dragen, maar mijn jurk waait op en raakt verstrikt in de takken en dan struikel ik steeds. Het gaat niet!'

Hij zei: 'Goed dan, hou je jurk nu nog maar even omhoog, maar pas op dat niemand je zo ziet. Zodra je klaar bent, doe je hem weer naar beneden. Vergeet hem niet naar beneden te doen en je benen te bedekken, Avdohol.' Dat was mijn bijnaam, Avdohol, Klein Mondje.

'Goed, goed,' zei ik, dolblij dat ik mijn jurk omhoog mocht doen. Ik rende vooruit en bleef de hele weg terug rondspringen. Wat kon hij eraan doen? We hadden allebei onze armen vol takken.

We konden pas over twee dagen vertrekken en in de tussentijd maakte mijn broer Mohammed iedereen helemaal gek. Ik kon hem tegen Dhura horen schreeuwen: 'Geef me mijn geruite overhemd. Waar is mijn brillenkoker?' Hij kon geen minuut stilzitten. Het brak mijn hart en maakte me tegelijkertijd woedend. Hij liep de hele dag te ijsberen en kwam me telkens weer vragen of ik al klaar was met inpakken. De dag voor ons vertrek zat Aleeke op mijn schoot om een beetje melk te drinken. Mohammed zag waar ik mee bezig was, maar vroeg toch: 'Ben je al klaar?'

Ik zei: 'Zeg broer, krijger, luister eens! Weet je hoe laat de vlucht vertrekt? Morgenochtend om negen uur. We slapen hier vannacht nog, hoor. We hebben nog de hele nacht voordat we vertrekken.'

'Hoe kun je alles op tijd klaar krijgen?' vroeg hij. 'Je spullen slingeren overal rond.'

Ik zei: 'Ik heb nog niet alles ingepakt, Mohammed, maar de meeste spullen liggen al klaar en ik maak me er niet druk om.'

Hij wilde niet dat ik de plunjezak vol cadeautjes meenam die ik uit de Verenigde Staten had meegebracht. 'Neem die maar niet mee.' Hij wees naar de zak. 'Ze hebben jouw rotzooi daar niet nodig. We kunnen maar een paar dingen meenemen.'

Ik zei: 'Die is van mij en ik neem hem mee.'

'Nou, ik snap niet hoe je die mee moet nemen of aan boord van het vliegtuig kunt krijgen,' zei hij schouderophalend.

Die dag was hij om vijf uur klaar met het inpakken van zijn bruine koffer. We zouden pas de volgende ochtend om vijf uur naar het vliegveld vertrekken, maar hij was al klaar met inpakken en had zijn spullen naast de deur gezet. Ik ging naar de achterkamer en stopte al mijn spullen in mijn koffers. Om half twee 's nachts was ik klaar. Ik stopte Aleeke voor de laatste keer in en zong een liedje voor hem. 'Mama gaat naar Afrika,' zong ik. 'Ze is er niet meer wanneer je wakker wordt, maar ze komt snel weer terug.' Hij lag zo lief te slapen dat ik het bijna niet over mijn hart kon verkrijgen om hem achter te laten. Maar ik weet het, soms moet je in het leven gewoon doen wat nodig is. Soms is het leven een reis; je moet gewoon de ene voet voor de andere zetten. Onze reis zou voor de volgende zonsopgang beginnen.

Die nacht kon ik niet slapen, en net toen ik weg begon te zakken, bonsde Mohammed op de deur. Ik was nog steeds niet gewend aan het tijdsverschil tussen Europa en New York en had het gevoel dat het midden in de nacht was.

'Opstaan, we moeten gaan,' riep hij.

'Zoveel haast hebben we niet.'

'Waris, we moeten weg,' zei hij, helemaal van streek. Mohammed was doodsbenauwd dat we de vlucht op de een of andere manier zouden missen, dus stond ik op en haastte me naar de auto. Nog voor vijf uur 's ochtends verlieten we het huis van mijn broer en reden meer dan anderhalf uur door het slapende land. We kwamen twee uur voor we aan boord konden aan. Ik zag de zon door wolken opkomen die de kleur van een olifantenhuid hadden, en bad tot Allah dat we gezegend zouden zijn met een veilige vlucht. Vanuit Amsterdam vlogen we eerst naar Londen. Zodra het vliegtuig over de landingsbaan begon te taxiën, wilde Mohammed opstaan om naar de wc te gaan. Opeens was hij wanhopig en begon zich als een klein kind te gedragen. Het *fasten-your-seatbelt*-lampje was al verlicht, maar hij bleef zeuren: 'Ik wil naar de wc. Ik moet naar de wc.'

Ik zei: 'Nog even volhouden, Mohammed. Het lampje gaat zo uit. Zodra het vliegtuig in de lucht is, gaat het uit en kun je naar de wc.'

Hij kreunde: 'Ik kan niet wachten, ik kan niet wachten!' Hij wiegde heen en weer op zijn stoel en zat geen moment stil.

Uiteindelijk zei ik: 'Nou, als je echt niet kunt wachten moet je gewoon opstaan en gaan. Ga dan als je zo nodig moet.' Mohammed begon op te staan, maar een van de stewardessen snelde op hem af.

'Nee, nee, meneer,' zei ze. 'Ga zitten, u mag nu niet opstaan.'

Hij ging weer zitten, maar sloeg zijn benen over elkaar en hield zijn buik vast. Terwijl ik naar hem keek, bedacht ik dat Aleeke het beter had gedaan. Mijn zoon zou gewoon opstaan en de stewardess zeggen aan de kant te gaan. Mijn broer begon steeds luider te kreunen. Mensen begonnen naar ons te kijken en ik beet hem toe: 'Hé broer, ik schaam me voor je. Je gedraagt je als een kind. Als je moet gaan, ga dan gewoon. Plas over dat wijf heen als het moet, maar ga.'

'Het mag niet,' jammerde hij.

'Ze kan het je toch niet verbieden? Als iemand naar de wc moet, moet hij gaan,' zei ik tegen hem. 'Waarom luister je naar haar?' Ze behandelde hem alsof hij een dom mannetje was, en ik kon maar niet begrijpen dat hij zich op zijn kop liet zitten. Elke keer dat hij opstond, keek ze naar hem en ging hij weer zitten. Ik begreep niet waarom hij zich door haar de les liet lezen.

Op Heathrow stapten we in een ander vliegtuig dat ons helemaal naar Bahrein bracht. Na meer dan zeventien uur – tussen de vluchten moesten we lang wachten – wist ik vanwege alle tijdsverschillen niet meer hoe laat het was, waar ik was, of hoe lang we al onderweg waren. Ik was moe en prikkelbaar en ik had genoeg van kleine stoelen, het gebrek aan ruimte en het slechte eten. Toen we in Bahrein eindelijk uit het vliegtuig stapten vroeg ik Mohammed hoe lang het nog zou duren voordat ik mijn moeder zou zien.

'We zijn nog niet eens halverwege,' vertelde hij. Hij haalde de tickets te voorschijn en wees naar een gebouw. 'We moeten hier weer overstappen en naar Abu Dhabi vliegen.'

'Abu Dhabi? Ik wist niet dat we via Abu Dhabi vlogen!' Ik had slechte herinneringen aan die plek. Onze zus woonde daar, maar de laatste keer dat ik er was geweest had ik zoveel problemen gehad met mijn papieren dat ik het vliegveld niet af mocht om haar te bezoeken.

'Ja,' zei hij. 'Maar de vlucht duurt maar een uur. Vandaar gaan we naar Somalië.'

Tijdens die vluchten die mij eindeloos toeschenen, was mijn hart vol twijfels. Wie zou ik zien? Wie zou er gezond zijn? Wie zou er nog leven in dat land van oorlogen, hongerdood, grillige rotsen en wervelwinden? Zou mijn moeder accepteren dat ik nooit met de vader van mijn zoon ben getrouwd? Een alleenstaande moeder kan in Somalië alleen maar een prostituee zijn. Ik wilde dat mijn vader me zou zien, dat hij zijn dochter in het gezicht zou kijken. Mensen van over de hele wereld hebben naar foto's van mijn gezicht gekeken. Fotografen en tijdschriften hebben veel geld betaald om foto's van me te mogen nemen – om mijn gezicht vast te leggen op de gevoelige plaat, maar ik vroeg me af of mijn vader wist hoe ik eruitzag. Toen ik een meisje was, ging al zijn aandacht uit naar de jongens. Meisjes hoorden de thee te serveren en weer weg te gaan. Ik werd niet verondersteld tegen een man te praten totdat er tegen mij werd gesproken; ik mocht niet eens in de buurt blijven wanneer de volwassenen met elkaar praatten. Nu woonde ik op een plek waar mannen en vrouwen gewoon met elkaar spraken. Ik geloofde niet dat dat verkeerd was of dat er iets ergs met je zou gebeuren – dat een djinn op je af zou komen.

'Waris, sla je ogen neer wanneer je tegen je vader spreekt,' leerde mijn moeder me toen ik oud genoeg was om een melkkom te dragen.

'Waarom?' vroeg ik terwijl ik haar in de ogen keek.

'*Ebwaye, ebwaye!*' herhaalde ze. Schaamte, uit schaamte. Ze zei hetzelfde wanneer ik met gespreide benen zat of wanneer mijn jurk omhoog was geschoven. Nooit gaf ze antwoord op mijn vragen, of gaf ze me een verklaring. Waarom is het schandelijk? Wat bewijst of betekent dat? Zo is het nu eenmaal in Somalië. Als jong meisje hield ik er al niet van, maar nu ik in het Westen woonde had ik er helemaal een hekel aan. Ik respecteerde mijn cultuur, maar ik wilde ook mijn vader in de ogen kijken. Ik wist dat hij nooit van me weg zou kijken – dat hij zou verwachten dat ik mijn ogen zou neerslaan om hem mijn respect te tonen. Maar dat zou ik niet doen, ik zou hem blijven aankijken. Hij zou mij zien, Waris, de dochter die hij voor een paar kamelen aan een oude man had willen verkopen en die nu haar eigen geld verdiende. Hij zou het gezicht zien waar hij nooit om had gegeven. Het gezicht dat op covers van tijdschriften stond. Hij zou moeten kijken naar het meisje dat hij nooit naar school had gestuurd, maar dat schrijfster was geworden. Het meisje dat speciaal VN-ambassadeur was geworden voor de Vrede.

Ik wilde het ook hebben over genitale verminking. Het was niet de bedoeling van mijn familie geweest om me pijn te doen; het was iets wat mijn moeder, haar zussen en haar moeder zelf ook hadden ondergaan. Ze waren oprecht van mening dat het noodzakelijk was, zodat ik rein zou zijn. Ze geloofden dat het zo in de Koran stond. Nu weet ik beter, deze rituele praktijk wordt niet eens in de Koran vermeld, maar dat is niet wat zij horen van de *wadaddo*, de religieuze geleerden.

Niemand kon de Koran of de Hadith lezen – mijn moeder luisterde naar de sjeiks, ze stelde geen vragen over wat haar werd gezegd. Mijn vader zei tegen me: 'Waris, je bent te sterk en te wild. Je moet trouwen voordat geen enkele man je nog wil.' Hij dacht dat ik door te trouwen mijn mond zou houden en me niet langer als een jongen zou gedragen. De keuze voor een echtgenoot is niet gebaseerd op liefde, maar wordt gemaakt door de ouders van het bruidspaar om zich te verzekeren van extra inkomsten, om de band tussen stammen te versterken en kinderen te verwekken. Uit de prijs die een man betaalt voor de vrouw blijkt dat hij een echtgenote kan onderhouden. Als hij niets te bieden heeft en zijn stam geen vee levert, heeft hij geen contacten en hoort hij ook niet de verantwoordelijkheid van een echtgenote te dragen.

'Haar bruidsprijs zal uit vele vrouwtjeskamelen en witte geiten bestaan,' zeiden mijn tantes altijd over mijn oudere zus, Halemo.

'*Hiyea*!' antwoordde mijn moeder dan, terwijl ze Halemo's jurk optilde wanneer er alleen maar vrouwen in de buurt waren om te pronken met haar benen. Iedereen greep naar haar jurk om haar te plagen. Ze draaide rondjes en liet haar sexy, slanke enkels zien. 'Deze zal niet minder dan twintig kamelen opbrengen, neem dat maar van mij aan,' schepte mama op. Mijn jurk tilde ze niet op, want ik heb o-benen. Mijn benen waren niet mooi, maar ze waren sterk en ik was snel. Wanneer je voor kamelen zorgt, moet je je snel verplaatsen. Je moet met grote passen lopen, anders kom je nooit waar je moet zijn voor het donker wordt en de hyena's beter zien dan jij. Ik dacht dat mijn vader trots op me zou zijn omdat ik me even snel bewoog als een man, maar ik had altijd problemen omdat ik terugpraatte of mijn jurk opknoopte. Wat ik ook deed, ik was maar een meisje.

Wanneer mijn vader boos was, verborgen we ons altijd achter mijn moeder. Nadat we ons kamp een keer midden in de nacht hadden verplaatst, kwamen we 's ochtends bij vers grasland en begonnen uit te pakken. Mijn vader stuurde me er meteen op uit om op de geiten te passen. Ik was zo moe van het lopen de hele nacht dat ik in de schaduw van een boom in slaap viel. Ik was nog maar een kind en kon mijn ogen gewoon niet openhouden. Toen ik wakker werd, zaten er aan een kant van mijn gezicht zwarte blaren, omdat de zon was verschoven en ik niet langer in de schaduw zat. De dieren waren weg! Weg! Geschrokken zocht ik naar hun hoefafdrukken, maar het waren er te veel en ik zag niet welke kant ze op gingen. Uiteindelijk klom ik in de hoogste boom die ik kon vinden, en van daaruit zag ik in de verte kleine koppen in het hoge gras. Toen ik naar de dieren rende, sprong ik door het gras als een gazelle. Ik was zo opgelucht dat ik ze had gevonden, dat ik niet eens wilde weten hoeveel er ontbraken. Ik deed alsof er niets was gebeurd en ging terug naar het kamp.

Mijn vader telde 's avonds elk dier voordat hij ze de kraal in dreef, en elke ochtend voordat hij ze losliet om te gaan grazen telde hij ze weer. Zodra hij begon te tellen ging ik achter mijn moeder staan. Langzaam telde hij de dieren, *koe, laba, suddah, afra, shun,* tot vijftig. Hoe verder hij telde, hoe dichter ik bij mijn moeder ging staan. Ik wou dat ik in haar kon kruipen. Mijn vader telde ze een tweede keer, maar er ontbraken nog steeds twee dieren, een lam en een geit. Hij riep me: 'Waris, kom hier.' Ik verroerde me niet, en hij liep op me af. 'Hoor je me niet?'

Ik zei: 'Sorry vader, ik wist niet dat u me riep.'

Hij zei: 'Kom hier.'

Ik wist dat ik een flinke aframmeling zou krijgen als ik bij hem in de buurt kwam, dus er was geen haar op mijn hoofd die erover piekerde om van mijn moeder weg te lopen. Ik zei: 'Nee!' Niemand zei ooit nee tegen mijn vader. Niemand. Ik wist dat ik er sowieso bij was, dus ik kon het risico net zo goed nemen. Ik overwoog om weg te rennen, maar waar kon ik naartoe? Mijn vader pakte een stok en mama stak haar handen in de lucht en vroeg hem te kalmeren. 'Sla haar niet, ze is nog maar een klein kind. Laten we nadenken over waar de dieren zouden kunnen zijn,' zei ze. In een fractie van een seconde sloeg hij mijn moeder zo hard dat ze een paar meter verderop in de kraal belandde. Ze vormde een hoopje op de grond, en er kwam bloed uit haar neus en mond. Ik wist dat als ik naar mijn moeder liep, hij zowel haar als mij zou vermoorden.

Wanneer mijn vader boos was, deed hij me denken aan een woedende leeuw. Hij was genadeloos, niets hield hem tegen. Leeuwen zijn als koningen of koninginnen. Ze zitten de hele dag te zwijgen en wanneer ze honger hebben doden ze gracieus en elegant. Ze mikken direct op de kop of de hals, en de dood treedt bijna meteen in. Meestal zijn ze kalm en waardig, maar er is één ding waaraan ze een hekel hebben: te worden lastiggevallen, en vooral door hyena's. Ik zag ooit een hyena een leeuw pesten. Hij zat daar redelijk rustig, maar opeens had hij er genoeg van. In één sprong belandde hij op de rug van de kwelgeest en beet hem in de nek. Hij schudde de hyena in zijn bek en wierp hem weg.

Ik was van plan terug te gaan om mijn vader te laten zien wat een vrouw kan – dat een vrouw er zelf voor kan zorgen dat ze een goed leven leidt.

Zodra we in Abu Dhabi landden, vormde er zich een grote knoop in mijn maag, alsof we na dagen lopen bij een droge waterbron kwamen. Ik had vreselijke herinneringen aan dat vliegveld en aan de Verenigde Arabische Emiraten. Ik hoopte maar dat er deze keer niets verschrikkelijks zou gebeuren. Maar Mohammed en ik zagen onze tassen niet. We wachtten tot de allerlaatste koffer van de band werd gehaald, en op dat moment begon ik bijna te huilen. Ik kreeg het gevoel dat we in de nesten zaten, en ik was bang onze vlucht naar Somalië te missen. Eerst dacht ik dat we op de verkeerde plek hadden staan wachten. Alles staat in het Arabisch aangegeven, en die taal beheers ik niet.

'Mohammed,' zei ik, 'weet je zeker dat dit de juiste band is?'

'Ja,' antwoordde hij, 'ik zag hier ook andere mensen uit ons vliegtuig staan.'

'Maar waar zijn onze spullen dan?'

'Laat mij het maar regelen.' Mohammed kondigde in het Somali aan: 'Ik doe het wel.'

'Mohammed, laat mij met ze praten. Ik heb dit al eerder meegemaakt, en ik heb veel gereisd.'

Hij hield aan: 'Nee, nee, laat mij maar.' Hij liep naar een vrouw in een kantoortje net buiten de bagagehal. Vanwaar ik stond te wachten zag ik dat ze niet in een opperbeste stemming was, en hij kon haar niet uitleggen wat er scheelde. Ze schudde haar hoofd en wees verscheidene malen naar boven. Ik dacht niet dat ze iets met bagage te maken had en waar onze koffers waren, wist ze al helemaal niet. Mohammed raakte zo gefrustreerd dat hij haar iets in het Somali toeschreeuwde en naar buiten stormde.

'Mohammed,' zei ik, 'laat mij met deze mensen praten, dit wordt niets.' Ik liep het kantoortje in, en de vrouw vertelde me een verdieping naar boven te gaan waar een informatiebalie was.

'We zijn op zoek naar onze koffers,' zei ik tegen de man achter de balie toen ik aan de beurt was. Hij keek niet eens op en zei ook niets, hij gebaarde slechts naar een ander deel van het vliegveld. 'Pardon,' zei ik. 'Spreekt u Engels?' Hij wuifde weer. Ik besloot dat hij ons niet kon helpen en ging op zoek naar iemand anders.

Een andere man in een te krap uniform zei: 'Ga met de beambten bij de gate praten,' dus liepen we helemaal terug naar de gate. De jurk die Dhura me had geleend was te lang, en ik vergat steeds hem van voren op te tillen, waardoor ik steeds struikelde. Ik voelde me alsof ik een halster om had. Toen we weer bij de gate waren gekomen, keek de man ons alleen maar aan alsof we gek waren.

'Hé, wacht even,' zei ik. 'Beneden vertelden ze ons dat we hier naar onze bagage konden vragen. Wat is er aan de hand? Ik wil een antwoord.' Hij haalde slechts zijn schouders op en keek naar Mohammed voordat hij zich omdraaide om weg te lopen. Ik begon te schreeuwen: 'Nou, wat moeten we dan doen? Weggaan zonder onze bagage? Wanneer komen mijn koffers aan?'

'Ik weet niet wanneer uw bagage arriveert,' zei de beambte tegen Mohammed. 'Ga daar maar zitten.' Hij wees naar een rij hardhouten banken. 'Iemand zal het u wel laten weten.'

Vliegtuigen kwamen aan en stegen weer op. We zagen familieleden die elkaar begroetten en baby's optilden. Bijna iedere vrouw ging volledig schuil achter een zwarte chador, de mannen waren vrij om te dragen wat ze wilden. Sommigen droegen broeken en overhemden, andere traditionele djellaba's. De zon ging onder en ik zag dat het buiten donker werd. 'Mohammed,' zei ik, 'kijk eens op de tickets naar onze vluchttijd naar Somalië. Ik wil het vliegtuig niet missen.'

Mohammed haalde de tickets te voorschijn, maar het kostte hem moeite om ze te ontcijferen. 'Geef mij die tickets maar. Ik ga het aan iemand vragen, anders missen we die vlucht nog.' Ik trok mijn sluier over mijn hoofd en bedekte mijn gezicht. Hij was van zijde, en wat ik ook deed, hij bleef van mijn hoofd glijden. Ik nam de tickets mee naar de balie van de luchtvaartmaatschappij. 'We zitten al de hele dag op onze bagage te wachten, en ik moet weten hoe laat de vlucht naar Somalië vertrekt. Ik moet echt informatie hebben, want anders missen we het vliegtuig.'

'Er gaan vandaag geen vluchten meer naar Somalië,' zei hij zonder op te kijken van zijn papieren op de balie.

'Pardon,' zei ik, terwijl ik de sluier op mijn schouders liet zakken. Het kon me niet schelen dat hij dacht dat ik geen moslim was. 'Hebben we onze vlucht dan gemist? Niemand heeft dat ons verteld, niemand helpt ons. Wat is er aan de hand?'

'Er vertrekken vandaag geen vluchten naar Somalië,' zei de man.

Ik tikte op de balie om hem zover te krijgen dat hij naar me zou kijken. 'Dat kan niet, er moet een vergissing in het spel zijn.'

'Laat me uw tickets eens zien,' zei hij zuchtend, alsof ik vreselijk lastig was. Ik gaf hem de tickets. Hij begon te bladeren en wees toen op nummers in kleine hokjes. 'Daar,' sneerde hij, 'jullie zijn op 29 september vertrokken en komen pas op 2 oktober in Somalië aan.'

'Wat?' stamelde ik.

'Vandaag,' zei hij langzaam, 'is het 30 september. Uw vlucht vertrekt op 2 oktober, dat is over twee dagen.' Ik voelde me dom en klein door de manier waarop hij naar de nummers op het ticket bleef wijzen. Hij schoof ze weer naar me toe alsof ik onrein was.

'Mohammed,' riep ik. 'Realiseer je je wel dat we twee dagen op dit stinkende vliegveld moeten wachten? Dat wist ik niet!' Hij keek verward en bezorgd. 'Die mensen behandelen me alsof ik niet goed wijs ben, verdorie,' zei ik. 'Ze willen niet eens met me praten omdat ik een vrouw ben. Nou, sorry hoor, maar ik ben ook moslim.' Mohammed keek me verslagen aan.

Ik haalde diep adem en toen ik uiteindelijk gekalmeerd was, herinnerde ik me weer dat mijn zus, Fartun, in Abu Dhabi woont. Ze werkt als schoonmaakster voor een Saoedisch gezin en woont niet ver van het vliegveld. 'Kom, we pakken een taxi en gaan naar Fartun,' zei ik tegen Mohammed. 'Dan kunnen we in elk geval onze zus zien en een douche en een bed regelen terwijl we op de vlucht wachten.' Het zou goed zijn om mijn zus te zien, ik had haar al meer dan twintig jaar niet gezien. Fartun was de laatste die mijn moeder had gezien, en ik hoopte dat ze ons meer zou kunnen vertellen over wat er met onze familie was gebeurd. We verzamelden onze spullen en ik ging naar de wc om mijn gezicht te wassen. Ik deed weer een poging om de sluier om mijn hoofd te houden. Het was ellendig om mijn hoofd en gezicht de hele tijd te moeten bedekken. Wat had ik gedaan om zo'n straf te verdienen?

Toen we bij de paspoortcontrole waren gekomen, liep Mohammed meteen door. Hij heeft reisdocumenten uit Nederland en had geen visum nodig. Maar een douanebeambte met een haviksneus pakte mijn paspoort en begon elke afzonderlijke bladzijde te bestuderen.

'U hebt geen visum voor de Verenigde Arabische Emiraten,' zei hij heel langzaam, alsof hij het tegen een kind had. Ik geloofde mijn oren niet. Mijn mond werd droog, en het leek of ik geen adem kon halen.

'Alstublieft, alstublieft, help me,' smeekte ik. 'Ik ben op weg naar

Somalië met mijn broer en ik heb mijn familie al meer dan twintig jaar niet gezien. Onze vlucht vertrekt pas over twee dagen, en ik wil die tijd graag bij mijn zus doorbrengen.'

De man tikte met zijn dikke vingers op het paspoort. 'U hebt geen visum voor het land,' zei hij.

'Ik probeer alleen maar naar mijn moeder in Somalië te gaan. U ziet toch dat ik Somalische ben?' Hij had zijn gezicht naar mij toe gewend, maar keek naar de muur. Hij weigerde me aan te kijken. 'Alstublieft meneer,' smeekte ik. 'Ik wil alleen maar twee dagen mijn zus zien.'

'U hebt niet de juiste documenten om het land binnen te komen,' herhaalde hij.

'U bedoelt dat ik hier niet weg kan? Ik mag dit vliegveld niet verlaten?' vroeg ik.

'Precies,' antwoordde hij alsof het niets was en hij wierp me mijn paspoort praktisch toe. Hij draaide zich om en gebaarde naar de volgende persoon in de rij.

Nooit zal ik die behoefte aan documenten en papieren begrijpen. Waarom hebben ze toch zo'n macht over mensen; waarom schrijven ze mensen voor wat ze kunnen doen? In Somalië heeft niemand papieren. We hoeven geen paspoort te laten zien wanneer we op zoek gaan naar gras voor de geiten. Als je iemand wilt zien ga je gewoon naar diegene toe, je hebt geen papieren om sommige mensen binnen te houden en andere buiten. Je doet wat je voelt, wat je moet doen. Je bent een persoon, niet een combinatie van cijfers en letters op een stuk papier. Het kan een nomade niet schelen waar hij vandaan komt, het doet ertoe waar hij is. Ik vroeg mijn moeder ooit naar het jaar waarin ik was geboren, maar ze herinnerde het zich niet meer.

'Ik denk,' zei ze, 'dat het regende.'

Ik zei: 'Mama, weet je het nog of niet?'

'Alsjeblieft kind,' antwoordde ze. 'Ik herinner het me niet meer. Wat doet het ertoe?'

Ik heb het gevoel dat ik in het regenseizoen ben geboren, omdat ik me zeer verbonden voel met water en vooral met regen. Ik hou ervan, en daarom denk ik dat het regende toen ik geboren werd, maar ik weet niet hoe oud ik ben. Ik weet het gewoon niet.

Bijna twintig jaar geleden, toen ik ongeveer veertien jaar oud was, besloot mijn oom me mee te nemen naar Londen als kamermeisje. Hij vroeg: 'Als ik je meeneem naar Londen heb je een paspoort nodig, nietwaar?'

Ik zei: 'Ja, inderdaad,' maar in werkelijkheid wist ik niet eens wat een paspoort was.

Hij nam me mee naar een plek waar we een foto namen en de volgende ochtend had hij het paspoort. Ik keek niet naar de tekst, ik keek naar de foto van mezelf. Het was voor het eerst dat ik mezelf zag. Op de foto keek ik naar de hemel, niet naar de camera. Ik wist niet waar ik moest kijken, dus toen de fotograaf zei: 'Doe je ogen open,' keek ik alleen maar naar boven. (Eigenlijk bad ik tot God omdat ik niet wist wat er allemaal gebeurde.) Ik realiseerde me niet wat een paspoort was tot ik jaren later in Londen was. Mijn oom verzon gewoon een geboortedatum en liet die in het paspoort zetten. Ik weet nog steeds niet wat de echte is.

Ik liet mijn broer staan. Ik moest daar weg, ik moest iets doen, ergens heen. Ik ging naar boven en kwam erachter dat er een hotel op het vliegveld was.

'Zijn er kamers vrij op het moment?' vroeg ik aan de receptionist.

'Ja, er zijn kamers vrij,' zei hij, 'maar u moet contant betalen.' Hij deed alsof ik nooit genoeg geld kon hebben voor een kamer.

'Ik wil een kamer,' hield ik aan.

'Het kost honderdvijftig dollar per nacht... Amerikaanse dollars,' voegde hij eraan toe.

God, dacht ik, wat ben ik blij dat ik geld heb. Ik nam een kamer en het kon me niet schelen hoeveel hij kostte, omdat ik zo moe was. Het was een sjofele kleine kamer, met goedkope, dunne handdoeken en een vieze bruine sprei op het eenpersoonsbed. Ik wierp mezelf erop en begon te huilen. Ik maakte me zorgen om mijn zoon. Ik had hem bij iemand achtergelaten om in mijn eentje een reis te ondernemen die nergens toe leidde. Er zaten vreemde, kale plekken op zijn lieve hoofdje. Ik wist niet wat het was en vroeg me af of God me iets had willen vertellen. Misschien strafte Hij me wel. Ik voelde me hulpeloos en gevangen.

Het ironische was dat het vliegveld van Abu Dhabi nare herinneringen bij me opriep, en nu was ik er weer. Ze hadden me al eerder geweigerd dit vliegveld te verlaten. Er moest een soort vloek op rusten. Destijds was mijn moeder in een kruisvuur tussen twee rivaliserende stammen terechtgekomen. Ze was brandhout aan het halen, zonder iemand tot last te zijn, toen soldaten naar elkaar begonnen te schieten. Ze probeerde weg te komen, maar werd geraakt door twee kogels in de borst. Ik stuurde geld naar Fartun, en zij regelde dat moeder naar een ziekenhuis in Abu Dhabi werd gebracht. Natuurlijk sprong ik op het eerste het beste vliegtuig om haar te zien. In New York werd me verzekerd dat ik geen visum nodig had. Toen ik na een vlucht van achttien uur aankwam, mocht ik niet van het vliegveld af. Een lelijke, dikke man zei dat ik geen visum had en dat ik het land niet in kon. Mijn moeder en zus waren in de aankomsthal, maar ik kon niet bij ze komen. Ik was zo vastberaden dat ik terugvloog naar New York en naar de ambassade van de Verenigde Arabische Emiraten ging om een visum te halen. Het kostte me 2704 dollar om weer naar Abu Dhabi te vliegen. Toen ik terugkwam, stond daar dezelfde harteloze, lelijke, kleine, dikke man. Hij miste twee voortanden, en ik had de rest er met liefde uit getrapt. Hij pakte mijn paspoort met de stempel van het visum en liet me bij de douanepost staan. Ik wachtte de hele dag. Ik durfde geen eten te halen of naar de wc te gaan, omdat hij net op dat moment terug kon komen. Eindelijk hoorde ik mijn naam, en toen ik naar voren liep, snauwde hij me toe dat ik het land niet in mocht.

'Alstublieft,' smeekte ik. 'Ik ben helemaal naar New York teruggegaan om het visum te halen. Wat is het probleem? Vertel het me alstublieft. Mijn moeder is neergeschoten. Ze wacht op me. Laat me haar alstublieft zien.'

Hij keek me aan en snauwde: 'Ik heb het u al gezegd. U mag het land niet in.' Hij gaf me mijn paspoort en zei: 'Waar wilt u heen vliegen? U neemt het eerstvolgende vliegtuig terug.'

'Ik ga niet weg voordat u uitlegt wat het probleem is.'

Hij zei: 'Er gaat zo meteen een vlucht naar Londen, ik zet u op dat vliegtuig.'

Ik vertelde hem dat ik niet in Londen woonde. 'Waarom zou u me daarheen sturen?' vroeg ik hem. 'Ik woon in New York.' Ik schreeuwde en smeekte, maar hij luisterde niet.

'Ziet u die vrouwen daar?' snauwde hij. Ze zagen er heel gemeen uit en droegen politie-uniformen. 'Of u stapt op het volgende vliegtuig of ze gaan u pijn doen, gelooft u me maar. Ze zullen u hardhandig op het vliegtuig zetten.' De vrouwen liepen met me door de gate en ik hoorde mensen lachen toen ik voorbijkwam. Dat zal ik nooit vergeten.

En nu zat ik vast op hetzelfde vliegveld, en ik had meer dan honderdvijftig dollar betaald voor een waardeloze hotelkamer, waar ik werd behandeld alsof ik geen menselijk wezen was. Dat raakte me in elke vezel van mijn lichaam. Ik kon in geen enkele taal woorden vinden om het gevoel te beschrijven.

Islam betekent 'onderwerping' en een moslim is iemand die zich aan God heeft onderworpen. Ik viel op mijn knieën en zei tot Allah: 'Help me alstublieft.' Ik vroeg me af of deze ergernissen iets goeds zouden opleveren. *In'shallah, In'shallah.* Allah lost het wel op. Ik herhaalde het steeds. Er is een reden voor alles; dat geloof ik diep in mijn hart, en ik hoopte vurig dat het een goede was.

6
De lange reis

Gebed tegen het kwaad

*Het kwaad dat achter ons op de loer ligt, moge het
    tot stilstand worden gebracht
Het kwaad dat voor ons wacht, moge het worden
    gedwongen te vlieden
Het kwaad dat boven ons hangt, moge het eeuwig
    in het ledige zweven
Het kwaad dat onder ons oprijst, moge een speer het
    doorboren
Het kwaad dat naast ons opdoemt, moge het ver
    weg worden geworpen*

SOMALISCHE GABEI

Hallo, Mama Afrika klonk in mijn hoofd toen ik na meer dan twintig jaar in mijn woestijn, mijn thuis landde. 'Hallo, Mama Afrika, hoe gaat het met je? Met mij gaat het goed en ik hoop met jou ook.' Zingend en breed glimlachend stapte ik het vliegtuig uit. De hemel begroette me. Ik was thuis! Ik danste de metalen trap af die tegen de deur was geschoven, en stapte op de landingsbaan. Een enorm zwart insect vloog op mijn schouder, maar ik veegde hem er meteen af. Mijn hart bonsde bij de aanblik van het land en vooral van de hemel boven de woestijn. De Somalische hemel, waar zon en maan elkaar ontmoeten, lijkt zich eindeloos uit te strekken, helemaal naar morgen. De hemel is zo groot dat je je ook groot en niet klein voelt. Ik strekte mijn armen zo ver mogelijk uit om de ruimte te voelen en de vrijheid aan te raken. De zon schijnt zo fel en krachtig dat alles helder en dichtbij lijkt. Ik zag de Indische Oceaan en het leek alsof ik er zo naartoe kon lopen om een duik te nemen. Het was zo lang geleden sinds ik het zachte ruisen had gehoord dat de wind boven de uitgestrekte woestijn maakt – ik was het bijna vergeten. Ik herkende de acaciabomen, de kevers en de termietenheuvels; de kleine dikdik-antilope, de struisvogel en het schorre geluid dat schildpadden maken. Terwijl we over de landingsbaan liepen, keek ik naar de mensen en begreep hun gezichten, hun gedachten en hun handelingen. Na al die jaren een vreemde te zijn geweest die erachter probeerde te komen hoe alles werkte en die er wanhopig graag bij wilde horen, was het een heerlijk gevoel. Ik rook iets en wist meteen dat het *angella* was, wat wij als ontbijt eten. Het is iets heel anders dan gesuikerde chocoladecornflakes; het is een zure pannenkoek die je voor de hele dag vult. Tranen van vreugde vulden mijn ogen. Mama Somalië, dacht ik, ik heb je zo gemist – hoe heb ik zo lang weg kunnen blijven – je betekent zoveel voor me. Waardoor ben ik zo lang weggebleven? Iedereen op het vliegveld hoorde hier thuis, de mensen zagen eruit zoals ik en ik voelde me er ook bij horen. Hier komen mijn dromen vandaan. Ik ben een dochter van Afrika en ik wilde mijn moeder meteen zien – dan zou ik pas echt weten dat ik weer thuis was.

De zon stond bijna op het hoogste punt aan de helderblauwe hemel, en het was intens warm. Omdat ik gewend was geraakt aan het weer in Londen en New York, werd ik nu overvallen door de hitte. Golven warmte stegen op uit de grond, en ik moest echt op adem komen. De Indische Oceaan zinderde in de verte, en ik was blij dat er een briesje van het water kwam omdat mijn lichaam zich nog moest aanpassen aan de verzengende hitte. In die hitte moet je je wel ontspannen, je kunt niet gestrest zijn.

Er vertrokken geen bussen of treinen van dat kleine vliegveld, en als je geen auto hebt, dan moet je lopen. Mannen met huurauto's stonden buiten de witgepleisterde terminal aan de kant van de weg te wachten. Veel auto's zijn het eigendom van vrouwen. Ze hebben vaak als prostituee in Saoedi-Arabië gewerkt, omdat ze niet van de honger wilden sterven of bedelen in de vluchtelingenkampen. Van hun gespaarde geld kochten ze een auto die ze naar Somalië lieten verschepen. Ze huurden chauffeurs in en begonnen taxidiensten te regelen. In Somalië mogen de vrouwen niet rijden, maar als je een auto hebt, ben je rijk.

Mohammed zei: 'Laat mij dit maar regelen,' en begon heen en weer te lopen langs de rij auto's om iedereen te bekijken. Hij zag iemand van onze stam die hij uit Mogadishu kende en zei: 'Hem kunnen we inhuren. Abdillahi is Mijertein.' Mijertein is de clan van mijn vader.

'Mohammed, laten we er nou maar gewoon voor zorgen dat we iemand vinden met een goede auto die niet ergens blijft staan,' smeekte ik.

Mijn broer had zijn beslissing echter al genomen. 'Mensen van je eigen stam kun je vertrouwen,' zei hij stellig. 'Eens kijken of hij ons naar Galcaio kan brengen.'

Abdillahi had een oude, krakkemikkige stationcar. In de voorbumper zat een deuk, en het dak zag eruit alsof het was vastgebonden om te voorkomen dat het eraf zou waaien. De banden waren glad als het huidje van een baby en de bekleding van de stoelen en banken was oud en gescheurd. Mohammed begroette Abdillahi en de twee mannen gaven elkaar de dubbele islamitische handdruk, waarna ze gearmd gingen staan praten. Abdillahi was lang en had een smal gezicht met een sikje. Hij droeg een wit overhemd over de traditionele *maa-a-weiss*. Dat is een stuk stof met een patroon dat mannen om hun middel wikkelen en in een plooi aan de voorkant vastmaken. Het gewaad reikt tot ongeveer halverwege de kuit, en de meeste mannen op het vliegveld droegen er een. Mohammed en Abdillahi liepen het gebouw in om luchthavenbelasting te betalen en onze paspoorten op te halen. De stewardess had ze ingenomen toen we in waren gestapt. In mijn Britse reispapieren staat dat ik niet naar Somalië mag reizen. Ik was bang dat ze me terug zouden sturen of vast zouden houden, maar Mohammed zei steeds dat hij alles zou regelen. De zon scheen meedogenloos, en zweetdruppels stroomden over mijn rug. Het leek wel vijftig graden. Waar doen die mannen zo lang over, vroeg ik me bezorgd af. Ik kwam in de verleiding om de zijden sluier van mijn hoofd te trekken, en ik kon haast niet wachten tot we in de auto zouden stappen om te vertrekken.

Eindelijk kwamen ze naar buiten. Abdillahi was zichtbaar van streek. 'Je broer heeft ruzie gemaakt met de politie!' vertelde hij me.

'Ze hebben het recht niet om onze papieren te houden. Ze moeten ze teruggeven zodra ik de luchthavenbelasting heb betaald!' hield Mohammed vol.

'Wat is er gebeurd?' vroeg ik aan Abdillahi, die meer voor rede vatbaar leek dan Mohammed.

'Je broer werd boos op de beambte en begon te schreeuwen. Een politieagent viel bijna op de grond toen je broer hem opzij duwde,' antwoordde Abdillahi.

Mohammed was nog steeds opgewonden en begon te ijsberen. Abdillahi wendde zich met opgeheven handen tot hem. 'Rustig toch, je moet een beetje kalmeren.'

'Ze kunnen niet zo tegen me praten,' zei Mohammed steeds. 'Ik heb gewoon betaald en hij heeft het recht niet...'

Abdillahi wuifde met zijn hand voor Mohammeds gezicht. 'Dit is

Europa niet, vriend. Die mannen hebben geweren en ze gebruiken ze ook. Het kan ze niet schelen wie je bent of wat er aan de hand is – je moet je niet in de nesten werken – maak geen ruzie met iemand die een geweer heeft. Als ze je neerschieten doet het er niet meer toe wie het bij het juiste eind had.'

Abdillahi had mijn broer beetgepakt om hem tegen te houden voor het geval hij iemand wilde slaan. De politie had mijn documenten teruggegeven, maar ik was bang dat ze van gedachten zouden veranderen.

'Abdillahi, denk je dat je mijn moeder kunt vinden?' onderbrak ik hun geruzie over politiestrategieën en soldaten die verslaafd waren aan drugs. Ik wilde graag weg van het vliegveld om op zoek te gaan naar mijn familie.

'Je familie woont bij de grens met Ethiopië,' antwoordde Abdillahi. 'Ik kom daar net vandaan en heb de hele nacht doorgereden, zodat ik hier zou zijn wanneer het vliegtuig landde. Geloof me, ik kan ze wel vinden.'

Nog steeds bezorgd vroeg ik: 'Heb je een kaart?'

Abdillahi keek me vreemd aan en zei: 'Ik ben Somaliër.'

'Hij zal ze vinden, hoor,' lachte Mohammed. 'Hij heeft geen kaart nodig, het zit allemaal in zijn hoofd.'

'Hoe lang duurt het voordat we er zijn?' vroeg ik opeens opgewonden. Ik wilde mijn moeder omhelzen en haar gezicht aanraken.

'Het duurt acht of negen uur om er te komen, afhankelijk van de toestand van de wegen en eventuele militaire controleposten,' zei Abdillahi, wrijvend over zijn sikje.

'Hoezo, acht uur?' riep ik uit. Ik geloofde mijn oren niet. Er waren al drie dagen van mijn kostbare tijd verspild in vliegtuigen en een smerige hotelkamer. Nu moest ik nog een hele dag reizen, en de zon stond al hoog aan de hemel. Ik was woedend en liep rusteloos heen en weer, struikelend over de zoom van mijn jurk. Ik rukte de sluier van mijn hoofd omdat hij te strak om mijn nek zat. Het was zo warm dat ik niet kon ademhalen, en ik moest bewegen, ik wou alleen maar dat de reis achter de rug was. Acht uur in een auto betekende dat ik twee dagen minder bij mijn familie zou kunnen doorbrengen, omdat we voor de terugreis helemaal naar Boosaso terug zouden moeten. Mohammed en Abdillahi keken me aan alsof ik gek was. Tijd leek niets voor hen te betekenen. Ze leefden op een andere planeet, niet die van mij, die met deadlines en afspraken. Ik had echter geen keus, ik moest gewoon tot rust komen en doen wat er gedaan moest worden.

'Wat gaat het kosten om ons te brengen?' vroeg Mohammed. Abdillahi wilde driehonderd Amerikaanse dollar voor de rit. Mohammed bood hem honderd, maar hij weigerde.

'Mohammed, laten we het gewoon doen, dan kunnen we hier weg,' fluisterde ik. 'Ik wil hier geen tijd aan verspillen.' De blik die mijn broer me toewierp, zei dat ik me erbuiten moest houden, en ik deed een stap naar achteren, wachtend in de brandende zon terwijl zij onderhandelden.

'Driehonderd is te veel,' zei Mohammed. 'We zijn Mijertein, jij en ik. Mijn zus en ik zijn geen vreemden voor je.'

'Ik ben arm en ik heb geld nodig voor mijn kinderen.'

'Luister Abdillahi, honderd Amerikaanse dollar is veel geld, dat weet jij net zo goed als ik. Het is meer dan de standaardprijs voor deze rit. Bovendien,' grapte Mohammed, 'je weet allang dat ik gek ben!'

'Dat kun je wel zeggen,' plaagde Abdillahi. 'Laat ik jou en je zus hier maar weghalen voordat je je nog meer problemen op de hals haalt. Ik zal mee moeten betalen aan de bloedprijs als je iemand verwondt.'

'Goed, honderd dollar,' zei Mohammed en ze schudden elkaar de hand. Ik gaf Abdillahi het geld om ons naar het dorpje te brengen waar mijn moeder voor het laatst gezien was. Hij zag er intelligent genoeg uit en hij leek te weten waar hij mee bezig was, maar ik zou hem geen attent persoon willen noemen; hij behandelde me zoals alle mannen vrouwen behandelen in Somalië. Het deed er niet toe dat ik de rit betaalde. Zowel hij als Mohammed liet het aan mij over om mijn plunjezak en alle andere spullen naar de auto te sjouwen, terwijl zij een praatje gingen maken met wat andere familieleden. Ik zag ze mannen omhelzen en de hand schudden.

Zodra we in Somalië geland waren en Mohammed Somali begon te spreken, werd hij een heel ander mens. Zijn rug was recht en trots, zijn kin was geheven en hij gedroeg zich agressief en verwaand. Het deed me denken aan zijn gedrag toen ik een kind was en hij ons was komen opzoeken. Op een dag was hij ons kamp ingekomen en begon dingen in het stof te tekenen.

'Hé, jij daar,' riep die vreemde jongen me toe, 'wil je leren lezen?' Hij deed alsof hij de leiding had en alles wist. Ik was nieuwsgierig en liep op hem af om te kijken wat hij aan het doen was. 'Ga zitten,' beval hij, maar ik was bang voor de stok in zijn hand en bleef staan zodat ik weg zou kunnen rennen mocht hij me willen slaan. Mohammed schreef met zijn stok heel snel ABCDEF in het zand. 'Wat staat hier?' vroeg hij op hoge toon. Ik wist natuurlijk niet wat er stond. 'Wat is dit voor letter?' riep hij me toe, terwijl hij een twijgje voor mijn gezicht heen en weer zwiepte. Ik wist niet wat hij aan het doen was en bleef gewoon staan staren naar die vreemde jongen die lijnen trok in het stof. Hij begon naar me te schreeuwen: 'Je bent een dom nomadenkind. Waarom kijk je naar mij? Kijk liever naar de letters. Zeg me wat er staat.' Ik begon te lachen omdat hij maar bleef schreeuwen en rende weg toen hij me met de stok probeerde te slaan. 'Jullie woestijnmensen zijn te lui en te dom om te leren lezen en schrijven,' riep hij me na. 'Vergeet het maar, ik leer je helemaal niets meer. Ik ga mijn tijd niet verspillen aan meisjes.' Hij gooide een steen en raakte mijn enkel. Toen mijn moeder de grote, pijnlijke plek zag, zei ze dat ik bij hem uit de buurt moest blijven. Ik wist heel zeker dat ik niets meer met lezen of schrijven te maken wilde hebben.

Nu liep hij heen en weer te paraderen en deed alsof hij alles wist en ik een onnozele nomadenvrouw was. Het was warm in de auto, maar toen ik de raampjes opendraaide, kwamen er te veel vliegen naar binnen, dus ik ging in de brandende zon staan wachten. Mohammed kwam terug en beval me weer in de auto te stappen, alsof ik degene was die iedereen liet wachten. Hij stapte voorin, ik ging achterin zitten. 'Je staat bij me in het krijt,' zei hij toen we begonnen te rijden.

Ik zei niets, maar keek door het raam naar het land waarnaar ik zo verlangd had. Zo zijn de mannen in Somalië. Ze luisteren niet naar vrouwen en het doet er niet toe wie die vrouw is. Je past je aan aan het leven in Afrika, je verandert het niet.

Er stond een soort tankstation langs het grindpad dat van de landingsbaan af leidde. Abdillahi gooide de tank vol en vulde tevens twee jerrycans van vijfendertig liter met benzine voor noodgevallen, die hij in de achterbak zette. Ik werd zenuwachtig bij het vooruitzicht dat we zo'n eind gingen reizen zonder kaart of bescherming. Ik hoopte dat we geen wegversperringen en soldaten zouden tegenkomen. Allah, geef ons een veilige reis, bad ik. Help me alstublieft om mijn moeder te vinden. Het was de *hagaa*, het droge seizoen, en alles was bruin en verdord. Het stof stoof op achter de auto en zweefde door de open raampjes naar binnen, waar het zich op ieder oppervlak, in iedere vouw en iedere plooi nestelde. De weg begon dapper en was zelfs een tijdje verhard, maar daarna werd het een stoffig pad. Bandensporen vertakten zich in alle richtingen. Ik hoopte maar dat Abdillahi wist welk spoor hij moest volgen en dat hij de auto aan de praat kon houden bij hevige zandverstuivingen en de rotsblokken die op de weg waren gevallen of gegooid.

We waren nog maar net onderweg toen Abdillahi de weg af sloeg en naar een paar kleine hutten reed. 'We moeten qat kopen,' zei hij. 'Ik heb de hele nacht gereden om hier te komen, en met qat kan ik wakker blijven.' Mensen die in de schaduw zaten, sprongen op en renden op ons af met takken qat in hun armen. Groene bladeren aan twijgen, ik noem ze de twijgen van de duivel. Bladeren van de duivel. Ik heb een hekel aan het spul, omdat ik geloof dat het mijn land te gronde richt. En het was ook nog eens het eerste wat ik zag nu ik eindelijk terug was gekomen. Qat wordt niet in Somalië gekweekt, dus al het geld dat de mannen eraan uitgeven, verdwijnt naar Ethiopië of Kenia. Abdillahi reed langzaam langs iedere verkoper, kijkend naar de kleine bosjes twijgen en bladeren die hem getoond werden. Ze bevielen hem geen van alle, en hij reed door. Kleine haveloze jongens zonder schoenen trokken aan sigaretten. Ze waren niet ouder dan zes of zeven jaar, en hun armen waren zo dun als luciferhoutjes. Het leken net spinnenkinderen. Wanneer ze honger hebben, kauwen ze qat zodat ze de honger niet meer voelen. Abdillahi stopte even verderop weer, en hier voltrok zich hetzelfde ritueel. Kleine jongens en oude vrouwen renden naar de auto met bosjes qat. Hij wuifde naar een vrouw die takken in haar *chalmut* had gewikkeld. 'Kom hier, moedertje, kom hier,' riep hij uit het raam. 'Hoe oud is dit spul?' vroeg hij haar. 'Is het nieuw? Is het vers? Van vandaag?' Qat verliest zijn kracht na ongeveer een dag, dus zijn er vele vluchten naar Somalië. De smokkelaars kunnen altijd een vlucht krijgen.

'Nou,' zei ze, 'het is vreselijk droog geweest, maar ja, dit is gisteravond uit Ethiopië gekomen.' Hij liet zijn vingers door de bladeren gaan om ze te voelen en onderzoeken zodat hij kon bepalen hoe oud ze waren.

'Hé, Abdillahi,' zei ik. 'Pak gewoon een tak, man. Ik wil weg!'

'Dit is goed spul,' zei hij. 'Waarom geef je haar er niet twintig shilling voor?'

'Nee,' zei ik. 'Ik ga je qat niet betalen.'

'Ik kan er goed mee rijden, en we moeten nog ver. Ik heb de hele nacht niet geslapen om op tijd te zijn voor het vliegtuig. De qat zal me wakker houden.'

'Ik heb je al honderd dollar gegeven. Waar heb je dat spul voor nodig?'

Hij zei: 'Meisje, als ik je niet breng, zal het veel langer duren voor je er bent. Ik ken de wegen, ik weet waar ik je familie kan vinden. Als we in de problemen komen met politie of soldaten, geef ik ze wat qat. Dat is het enige wat ze willen, drugs.'

Uiteindelijk zei ik tegen hem: 'Ik betaal die troep niet. Koop het zelf maar.'

Abdillahi gaf zich gewonnen en kocht zijn bosje voor de reis zelf. Hij legde het naast zich neer en klopte er even op. Hij scheurde de bladeren een voor een af en stopte ze in zijn mond. Hij kauwde ze tot een pasta, die hij zorgvuldig diep in zijn wang stopte zodat hij nog meer bladeren kon kauwen. Ik wist dat zijn wang over een paar uur zou uitpuilen en dat er groen sap langs zijn kin naar beneden zou druipen. Hij zou high zijn en vol energie. Hij had een kleine cassetterecorder en draaide de volumeknop voluit. Abdillahi zong de hele middag met de Somalische liederen of *gabei* mee.

> Hij die tussen haar borsten heeft gelegen
> Kan zijn leven vervuld noemen
> O God, moge mij nooit worden ontzegd
> De bron van het geluk

Abdillahi's stem was hoog en schril. Hij kon alleen maar met een scheve mond zingen om de prop met qat op zijn plaats te houden. Hij zong keer op keer:

> Wanneer het lot bepaalt dat in boze tijden
> Stammen elkaar zullen treffen,
> Moeten zelfs de wolken vluchten
> Over het pad der vervloekten.

Wankel en zwak worden de ouderen
Hun raad niet langer wijs.
Wanneer een vat wordt omgeworpen om
Zoete, rijpe dadels te verbergen
Zoals God voor de ogen van de stam
Wijsheid en licht verbergt.

De muziek hield abrupt op toen Abdillahi een van de voorbanden lek reed. Hij zette de auto langs de kant van de weg. Er was geen ander verkeer dan zo nu en dan een vrachtwagen, dus niemand kon ons helpen. Terwijl hij qatbladeren in zijn mond propte, pakte Abdillahi een krik, waarna hij de band verwisselde alsof hij het elke dag deed – de hele dag door. Het was ongelofelijk warm in de auto, en ik stapte uit om te kijken. Er was geen schaduw, en ik kon niets doen behalve toekijken hoe hij de auto omhoogkrikte, bladeren in zijn mond stopte, de lekke band eraf haalde, zijn reserveband erop legde en meer bladeren in zijn mond stopte. Als de reserveband kapotging, moesten we wachten tot er iemand langskwam om ons te helpen, of te bestelen, of erger. Abdillahi probeerde de grote kuilen in de weg te ontwijken, maar het was midden op de dag, de heetste tijd. De hitte steeg als stoom op uit de woestijngrond. Abdillahi dacht dat het niet alleen door de put in het wegdek, maar ook door de hitte was gekomen dat de band kapot was gegaan. Zodra we in een dorp kwamen, stopte hij om een nieuwe band te kopen. De kapotte zouden ze oplappen en aan de volgende auto verkopen die er een nodig had. Allah, wat een tijdverspilling! Tijdens die eindeloze rit wisselden we minstens vier keer een band. We reden meer dan veertien uur en moesten voortdurend stoppen. Abdillahi gaf die dag waarschijnlijk het grootste deel van de honderd dollar die ik hem had gegeven uit aan banden.

In de woestijn betekent afstand niets. Je kunt zo ver zien dat het eeuwig lijkt te duren om iets te passeren. Het enige wat erop duidt dat je beweegt, is de stofwolk achter de auto. De weg was ruig, en elke keer dat de auto over een oneffenheid reed, werd ik heen en weer geslingerd. Ik voelde die weg, ik was een deel van iedere bobbel en kuil in dat landschap. Onze reis was driedimensionaal: naar voren, naar boven en naar beneden. We reisden door een ruimte die even onbegrensd is als je geest, niets was verborgen of geheim.

De hele dag was ik zwaarmoedig vanwege de dingen die we onderweg zagen. Kinderen die niet hoger reikten dan de buik van een kameel, stonden aan de kant van de weg, in lompen gehuld, met een hulpeloze en verloren blik in hun ogen. Waar waren hun ouders? Ik zag mannen met zwarte tanden van het qat kauwen. Toen we weer eens stopten om een band te verwisselen stond er een zwijgende oude man naar ons te kijken vanaf de top van een heuveltje. Hij bewoog zich niet, niet eens om de vliegen weg te slaan die om zijn ogen liepen. Ik zocht naar karavanen met kamelen, mooie goudbruine kamelen, de schepen van de woestijn. Maar we passeerden slechts haveloze mensen zonder dieren. Het ergste wat ik zag, was een magere vrouw met een kind op haar rug midden in het verlaten landschap. Ze wuifde naar ons om te vragen of ze mee kon rijden, in een poging haar bestemming te bereiken. Het werd al donker, en we waren al in geen uren een dorp tegengekomen. De hielen van haar schoenen waren afgescheurd, en haar voeten waren geschramd en bebloed. Ze zagen eruit als de voeten van een kameel, met diepe kloven en een dikke huid, niet als de voeten van een menselijk wezen.

Ik kon het niet verdragen en smeekte: 'Stop alsjeblieft. Stop voor die vrouw, stop voor dat moedertje!'

'Wat is er?' vroeg Mohammed.

'Haar sandalen zijn aan stukken gescheurd!' zei ik. 'Haar voeten bloedden ervan.' Mijn voeten waren er ooit ook zo aan toe geweest – zo eeltig en gebarsten dat ze leken op een modderpoel tijdens het droge seizoen. Ze moest duidelijk nog heel ver lopen, en het zou spoedig donker zijn. De hyena's zouden ongetwijfeld achter dat kind aan gaan. Soms moet je 's nachts in de woestijn slapen, omdat je je bestemming niet in een dag kunt bereiken. Het herinnerde me aan het jaar waarin ik op de vlucht was gegaan voor mijn vader en ik helemaal alleen was in de woestijn met het stof en de vliegen. Toen ik van huis was weggerend moest ik enkele nachten alleen in de woestijn doorbrengen, zonder eten of iets om me te verdedigen. Ik durfde niet te gaan slapen, omdat ik wist dat hongerige dieren wachtten tot het donker is. Een keer wachtte een leeuw op me, en ik werd wakker van de geur van zijn adem in mijn gezicht.

'Stop alsjeblieft,' smeekte ik. 'Ze kan naast mij zitten. Er is hier genoeg ruimte.'

Abdillahi reed gewoon langs haar heen en zei: 'Maak je geen zorgen.' Hij wuifde met zijn hand. Beide mannen zeiden steeds: 'Ze is een vrouw. Waarom zou je haar meenemen? Ze is het gewend om te lopen.' Ik kon wel huilen, maar ze wilden niet naar me luisteren. De hele dag passeerden we vrouwen en kleine kinderen, en ze konden stikken in de stofwolk die we achterlieten.

Van verwanten had Mohammed te horen gekregen dat onze vader misschien alleen woonde in de woestijn. Drie regenseizoenen terug paste onze jongere broer Rashid op de kamelen van mijn vader in de buurt van de bronnen van onze stam in de Haud. Hij bemoeide zich met niemand en zat op het gras, terwijl de dieren om hem heen graasden. Opeens hoorde hij een geluid en hij stond op. Voor hij het wist, vlogen de kogels om zijn oren. Hij begon te rennen, opgejaagd door een aantal mannen die in het wilde weg op hem schoten. Rashid werd door een kogel in zijn arm geraakt. Hij viel flauw en kwam in het gras terecht. De soldaten, of wat ze ook waren, lieten hem voor dood liggen en stalen alle kamelen. Toen Rashid bij bewustzijn kwam, waren alle dieren, de hele kudde van mijn vader, verdwenen. De woestijn was stil, op het geluid van de wind na. Mijn vaders levenswerk – de veestapel die hij van slechts enkele dieren had weten uit te breiden tot een echte kudde, en die hij in leven had gehouden in tijden van droogte en voedselschaarste – zijn fortuin, zijn eigendom en zijn trots, dat alles was verdwenen. Rashid sleepte zich terug naar ons kamp, en mijn moeder verzorgde hem. Gelukkig was de kogel dwars door de onderkant van zijn bovenarm gegaan en was het bot niet geraakt, dus hij werd spoedig beter. Mijn vader was echter gebroken. Volgens een Somalisch gezegde zoekt een wanhopige man zijn kamelen nog in een melkmand, en mijn vader verdween nadat dit was gebeurd. Zijn levenssappen waren uitgedroogd, en het vuur verliet zijn lichaam. Dagenlang zat hij daar maar met zijn hoofd in zijn handen, en daarna liep hij de nacht in, niemand wist waarheen. Ze wisten niet of hij zijn vee was gaan zoeken en de mannen ging doden die hem hadden bestolen, of dat hij zo wanhopig was dat hij het had opgegeven en een plek zocht om te sterven.

7
Moeder

In naam van Allah, de Weldadige, de Genadige [...]
Leid ons op het juiste pad,
Het pad van hen aan wie U gunsten heeft geschonken,
Niet van hen [...] die dwalen.

SOERA 1, DE OPENING

We reisden steeds verder, in de richting van de blauwe heuvels aan de horizon, maar we kwamen er nooit aan. De hemel strekte zich uit als een cirkel waaraan geen einde leek te komen, evenmin als aan de hitte. Abdillahi zei dat het zo heet was dat mensen dood konden gaan als ze niet uit de zon gingen. Elke struik en elke heuvel herinnerde me aan mijn jeugd, en vooral aan mijn moeder. Ik was zo'n kind dat geobsedeerd was door haar moeder. Ik bad elke dag dat haar niets zou overkomen en ik volgde haar overal, soms zelfs zonder dat ze het merkte. Mijn moeder was mijn wereld en ik weet niet hoe ik ooit de moed heb kunnen vinden om haar te verlaten. Ik denk dat ik nooit had gedacht dat ik het echt zou doen, maar elk pad leidde naar een ander en weer een volgend pad en zo had ik haar verloren. In het Somali kennen we het woord *nurro*, dat instinct betekent. Allah schenkt de dieren en de stervenden de gave van de *nurro*. Zo weten de termieten hoe ze met hun eigen speeksel hun huis moeten bouwen, zo weet een hagedis hoe hij uit het ei moet kruipen en waar hij iets te eten kan vinden. Misschien zouden we er na deze lange reis niet eens in slagen om mijn moeder te vinden. Ik wilde op mijn *nurro* vertrouwen, maar ik was bang dat ik te lang weg was geweest. Ik wist niet meer hoe ik de tekenen moest interpreteren. Ik kon maar net voorkomen dat ik uit angst en frustratie in huilen zou uitbarsten. Misschien was ze wel voor altijd verdwenen.

De nacht kwam, donker als een slang. Ik was ontmoedigd en uitput vanwege de hitte en het heen en weer schommelen en de voortdurende autopech onderweg op die onverharde wegen. Ik maakte me zorgen om Abdillahi. Stel dat hij het dorp niet kon vinden en dat we zouden verdwalen, hopeloos zouden verdwalen. Zonder waarschuwing verliet hij de weg en reed over een heuveltje. Hij zette de motor af en de stilte omringde ons als een deken. Ik kon een kleine nederzetting zien liggen, maar er brandde geen licht. Hij verklaarde: 'We zijn er. Hier is het.' Ineens was ik opgewonden en zat ik boordevol energie. Ik sprong van de achterbank overeind.

'Echt? Weet je het zeker? Woont mijn moeder hier?'

'Ja, Waris,' zei Abdillahi, 'hier is het.'

'Dank U, Allah!' zei ik. Ik was blij dat we zonder moeilijkheden het hele land hadden doorkruist. Niemand had ons lastiggevallen, alleen de hitte en de banden van de auto hadden problemen veroorzaakt. Ik stapte uit, leunde met mijn rug tegen de auto en snoof de lucht op. Allah, wat hield ik van die geur. Het was mijn thuis.

Abdillahi wees naar een vierkant huisje aan de rand van een rustig dorp en zei: 'Daar woont je familie.' Hij liep er met Mohammed naartoe en ze klopten op de deur. Na een paar minuten werd er opengedaan door een lange man die zijn *maa-a-weiss* om zich heen hield. Mohammed zei dat hij een neef van ons was en Abdullah heette. Hij wist precies waar iedereen woonde. Hij liep met ons door het smalle straatje naar een ander vierkant huisje. Hij klopte op de houten luiken voor de ramen. Een zwangere vrouw deed open. Ze stond ons vanuit de deuropening met een slaperige blik aan te staren terwijl Abdullah vertelde wie we waren.

'Wie ben jij?' vroeg ik.

'Ik ben de vrouw van je broer Burhaan, maar hij is er niet,' zei ze. 'Ik heet Nhur.' Toen Mohammed vertelde dat we op zoek waren naar mijn moeder, pakte ze snel haar sluier en greep in het donker mijn hand vast. Ze leidde ons over een smal paadje. De enige geluiden waren onze voetstappen op de aangestampte aarde.

Ik kon de vorm van een hutje onderscheiden. Het bestond uit slechts één vertrek en was gemaakt van rechtopstaande stokken die door touw bij elkaar werden gehouden. Het dak bestond uit golfplaten. We bleven voor het hutje staan en ik haalde diep adem.

'Wacht even,' zei ik tegen mijn broer en Nhur. 'Jullie moeten niets zeggen, laat me haar eerst omhelzen en een kus geven.'

Natuurlijk zaten er geen sloten op de deur. De deur was niet meer dan een stuk golfplaat dat aan één kant in de boven- en onderhoek met stukken ijzerdraad was vastgemaakt. De versleten deur hing tegen het hutje aan, en om hem open te krijgen, moest ik hem optillen en over de grond slepen. Het huisje van mijn moeder was zo klein dat haar voeten vlak bij de deur lagen, en ik botste tegen haar aan toen ik de deur opendeed. Mijn moeder kwam overeind en vroeg aan de silhouetten: 'Wie is daar?'

Ik kon niets zien, maar kroop over de grond in de richting van het geluid van haar stem. Om de hut binnen te komen, moest je je bukken, maar Mohammed was zo lang dat hij sowieso zijn hoofd stootte.

Toen mijn moeder dit geluid hoorde, vroeg ze weer: 'Wie is daar?' Ik zei niets, maar hurkte zwijgend neer omdat ik van dit moment wilde genieten. Ze riep: 'Wie is daar? Wie is daar?'

Ten slotte vond ik haar hoofd. Ik nam haar gezicht tussen mijn handen, kuste haar en drukte mijn wang tegen de hare zodat ze de tranen kon voelen die uit mijn ogen liepen. Ze luisterde even naar mijn ademhaling, trok mijn gezicht vlak bij het hare en fluisterde weer: 'Wie is daar?'

'Ik ben het, mama. Waris.'

Ik kon merken dat ze mijn stem herkende, omdat ze even haar adem inhield. Toen greep ze me vast en drukte me tegen zich aan. 'Waris? Ben je echt mijn dochter Waris?' zei ze, en ze begon tegelijkertijd te lachen en te huilen.

'Ja, mama,' zei ik, 'ik ben het echt, en Mohammed is er ook.'

Ze stak haar armen naar hem uit en pakte zijn handen vast. Ik kon haar tranen op mijn arm voelen. 'Waar komen jullie vandaan? Ik dacht dat jullie dood waren. Allah! Allah! Mijn dochter, mijn zoon!' Ineens leunde ze naar achteren en wiegde me heen en weer, terwijl ze net deed alsof ze boos op me was: 'Allah, Allah! Waris, wil je me soms dood hebben? Waarom kom je hier zo binnensluipen?' Toen begon ze weer te lachen en te huilen. 'Ga maar weer naar waar je vandaan komt,' zei ze. 'Ik ben hier veel te oud voor.' Ze sloeg haar armen weer om me heen en zei: 'Wat doe je hier, kindje!'

Ik barstte in lachen uit. Ze had me vijf jaar geleden voor het laatst gezien, toen ik haar heel kort in Ethiopië had opgezocht, maar nu ik hier in het holst van de nacht opdook, maakte ze er ook nog een grap van. Ik hoop dat ik een beetje van mijn moeder in me heb, dacht ik.

'Mohammed,' zei mijn moeder, hem ook omhelzend. 'Ik had kunnen weten dat het Mohammed *Dehrie* was toen je je hoofd stootte.' Dehr is de bijnaam van mijn broer. Het betekent de lange, omdat mijn broer wanneer hij rechtop staat tot de kop van een kameel reikt.

Naast mijn moeder sliep een kind, dat tijdens ons gesprek gewoon door bleef slapen. 'Wie is dat jongetje?' vroeg ik.

'Dat is het oudste kind van je broer Burhaan, Mohammed Inyer, Kleine Mohammed.' Mijn moeder streelde zijn slapende hoofd.

Abdillahi zei dat hij Mohammed mee zou nemen naar mijn oom en zijn familie, zodat hij daar kon slapen. In het kleine hutje was niet genoeg ruimte voor ons allemaal. Toen ze weg waren, stak mijn moeder de kleine lantaarn aan die we *feynuss* noemen en die een zacht schijnsel verspreidt. Ik kon haar lieve gezicht, haar volmaakte neus en haar kaneelkleurige ogen zien. Ze drukte me tegen zich aan alsof ze droomde en niet kon geloven dat ik echt bij haar was.

Nhur, mijn moeder en ik bleven nog een tijdje zitten praten. Nhur zei dat ze buiten een auto en stemmen van mensen die ze niet kende had gehoord. Daardoor was ze wakker geworden. Ze omhelsde me en streelde mijn arm en mijn jurk. Ik vertelde hun alles over onze reis en hoe lang we onderweg waren geweest. Mijn moeder wiegde me heen en weer, omhelsde me en lachte vol verbazing, alsof we op een vliegend tapijt waren gekomen.

'Nhur,' zei ik, 'het spijt me dat ik vroeg wie je was. Ik wist niet eens dat je bestond. Ik wist niet dat je er was! Ik wist niet eens dat mijn broer al eerder getrouwd was, en al helemaal niet dat jij zijn tweede vrouw bent, met een dochter en nog een tweede kind onderweg.'

Nhur gaf me een geruststellend klopje op mijn arm en zei: 'Je meent het! Ik ben al een hele tijd met je broer getrouwd, maar jij wist niet eens dat ik bestond.'

'Het spijt me,' zei ik. 'Mijn hopeloze broer Mohammed vertelt me lang niet alles.'

Nhur lachte weer en zei plagend: 'Dat betekent zeker dat je geen cadeautje voor me hebt meegebracht.'

'Ja, dat klopt,' zei ik, 'en het spijt me.' Ik had niets voor haar, niets voor de baby of voor haar kleine meisje. Ik wees op mijn tas en zei: 'Het spijt me dat ik niets voor je heb meegebracht, maar als je in de tas iets vindt wat je bevalt, mag je het hebben.'

'Wat is er met de eerste vrouw van Burhaan gebeurd?' vroeg ik.

Er viel een lange stilte en mijn moeder zei: 'Ze is bij Allah in het paradijs.'

'O, jeetje, wat erg,' zei ik. 'Hoe is ze gestorven?'

'Hoe moet ik dat nou weten?' zei mama ferm. 'Het was haar tijd en Allah nam haar tot zich.' Wanneer je aan Somaliërs vraagt hoe iemand is gestorven, zeggen ze altijd: 'Denk je dat ik Allah ben? Allah weet wat er is gebeurd, ik niet.' Zo is het ook: wanneer het je tijd is, ga je. De Somaliërs geloven dat er op de maan een boom staat, de boom des levens. Wanneer jouw blad van die boom valt, is het moment van sterven aangebroken. Wanneer je sterft, ga je naar de hemel en is het voorbij op aarde. De dood is iets tussen jou en Allah. Ik wist dat niemand me zou vertellen wat er met de moeder van dat kind was gebeurd. Mijn moeder had zonder nadenken de zorg voor haar kleinzoon op zich genomen; ze zag dat iemand haar nodig had en ze ontfermde zich over hem. Hij was ongeveer drie jaar oud en ik kon zien dat ze stapelgek op dat knulletje was. Hij lag opgekruld tegen haar aan op het bed en werd tijdens onze gesprekken niet één keer wakker. Hij sliep vredig door, getroost door het geluid van haar stem.

Mijn moeder zag eruit zoals ik me haar herinnerde, dezelfde mama die ik mijn hele leven had gekend. Haar huid is net geolied ebbenhout, en wanneer ze lacht, zie je dat ze een voortand mist. Ik denk dat ze die is kwijtgeraakt toen mijn vader haar een keer een klap gaf, maar ze heeft er nooit iets over gezegd. In mijn ogen zag ze er helemaal niet oud uit. De rimpels op haar voorhoofd gaven haar een grote waardigheid. Ze heeft veel meegemaakt en haar huid is getekend door lijnen van wijsheid en ontberingen, maar je kunt zien dat ontberingen niet hetzelfde zijn als zorgen.

Ineens hoorde ik iets op het golfplaten dak roffelen en bonken. Ik sprong op en riep: 'Wat is dat?' Even wist ik niet wat het kon zijn. Het was zo hard en luid en het begon niet langzaam, maar was er ineens.

Mijn moeder en schoonzusje begonnen allebei te lachen en zeiden tegelijkertijd: 'O, het regent, Waris. Eindelijk regent het.'

Mama keek op en zei: 'Dank U, Allah.'

Ineens begon het vanuit het niets te regenen dat het goot. De regen in Somalië lijkt niet op de ergerlijke motregens in het Westen, maar is als een klap in je gezicht. De regen voelt daadwerkelijk als een klap op je hoofd. Het geroffel op het metalen dak klonk alsof er vaatwerk op de grond kapot werd gegooid.

Ik zei: 'O mama, nu zal het gaan afkoelen, na de regen. Wat heerlijk.'

Mijn moeder keek me bij het lamplicht aan. 'Kind, het heeft al meer dan een jaar niet geregend,' zei ze.

'O, mama,' zei ik. 'Mama, ik heb de regen meegebracht, ik heb hem meegebracht.'

Ze klakte misprijzend met haar tong tegen haar gehemelte. 'Waris, je bent Allah niet, neem dat terug. Zoiets mag je niet eens denken, je mag jezelf niet met Allah vergelijken. De regen kwam omdat Allah die stuurde. Het heeft niets met jou te maken.'

'Het spijt me,' zei ik, 'ik zal het niet meer doen.' Het was goed om te worden herinnerd aan de orde der dingen in het huishouden van mijn moeder. Ik was dankbaar dat het regende, ik voelde me door Allah gezegend.

Mijn moeder glimlachte en zei: 'Ik wist dat je zou komen.'

Ik verbaasde me over haar zekerheid. 'Hoe wist je dat?' vroeg ik.

'Een paar dagen geleden droomde ik over je zuster. Ze ging water halen, bond het op haar rug en bracht het naar me toe. Ze zong het waterlied en haar stem klonk steeds luider. Ik wist dat een van mijn dochters zou komen, ik wist alleen niet welke.'

Ik zei zuchtend: 'O, mama.' Mijn ogen vulden zich met tranen omdat we na al die jaren en ondanks alle moeilijkheden nog steeds met elkaar verbonden waren. Dit had ik meer dan wat dan ook gemist; de natuurlijke sterkte en kracht van de ziel ik die vroeger had gekend. Ik wist dat ik vanaf nu vaker terug zou moeten gaan, ik moest contact houden met de krachtige geest in mijn moeders huis. Als Allah het wilde, zou ik nooit meer zo lang wegblijven. Nu kende ik de weg en wist ik hoe ik er moest komen.

Ik ken mijn moeder niet echt goed omdat ik nog maar een kind was toen ik wegliep, maar ik kan haar aanwezigheid voelen, al kan ik niet goed uitleggen hoe. Toen ik haar vijf jaar geleden voor het laatst in Ethiopië zag, smeekte ik haar: 'Mama, ga met me mee naar New York. Ik zal je alles geven.'

Ze keek me aan en vroeg: 'Wat bedoel je, meisje? Wat is alles? Hier heb ik alles wat ik nodig heb.' Ik had tot in het diepst van mijn wezen gevoeld dat het leven in de woestijn niets voor mij was en was weggelopen. Nu wilde ik haar leven begrijpen en haar spirituele schatten ontdekken, om die nooit meer los te laten.

'Mama,' zei ik. 'Weet je waar mijn vader is? Mohammed zei dat hij is gaan zwerven nadat zijn kamelen waren gestolen. Hoe is het met Rashid?'

'O, je hebt al over onze problemen gehoord. Met Rashid gaat het weer goed, hij is weer bij de dieren. De kogel ging recht door zijn arm en bleef niet steken, zoals de kogels in mijn borst. Je vader wilde per se zijn kamelen terug hebben, maar hij kon ze niet vinden. Die kamelen waren verdwenen. Waarschijnlijk zijn ze naar Saoedi-Arabië verscheept of hebben de dieven ze opgegeten. Je vader gaf het uiteindelijk op en is weer teruggekomen. Hij zit ergens in de wildernis, daar ergens.' Ze gebaarde naar de duisternis.

Nhur legde uit dat mijn vader met een andere vrouw in een dorp niet ver daarvandaan woonde. Hij wil niet in het dorp wonen, maar in de woestijn met de paar dieren waar hij de hand op heeft weten te leggen. Elk dier had ons brandmerk, zodat verwanten in de stam hem hadden kunnen helpen om zijn dieren terug te vinden. Ze dacht dat hij ongeveer vijf kamelen, wat geiten en een paar schapen had. Mijn jongste broer, Rashid, hielp hem met de verzorging van de dieren. Ik dacht aan alle verlaten heuvels die we onderweg hadden gezien en vroeg me af of we hem zouden kunnen vinden. Mijn moeder hield nog steeds van mijn vader, maar hij had jaren geleden, toen ik nog jong was, een tweede, jongere vrouw getrouwd. Het grootste deel van de tijd woonde hij met haar in de woestijn. 'Ik heb gehoord dat hij ook een derde vrouw heeft getrouwd,' zei ik, me afvragend hoe mijn moeder daarop zou reageren.

'Dat klopt, maar ze is weggelopen, of hij is een tijd geleden van haar gescheiden.'

'Wat?' vroeg ik. 'Wat is er gebeurd?'

'Kindje, ik weet niet waarom ze weg is gegaan. Misschien wilde ze niet werken,' zei mama op vlakke toon. De lantaarn begon te roken en ze boog zich voorover om hem bij te stellen. We zeggen altijd dat opstijgende rook geheimen verraadt, maar hoe mijn moeder over de andere vrouwen dacht, bleef haar geheim. Vaak is een andere vrouw een zegen omdat ze elkaar dan kunnen helpen bij het vele werk dat de vrouwen moeten doen. Maar mijn moeder wilde niet meer over mijn vader en zijn vrouwen praten, net zomin als ze het over het lot van de eerste vrouw van Burhaan wilde hebben.

'Je vader is twee dagen geleden ergens in de wildernis geopereerd,' fluisterde Nhur. 'Toen Burhaan hoorde dat het niet goed met hem ging, is hij hem gaan zoeken.'

'Een operatie? In de wildernis?'

'*Hiyea*.'

'Twee dagen geleden,' zei ik, naar adem happend. Waren we hier maar eerder geweest! Ik dacht aan de tijd die we in Abu Dhabi hadden verspild. 'Wat voor soort operatie?' vroeg ik ongerust.

'Aan zijn ogen, Waris,' zei Nhur zacht. 'Hij had problemen met zijn ogen.'

'Allah, zijn ogen,' mompelde ik. Ik had gehoord dat hij iets met zijn ogen had, maar ik had gedacht dat hij wel weer beter zou worden, zoals altijd. Ik nam aan dat hij niet goed meer kon zien en misschien wel een bril nodig had. Mijn vader had me nodig gehad, maar ik was er niet geweest om hem te helpen.

'We hebben gehoord dat hij niets meer kon zien en vreselijke pijn had,' vervolgde Nhur. 'Burhaan besloot naar hem op zoek te gaan en hem naar het dichtstbijzijnde ziekenhuis te brengen, helemaal in Galcaio. We weten niet wat er is gebeurd, maar ik hoop dat het goed met hem gaat.'

Ineens werd ik helemaal gek van bezorgdheid en angst. Een operatie, midden in de woestijn? Wie opereerde daar dan? Hoe kon iemand daar werken? Ik kon het niet geloven en ik kon alleen maar hopen dat alles goed was met mijn vader. Hoe kon hij zijn weg vinden wanneer hij blind was? Hoe kon hij voor zijn dieren zorgen of op zoek gaan naar water? Uit wat Nhur me vertelde, maakte ik op dat hij staar had, veroorzaakt door vele jaren in het verblindende zonlicht. 'Ik ga kijken of we hem morgen kunnen vinden,' zei ik. Dat betekende waarschijnlijk weer een eindeloze reis, maar dat had ik er wel voor over.

Toen ik vroeg: 'Mama, kunnen we met zijn drietjes in het bed slapen?' antwoordde ze dat dat niet zou passen. Ze had alleen maar een paar kleren op een mat uitgespreid en een gescheurd stuk muskietengaas dat amper groot genoeg was voor haarzelf en Mohammed Inyer.

Toen ik nog een kind was, sliepen we buiten onder de blote hemel omdat het in huis veel te warm was en er geen grote ramen waren die wat lucht binnen konden laten. Buiten steekt er vaak een briesje op wanneer de zon achter de horizon is verdwenen en de eerste sterren te voorschijn komen. Ik wilde die nacht graag buiten slapen onder een paar lakens, maar het enige wat je weer naar binnen drijft, zijn de muggen, en die zouden vanwege de regen talrijk zijn.

Toen het ophield met regenen, ging ik met mijn schoonzus mee om in haar huisje te slapen. Ik deelde een slaapmat met Nhur en haar kleine meisje. Mijn nichtje is bijna twee. Toen ik daar was, deelden we elke nacht met zijn drieën de mat. Mama woonde liever in het bouwvallige kleine hutje van stokken dat ze eigenhandig had gebouwd. Het huis van Burhaan was vierkant en gemaakt van lemen stenen bedekt met witkalk. Er waren drie kamers, waarvan er een nog niet was voltooid. De muren reikten ongeveer tot je middel. Ik hoopte dat mijn moeder hier zou willen wonen wanneer de laatste kamer klaar was. Ze heeft haar hele leven al in huizen gewoond die ze zelf heeft gebouwd.

Die nacht was ik erg moe van de moeizame reis en geestelijk uitgeput door alle zorgen, maar ik kon de slaap niet vatten. Ik was zo opgewonden dat ik iedereen de volgende ochtend weer zou zien dat ik bijna niet kon wachten. Ik ging naast mijn schoonzus en haar dochtertje liggen en wachtte tot mijn hoofd zou ophouden met tollen. Toen ik naar de laatste regendruppels luisterde die van het dak vielen, merkte ik dat er een vredig gevoel over me neerdaalde. We hadden mijn moeder gevonden, ik wist dat mijn vader nog leefde, ook al lag hij misschien in het ziekenhuis, en ik werd omringd door mijn verwanten.

Ineens dacht ik iets te voelen, en ik zag een donkere vorm op mijn onderbeen. Ik had het geluk dat ik die donkere schaduw nog kon zien, want het was behoorlijk donker, maar ik meende dat het een schorpioen was. Ik keek er een tijdje naar en fluisterde toen tegen Nhur: 'Is dat wat ik denk dat het is?' Ik sprak zachtjes en probeerde niet in paniek te raken of me te bewegen, want er is ons geleerd dat we nooit ofte nimmer in paniek mogen raken. Dan zal het gevaar je zo snel te pakken krijgen dat je amper beseft wat er aan de hand is. We weten dus dat we niet moeten bewegen. Misschien loopt de schorpioen je wel voorbij, je weet maar nooit. Je kunt wel denken dat je hem sneller van je af kunt krijgen dan hij je kan steken, maar ik weet dat je je niet moet bewegen voordat je er zeker van bent dat je hem inderdaad de baas bent. Ik staarde dus de inktzwarte duisternis in en zei weer: 'Is dat wat ik denk dat het is?'

Ze fluisterde in mijn oor: 'O, ja.'

We noemen de schorpioen *hangralla*. Toen hij zich omdraaide en ik de puntige gifstaart zag, wist ik zeker dat het een schorpioen was. Hij was de grootvader of grootmoeder van alle schorpioenen. Hij was gekomen om me welkom te heten in Somalië, mijn thuis. Ik sprong op en vertrapte hem. Het spijt me, maar ik maakte hem dood.

Zelfs na dit voorval voelde ik geen angst toen ik weer in slaap probeerde te vallen. Ik verdrong alle zorgen, alle stress en chaos uit mijn gedachten. Ik liet me insluiten door de duisternis van Somalië en door de diepe stilte die de duisternis vergezelde. Mensen bleven maar beweren dat Somalië een van de gevaarlijkste plekken op aarde was, maar ik voelde me er vredig. Het was een vrede die ik nooit ergens anders heb gevoeld.

Ik heb nooit prettiger geslapen. Ik voelde me op de grond zelfs heel erg op mijn gemak, want als je wegrolt, kun je niet vallen, en als je om je heen schopt, kun je niets kapotmaken. Het is ook goed voor je rug. Ik had in jaren niet zo lekker geslapen. In New York houden allerlei dingen me uit mijn slaap, of ik schrik wakker omdat ik me ergens zorgen om maak. Wanneer je iets kent, en ik ken de woestijn, dan weet je dat je er veilig bent. Je kunt je angsten laten varen en uit je gedachten laten stromen, als water dat op de droge aarde wordt gemorst. Ik sliep elke nacht als een blok. In de heuvels ver weg hoorde ik de hyena's als een slechte, slechte vrouw lachen. Hahaha, plaagden ze elkaar. Maar wij zijn nooit bang, want we weten dat ze toch niet komen, ze komen niet naar het dorp om mensen aan te vallen. De handen van Allah beschermen het dorp en alle bewoners, zodat je je geen zorgen hoeft te maken om de dag van morgen.

8
Woestijndromen komen uit

LEVER MET BLOED

2 koppen bloed
1/2 kilo lever
2 theelepels *subaq ghee*

Was de lever en snijd hem in kleine stukken. Doe de lever, het bloed en de *subaq ghee* in een kleine pan en verhit dit onder voortdurend roeren langzaam boven gloeiende kolen. Wakker de kolen niet aan, want dan kan er as in het voedsel terechtkomen. Laat het mengsel sudderen totdat het mals en vochtig is.

Die ochtend werd ik wakker in een andere wereld. De stoffige, grijze vlakte was veranderd in donkerrode aarde met overal grote plassen. Alles in mijn moeders huis was doorweekt. Ik keek op en zag de hemel door de openingen in haar golfplaten dak. Niemand had een dak voor haar gebouwd; ze had zelf hier en daar stukken golfplaat verzameld en ze vastgebonden boven op de takken die de vier muren van het hutje waren. Het was zo klein dat ze diagonaal moest slapen. Zij en Nhur waren al voor zonsopgang opgestaan. Nhur was al naar de markt geweest en mama hing haar weinige kleren over de doornstruiken om het huis en op een roestig blauw olievat te drogen. Een kaal gesleten vrachtwagenband stond tegen het huisje geleund, en een van de geiten dronk het water dat erin zat. Hij keek naar me vanuit de hoek van zijn geelbruine ogen en bleef drinken.

We voelen ons niet ellendig of klagen dat alles nat wordt door de regen, we danken God. Volgens de Koran wordt alles wat leeft gemaakt van water. Regen betekent dat het gras groen wordt, dat de dieren hun buiken zullen vullen, en wij ook. Water is kostbaar in de woestijn; het is blauw goud. We wachten op de regen, we bidden voor regen, we wassen ons met regen. Zonder regen is er geen leven. We hebben geen winter en zomer, we hebben *jilaal*, het droge seizoen, en *gu*, het regenseizoen. In Somalië wordt een gast begroet met water, het is een teken van gastvrijheid en respect. Ik had het gevoel dat Allah me had begroet. De moeizame reis, de lange, hete rit en de moeilijke dagen van droogte waren voorbij; de *gu*-regens waren gekomen en Allah had ons gezegend met water. Ik begon mijn bezoek aan mijn familie met vreugde en geluk.

Ik omhelsde mijn moeder en begroette haar met een kus. 'Moge God met je zijn, mama,' zei ik. 'Ik ben zo blij dat ik je zie en dat ik op deze prachtige ochtend bij je ben.' Ik pakte haar beet en trok haar stevig tegen me aan. 'Ik heb je zo gemist! Ik hou zoveel van je, mama, ik kan je niet vertellen hoeveel ik van je hou!'

'Ga van me af. Je wurgt me,' zei ze, terwijl ze me zijdelings aankeek met een zweem van een glimlach om haar mondhoeken. Ze deed alsof ze geërgerd was, maar haar ogen glommen van trots en verrukking. 'Waris,' zei ze, 'wat een verrassing om je te zien. Ik hoorde dat je dood was. Dat werd me verteld – daarna zei iemand dat je prostituee was. En nu heeft Allah je teruggebracht en sta je in mijn huis, ik kan het echt niet geloven.'

Mijn moeder kijkt op een bijzondere manier tegen het leven aan, en ik vind dat fascinerend. Om haar nek draagt ze een snoer met zwarte kralen en een beschermende amulet: een klein leren zakje met aan de binnenkant heilige woorden uit de Koran geborduurd. Een *wadaddo* of religieuze geleerde heeft het zakje jaren geleden speciaal voor haar gemaakt, en ze doet het nooit af. De amulet zorgt voor haar veiligheid en beschermt haar tegen boze geesten.

'Ik zal je de cadeaus laten zien die ik uit New York heb meegebracht, mama.'

Ze wimpelde me af met haar lange expressieve vingers en zei: 'Ga je oom opzoeken, mij heb je nu al genoeg gezien.' Dat was zo typisch voor mijn moeder, om helemaal niet aan zichzelf te denken, maar aan alle anderen.

Nhur had me verteld dat de broer van mijn vader, oom Ahmed, ziek was en ik moest hem opzoeken. Nhur zei dat een djinn uit de geestenwereld de linkerkant van zijn lichaam in bezit had genomen. Dat geloofde ik zeker niet. Mijn oom is ouder dan mijn vader – er kon van alles aan de hand zijn.

Als kind paste ik op zijn geiten. Wat mijn hartje toentertijd het vurigst begeerde, was een paar schoenen. Nu ik mijn land als volwassene terugzag, begreep ik waarom. Overal staken puntige rotsen uit en ik kan me nog goed herinneren hoe die rotsen en doorns aan mijn blote huid voelden. Sommige doorns waren zo lang dat ze dwars door je voet staken. Als meisje huppelde en rende ik graag; ik had zoveel energie dat ik nooit kon ophouden met bewegen. Er zaten altijd snijwonden en blauwe plekken op mijn voeten, vooral wanneer ik de geiten achterna was geklommen. Ik benijdde ze om hun kleine harde hoeven, die ongevoelig waren voor de rotsen en de doorns. Mijn voeten klopten en bloedden 's nachts. Ik smeekte mijn oom om een paar schoenen in ruil voor mijn oppasdiensten. Iedere dag bewaakte ik zijn dieren en zorgde ervoor dat ze veilig waren. Wanneer het warm en droog was moest ik ze naar verderaf gelegen plekken brengen om iets te eten te vinden. Tot op de dag van vandaag ben ik geobsedeerd door voeten en schoenen – het is het eerste wat me aan mensen opvalt. Ik heb niet veel kleren, die laten me vrijwel koud, maar ik ben dol op schoenen. Ik koop echter wel comfortabele schoenen, geen hooggehakte exemplaren. Dan is het net of je op rotsen staat! Waarom zou je dat doen als het niet hoeft?

Uiteindelijk stemde oom Ahmed erin toe een paar schoenen voor me mee te brengen uit Galcaio. Ik droomde weken van mijn prachtige schoenen en dacht dat ze zouden aanvoelen als een zacht tapijt. Voortaan zou ik overal zonder pijn kunnen komen en zo hard lopen als de struisvogels terwijl ik stenen naar ze gooide, of springen als een gazelle die de geur van een leeuw op jacht had opgesnoven. Toen mijn oom eindelijk kwam, danste ik van blijdschap, juichend en schreeuwend: 'Schoenen, schoenen!' Mijn vader riep naar me dat ik moest bedaren en de man met rust moest laten, maar ik ging niet weg, daar was ik te opgewonden voor. Oom stak zijn hand in zijn zak en gaf me een paar goedkope rubberen slippers, niet de stoere, leren sandalen waarvan ik had gedroomd. Ik was zo boos dat ik ze in zijn gezicht wierp.

Nhur had een vuur aangelegd en de thee voor ons ontbijt stond te dampen. Ze had die ochtend wat lever op de markt gekocht en hem voor mijn moeder gekookt. 'Ze kan niet veel verdragen, omdat die kogels nog steeds in haar lichaam zitten,' legde ze me uit. 'Mama geeft steeds over, en ze is te mager.' Ik was het met haar eens. 'Ik hoop dat de lever haar bloed zal versterken,' zei ze, waarna ze de kom behoedzaam voor mijn moeder op de grond zette. Moeder ging zitten en begon een gebed op te zeggen. Mohammed Inyer huppelde naar binnen. Hij had honger en wilde wat van de lever. Hij is te klein om een broek te dragen, en hij hurkte met zijn blote billen vlak voor mijn moeder neer.

Ze onderbrak haar gebed en keek op, terwijl ze rustig zei: 'Kind, haal je ballen uit mijn ontbijt.' Ik zat nog steeds te lachen toen Ragge, de zoon van oom Ahmed, binnenkwam.

Mijn moeder begroette hem warm en herinnerde me er toen aan dat ik mijn oom moest opzoeken. 'Je kunt maar beter gaan,' zei ze waarschuwend, 'want anders zal je oom nog denken dat je de voorkeur geeft aan mijn kant van de familie.' Ragge was nog maar een klein jongetje geweest toen ik vertrok, en ik herinner me dat ik op hem paste voor mijn tante. Nu was hij een jaar of tweeëntwintig, lang en slank, en hij sprak voortreffelijk Engels. Ik mocht hem meteen. Hij had een ouderwets kapsel, opgeknipt aan de zijkant en lang boven op zijn hoofd. Hij had een afrokam in de achterzak van zijn broek die hij om de vijf minuten door zijn haar haalde.

Ragge liep met me door het dorp om de weg naar zijn huis te wijzen. Er stonden misschien zestig huisjes met een of twee kamers, allemaal in verschillende stadia van voltooiing. De woestijnstruiken waren weggehaald en er waren eenvoudige hutten voor in de plaats gekomen. Gezinnen met genoeg geld om bouwmaterialen te kopen woonden in de mooiste. Zij hadden muren van in de zon gedroogde blokken en daken van golfplaat. Andere vrouwen hadden hutten samengesteld uit al het materiaal dat ze maar hadden kunnen vinden: oude banden, geweven gras en stukjes blik. Sommige huizen waren vierkant en gevormd door stokken, andere waren ronde Somalische *occles*, die zijn gemaakt van de lange wortels van de acaciaboom, gebogen en bedekt met geweven matten en plastic vellen. Oude plastic zakken, die aan de buitenkant van de huizen waren vastgemaakt, wapperden in de wind. Niets wat nuttig zou kunnen zijn werd weggegooid. We kwamen langs een huis, waarvan de matten omhoog waren gevouwen, zodat de binnenkant, die nat was van de regen, kon drogen. Andere hutten waren rond en hadden muren van gebakken leem en taps toelopende daken van stro. De verschillende stammen bouwden verschillende soorten huizen. Niet een van de hutten had stromend water, riolering, elektriciteit of zelfs maar plannen in die richting. Iemand had een klein hutje gebouwd voor de kippen. Het was rond en had een klein taps toelopend dak, en een roodgekleurde kip zat binnenin naar me te tokken dat ik haar met rust moest laten. Een jongetje van nauwelijks twee jaar liep achter ons aan. Hij kon gaan en staan waar hij wilde – het was volkomen veilig dat hij helemaal in zijn eentje rondliep. Hij droeg een T-shirt en verder niets. Zijn tanden waren glanzend wit tegen zijn zwarte gezicht, en zijn verlegen glimlach was even breed als de mond van een kameel.

Dit was precies het leven dat ik me herinner uit mijn jeugd, zoveel jaren en ervaringen geleden. Het dorp leek net een schildpad die zijn hoofd, armen en benen onder zijn schild trekt en je gewoon negeert, zelfs als je met een stok tegen hem aanduwt. Hij wacht eenvoudig tot je je gaat vervelen en doorloopt, waarna hij zijn reis vervolgt zonder van koers te veranderen. Dit dorp had niets te maken met wat er in de rest van wereld gebeurde. Er was niet veel veranderd sinds ik er had gewoond, maar ík was wel veranderd. Als kind had ik het gevoel dat ik alles had wat ik nodig had, behalve sandalen. Ik had er geen flauw benul van dat ik zogenaamd arm was. Ik kan nog steeds nauwelijks geloven dat Somalië een van de vijf armste landen ter wereld is. De ochtendgeluiden van kippen en huilende baby's, de geur van rokend hout en natte matten in het dorp maakten deel uit van het ontwaken, en ik had ze lang niet gehoord en geroken. Het was heerlijk om er te zijn, maar tegelijkertijd viel het me op dat geen van de kinderen schoenen droeg.

Mijn oom woonde bij zijn dochter Asha en haar man in een vierkant huis van in de zon gedroogde leemsteen met een dak van metalen golfplaat. De deur was vrolijk blauw geschilderd en versierd met een grote, rode ruitvormige versiering in het midden en kleinere donkerblauwe exemplaren aan weerszijden ervan.

Oom Ahmed zat naast het huis op een *michilis,* een lage kruk met drie poten van dierenhuid. Zijn haar was wit als dat van een geit, en hij droeg de traditionele, geruite, Somalische *maa-a-weiss* om zijn middel geslagen en met een plooi van voren vastgemaakt. Op zijn hoofd droeg hij een ronde hoed met een platte bovenkant, die vaak wordt gedragen door mannen die de hadj, of bedevaart, naar Mekka hebben ondernomen.

'Avdohol! Avdohol,' zei oom, terwijl hij heen en weer wiegde. Hij noemde me bij mijn bijnaam, Klein Mondje. 'Kom zitten, kom naast me zitten. Laat me naar je kijken. O, mijn god. Kind, eet je wel? Je bent zo mager, ben je ziek?'

'Nee, oom,' antwoordde ik lachend. 'Je hoeft geen dik achterste te hebben om gezond te zijn.'

'Nou,' zei hij. 'Ik vind je vreselijk mager. Heb je honger, kind?'

Ik zei: 'Ja, oom. We zijn gisteravond aangekomen en ik snak naar *angella*.' Ik had het al geroken toen ik uit het vliegtuig stapte, en die ochtend was ik er zelfs van wakker geworden; de heerlijke geur van *angella* die op het vuur stond. *Angella* is een pannenkoek van sorghum. De vrouwen vermalen het graan tot meel in een buisvormig uitgehold houtblok. Voor ze naar bed gaan vermengen ze het meel met water en kloppen het mengsel om het glad en luchtig te maken. Wanneer de avond valt, kun je iedereen in het dorp het beslag horen kloppen. Het is bijna een wedstrijd: hoe luider je klopt, hoe beter de *angella* wordt. 's Ochtends, wanneer het beslag is gerezen, leggen de vrouwen een vuur aan waar ze drie grote stenen omheen leggen. Ze leggen een plaat op de stenen boven de kolen. Wanneer de plaat warm is, laten ze er een druppel beslag op vallen die ze behoedzaam uitstrijken met een lepel, net zoals de Fransen hun crêpes maken. Dan zet je er een deksel overheen en laat je ze drie tot vier minuten bakken.

Oom Ahmed riep zijn dochter, Asha. 'Breng Avdohol een stuk of tien van die pannenkoeken en wat thee. Zonder thee kun je geen *angella* eten. Ze sterft van de honger, kijk nou eens naar haar! Ik dacht dat ze zoveel te eten hadden in Amerika.'

'Oom, ik kan geen tien pannenkoeken op. Vier is meer dan genoeg, hoor.'

Asha bracht wat kruidige thee met geitenmelk en *angella* op een ingedeukt blikken blad. Ik schonk wat thee op de *angella* om haar zachter te maken. Wij gebruiken geen vorken of lepels, het voedsel wordt met de vingers genuttigd.

Ik had de speciale, zure smaak al jaren niet geproefd, en ik was zo opgewonden dat ik de eerste hap zonder nadenken nam.

Mijn oom kwam als een boze kameel met een ruk overeind toen ik mijn hand naar de pannenkoeken uitstrekte. 'Nee! Stop, stop,' riep hij. 'Dat is je linkerhand, mijn kind, het is je linkerhand. Die is niet voor het eten.'

Ik zei: 'O oom, het spijt me zo. Ik was het vergeten. Vergeeft u me.' Ik schaamde me en voelde me ongemakkelijk. Ik ben linkshandig en pakte het voedsel met mijn linkerhand, omdat het in het Westen niet uitmaakt. In Somalië is het echter heel belangrijk dat je onderscheid maakt tussen wat de verschillende handen doen. De rechterhand is voor alles behalve het aanraken van je geslachtsdelen en je billen. We achten dat deel van het lichaam onrein. Nadat je je behoefte hebt gedaan gebruik je je linkerhand om jezelf met water te wassen, omdat we geen wc-papier hebben. Je wast jezelf met je linkerhand, en nooit met je rechterhand. De linkerhand is voor het wassen van je geslachtsdelen en je billen, en de rechterhand is voor eten, snijden, anderen aanraken en zo verder.

Oom keek me hoofdschuddend aan. 'Ben je zo lang weg geweest? Ben je vergeten wat je wist?' Hij keek naar me. 'Hoe durf je te vergeten om rein te zijn, meisje. In Somalië kun je alles vergeten, behalve dat.'

Ik had zo'n honger dat ik me er alleen maar druk om maakte hoe ik zo snel mogelijk eten in mijn mond kon stoppen. Ik deed alsof ik in New York was en niet meer wist hoe Somaliërs met voedsel omgaan. We hebben geen 'fast food', we eten hier niet wanneer we op straat lopen of met iets anders bezig zijn. Ik heb geleerd dat voedsel een gift van Allah is. Het is een zegen en dient met respect bejegend te worden. Toen ik een kind was, at je niet omdat het lekker was, je at om je buik te vullen zodat je niet van de honger zou sterven. In Somalië pak je geen eten om het zonder nadenken in je mond te proppen. Je gaat zitten, zegt een dankgebed en proeft elke hap. Ik pakte het eten niet alleen zonder een dankgebed te zeggen, maar deed het ook nog eens met mijn linkerhand.

Ik haalde diep adem en begon opnieuw; ik zei 'dank U, Allah' voor mijn oom, voor deze dag en voor dit voedsel. Ik at de *angella* langzaam en behoedzaam. Het was verrukkelijk. Onder het eten begon ik naar mijn oom te kijken. Hij had een vlassig snorretje en er zaten nog een paar witte haren op zijn kin. Hij droeg een grijs met zwarte *maa-a-weiss*. Bij nadere beschouwing merkte ik op dat hij op een vreemde manier tegen het huis geleund zat. Zijn mond hing scheef en hij praatte heel langzaam, alsof het hem moeite kostte om de woorden te vormen. Mohammed zei de hele tijd: '*Hiyea*?' waardoor oom moest herhalen wat hij had gezegd.

'Wat is er met je vader gebeurd?' vroeg ik aan Asha toen ze ons nog wat thee bracht. 'Waarom hangt hij zo scheef?'

'Op een nacht ging hij slapen, en toen hij wakker werd, kon hij zijn linkerarm en -been niet meer gebruiken. De ene kant was nog goed, maar de andere hing helemaal slap.'

'O, mijn god!' zei ik. 'En wat zei de dokter?'

'We hebben hier geen dokter.'

'Heb je hem naar het ziekenhuis gebracht?'

'Nee. Dat is te ver weg, hij kon niet lopen. Waarom zouden we hem zo ver weg brengen, terwijl hij ziek was?'

'Wát?' Ik kon mijn oren niet geloven. De man wordt half verlamd wakker, en ze brengen hem niet eens naar het ziekenhuis. 'Wanneer is het gebeurd?'

'Een paar dagen geleden,' zei Asha. 'Vandaag is hij al beter, *Alhamdillah*.' Ze leek slechts te berusten in wat er was gebeurd, en was Allah dankbaar dat haar vader een beetje beter leek. Ik begrijp best waarom mijn familie gelooft dat je moet gaan wanneer je tijd is gekomen. Dat is de wil van Allah, en we moeten de dood aanvaarden als onderdeel van het leven. Dat snap ik, maar tegelijkertijd weten ze niet dat je genezen kunt worden wanneer je ziek bent. Ze geloven niet in doktors en chirurgen. Ik respecteer de manier van denken van mijn volk, maar de meeste mensen realiseren zich niet dat er ook andere mogelijkheden zijn.

'Oom,' zei ik. 'Vertelt u me eens wat er is gebeurd.'

'Ik werd wakker en kon de linkerkant van mijn lichaam niet bewegen.' Hij zag er berustend uit. 'Het doet geen pijn, maar ik kan mijn linkerhand niet gebruiken of mijn arm opheffen. Mijn been sleept wanneer ik loop.'

'*Hiyea*.'

'Je moeder heeft me wat thee gegeven die ze heeft gebrouwen van de gemalen schaal van een struisvogelei en kinabast.'

Ik wist dat de medicijnen van mijn moeder veel dingen konden genezen, maar toch wilde ik weten wat er met mijn oom aan de hand was. Ik keek naar Ragge en zei: 'We nemen hem mee wanneer we naar het ziekenhuis gaan om mijn vader te zoeken.'

Ragge haalde zijn schouders op en vroeg: 'Waarom? Wat kunnen zij doen om hem te helpen?'

'Nou, ik wil op zijn minst weten wat hij mankeert en medicijnen voor hem halen of hem laten opereren als dat nodig is,' vertelde ik hem.

Asha hielp haar vader zich te wassen. Ze haalde een kleine kom met water en waste zijn gezicht en armen met een doekje. Ze hielp hem een blauw overhemd en een spijkerjack aantrekken. Ze tilde de slappe arm op om hem in de mouw te steken. Een familielid van Asha's man had een taxi, en ik vroeg of hij ons naar het ziekenhuis in Galcaio kon brengen. Asha hielp haar vader naast mij plaats te nemen op de achterbank van de auto. Mohammed en Ragge zaten voorin. Het was drie uur rijden naar Galcaio, de dichtstbijzijnde stad, maar het kon me niet schelen dat ik al weer in een auto zat. Misschien troffen we mijn vader in het ziekenhuis en waren er een apotheek en dokters die mijn oom zouden kunnen helpen.

Het zand van de Somalische woestijn is niet als strandzand, het is donkerrode aarde met witte rotsen, her en der begroeid met lage doornstruiken als de vlekken van een luipaard. Kort na de regenval beginnen de woestijnplanten zich uit de grond omhoog te duwen. Kleine bladeren duiken op naast struiken en acaciabomen. Toen ik die dag rondreed, verbaasde het me hoe mooi het landschap was. De ondraaglijke hitte was weggevaagd door de regenstorm. De aarde was rood, bijna de kleur van bloed, en de lucht was zo fris en schoon dat het goed aanvoelde om mijn longen ermee vol te zuigen. Waarom staat daar nooit iets over in de kranten? Het lijkt wel alsof ze alleen uit zijn op problemen. Mijn arme, kleine land kent veel verdriet, maar tegelijkertijd is het prachtig. Als tranen toch regendruppels konden worden.

Onderweg stuitten we op een controlepost, bewaakt door mannen die grote, lange geweren over hun schouders hadden hangen. Ragge zei dat er altijd veiligheidstroepen waren wanneer je de grens overstak naar een territorium dat onder het gezag van een andere stam stond.

'Hé,' fluisterde ik naar hem vanaf de achterbank, 'ze gebruiken die geweren toch niet?'

'Jawel. Ze kijken naar wat je bij je hebt of met wie je reist – geloof me maar, er kan van alles misgaan. Het is mogelijk dat ze je gewoon niet mogen. Als je van een andere stam bent en ze willen geld of iets anders van je, kun je het maar beter geven. Dat is het enige waarvan ze leven, ze worden niet betaald door de regering.'

'Ik bid tot God dat ze ons niet lastigvallen,' zei ik met bonzend hart. We stopten en een van de soldaten wierp een blik in de auto. We betaalden de tol en hij deed het hek open, gebarend dat we door moesten rijden. De andere soldaten negeerden ons.

Toen ik een kind was, bibberden mijn broers en zussen en ik alleen al bij het woord *Aba*, vader. De gedachte aan mijn vader maakte me onrustig. Ik koesterde zoveel gevoelens omtrent die man, en ik wilde hem graag zien. Ik wilde mijn vader recht aankijken; ik wilde dat hij naar mij zou kijken en zou zien wat er van dat meisje was geworden dat hij altijd rond had gecommandeerd. Een gezicht dat op de covers van tijdschriften en op televisie te zien was geweest. Een gezicht dat mensen overal ter wereld herkenden. Ik wilde dat hij zich zou herinneren wat hij tegen me had gezegd: 'Jij bent geen kind van mij; ik weet niet waar jij vandaan bent gekomen.' Dat is wat me het meest heeft gekwetst; misschien ben ik daarom al die jaren nooit teruggegaan.

Ik weet niet wat ik in het ziekenhuis in Galcaio had verwacht aan te treffen, maar de moed zonk me in de schoenen toen we aankwamen. De meeste gebouwen waren half afgebrokkelde muren, en alleen een kleine medische hulppost was open. Het leek alsof ze waren gaan bouwen en halverwege waren gestopt. Voorzover ik kon zien, lagen er echter geen stapels bakstenen of andere bouwmaterialen om de gebouwen te voltooien. Mohammed en Ragge hielpen mijn oom de auto uit en liepen met hem naar de hulppost. Hij zette de ene voet neer en sleepte de andere achter zich aan, steunend op zijn zoon en zijn neef.

Terwijl we op de dokter wachtten keek ik om me heen. Alleen twee kleine kamers waren af. In een ervan stond wat apparatuur, een microscoop en enkele flesjes medicijnen. Er waren geen kasten, instrumenten of voorraden. Er viel een streep licht naar binnen door de houten luiken voor de ramen, maar het enige wat ik kon zien waren een paar lege schalen en flessen. De muren waren slordig geschilderd, lichtblauw voor het onderste deel, roze voor het bovenste. Aan de muur hing een leeskaart in een houten lijst. In de badkamer lagen een stapel tegels en een wc-pot. Dit was het dan, de enige medische voorziening in een omtrek van vele kilometers. Wat deden de artsen hier, hoe konden ze mensen helpen die ziek of gewond waren? Het zag er niet naar uit dat ze een röntgenfoto konden maken of zelfs maar bloed toedienen.

Uiteindelijk kwam er een verpleegster die zei dat ze ons naar de kamer zou brengen waar mijn vader lag. Opeens voelde ik me heel zwak en bang worden. Ik koesterde de hooggespannen verwachting dat ik op de een of andere manier de koning zou zien die ik had gekend, maar tegelijkertijd maakte ik me zorgen over wat ik zou aantreffen. Ik haalde diep adem en liep schoorvoetend achter de mannen aan.

De kamer was vol mensen, allemaal familieleden van mijn vader. Ze herkenden Mohammed meteen en riepen en begroetten hem met omhelzingen en vreugdekreten. Hij draaide zich om en zei: 'Dit is mijn zus, Waris.' Iedereen begon naar me te roepen, maar ik kon nauwelijks ademhalen en wilde alleen maar mijn vader zien.

'Mohammed,' zei ik, 'zeg niets, want ik wil degene zijn die Aba begroet.' Ik glipte tussen de mensen door en liep op mijn vader af.

Hij lag op een smal bed, en er zaten twee mensen naast hem. Over zijn ogen zat een verband, en zijn armen lagen voor zijn borst gekruist alsof hij dood was. Ik stortte in. De tranen kwamen in een stortvloed, en ik zat daar maar met zijn hand in de mijne, terwijl ze over mijn wangen rolden. Ik wilde niet dat iemand zag dat ik huilde. Ik wachtte een minuut met spreken en liet mijn tranen lopen, terwijl ik mijn wang tegen de zijne drukte. Hij zag er vreselijk uit, maar ik dankte Allah dat hij nog leefde en dat ik hem had gevonden. Ik was boos op mezelf, omdat ik zo lang weg was geweest en mijn familie niet had geholpen met hun problemen. Zijn haar was helemaal grijs en hij had nog maar een klein plukje baard. Zijn wangen waren sterk ingevallen. Hij zag er breekbaar en gebroken uit, verwilderd en verloren.

Aba vroeg: 'Wie is dit?'

Ik kuste hem en fluisterde: 'Ik ben het, papa, Waris.'

'Wie is dat?' vroeg hij.

Ik zei: 'Vader, vader, het is Waris.'

'Waris?' zei hij langzaam. 'Ik had ooit een dochter die Waris heette, maar die is er niet meer. We weten niet wat er met haar is gebeurd. Hou me niet voor de gek.'

'Papa, o papa! Ik ben het echt.'

'Wat, Waris? Die is al te lang weg om opeens uit het niets te voorschijn te komen.'

'Vader, ik ben het.'

'Wat? Is dit echt Waris? O, mijn dochter, mijn dochter. Ik dacht dat je dood en begraven was,' zei hij, terwijl hij zijn hoofd naar me toe draaide en stevig in mijn hand kneep.

'Wat is er met je oog gebeurd?' vroeg ik, bang voor wat hij te zeggen had.

'O, het gaat goed met me, het gaat goed. *Alhamdillah*, ik voel me prima. Mijn oog is twee dagen geleden geopereerd,' zei hij alsof hij een verhaal vertelde.

'Waar heb je je laten opereren? Ben je naar een ziekenhuis gegaan?' vroeg ik.

'Het is in de woestijn gebeurd,' antwoordde hij.

Ik geloofde mijn oren niet. 'Wat hebben ze met je oog gedaan?'

'Hij heeft het met een mes opengesneden en er het vlies afgehaald dat het oog bedekte.'

'Was het een dokter?' vroeg ik. 'Wie snijdt er nou iemands oog open buiten een ziekenhuis?'

Mijn vader mompelde: 'Hij zei dat hij een dokter was.'

Ik klopte op zijn hand. 'Heb je iets tegen de pijn gekregen, papa?'

'Kind,' zei hij. 'Wat denk je? Natuurlijk voelde ik de pijn. Met een oog zag ik enkel schaduwen, en het andere is blind. Ik voelde dat hij me opensneed, maar ik moest blijven liggen.'

'Dat is belachelijk,' kreunde ik. 'Dat iemand die je niet kent je oog opensnijdt met een mes.'

'Waris! Waris, je bent het echt – mijn dochter!' zei mijn vader, die me eindelijk echt herkende. 'Je bent geen spat veranderd. Je was altijd al een rebel, en je zoekt nu al weer problemen.' Toen hij dat had gezegd, gedroeg hij zich weer zoals altijd: sterk als een echte krijger. Ik kon niet ophouden met huilen. 'Kind, huil maar wanneer ik dood ben,' zei hij, terwijl hij weer in mijn hand kneep. 'Maar eerst moet ik een grote vrouw vinden.'

Dat was mijn vader, dat was de man die ik me herinnerde. Hij maakte zelfs grapjes nu hij blind was en hulpeloos op bed lag. Ik keek lang naar hem, deze oude man die mijn vader was. Voor mij was hij nog steeds knap, ook al was hij nu ouder en had hij een zwaar leven achter de rug. Zijn gezicht is ovaalvormig, en de diepe lijnen in zijn wangen benadrukken deze vorm.

Mijn vader is zijn hele leven een nomade geweest. Hij is van waterbronnen naar graslanden getrokken, maar nooit buiten de Hoorn van Afrika en nooit naar een stad met verkeer en telefoons. Op geen enkele manier kon hij iets weten van de moderne geneeskunde. Hij deed wat zijn familie al eeuwen had gedaan, en ging naar een medicijnman die zijn oogaandoening met een mes en een gebed tot Allah moest genezen. Hij was niet boos over wat er was gebeurd, maar aanvaardde zijn lot zoals hij wat er nog gebeuren zou zonder tranen of wroeging zou aanvaarden. Berusting en vrede zijn dingen die je niet met pillen of operaties kunt verkrijgen.

Ik hoorde een stem naast me en daar stond opeens mijn broer Burhaan. Hij had zo'n mooi gezicht dat mijn vader een gelukkig man zou zijn geweest als Burhaan een meisje was geweest. Hij is zo perfect dat stammen zouden strijden voor de hoogste bruidsprijs. Hij heeft een jong gezicht en een huid van perzik. Ik ging op mijn tenen staan en raakte hem aan om de volmaaktheid te voelen en hem stevig te omhelzen. Hij was niet zo lang als Mohammed, en met zijn regelmatige gelaatstrekken was hij de volmaakte combinatie van mijn moeder en vader.

Burhaan legde uit dat Aba, toen hij hem had gevonden, er heel slecht aan toe was geweest door de pijn van de ontsteking. Zijn gezicht was opgezwollen, en hij ijlde van de koorts. Burhaan was bang dat hij zou sterven of dat hij de woestijn in zou lopen om te worden gedood door de hyena's die op zulke dingen wachten. Mijn broer bracht mijn vader naar het ziekenhuis en onze familie bleef bij hem om voor hem te zorgen. In Somalië zal de familie iemand nooit alleen laten bij vreemden in een ziekenhuis, ze slaan gewoon buiten hun kamp op, zodat ze kunnen bidden en speciaal voedsel kunnen bereiden.

Ik zei: 'We willen je mee naar huis nemen, vader. Je moet mee, zodat we voor je kunnen zorgen. We hebben een auto, en je bent niet in staat om te lopen.'

'Huis, welk huis?' vroeg Aba.

Ik antwoordde: 'Je gaat met Mohammed en mij mee naar moeders huis.'

'Nee, ik ga niet naar het huis van die vrouw,' zei hij.

'Vader,' zei ik. 'Je moet met ons meegaan, zodat we voor je kunnen zorgen. Mohammed en ik zijn hier nog maar een paar dagen. We houden van je, we willen voor je zorgen en we willen dat je de komende tien dagen bij ons bent.'

'Nee,' hield hij vol. 'Ik wil daar niet naartoe. Kom maar naar mijn huis.'

Burhaan herinnerde hem eraan dat daar niemand was om voor hem te zorgen, en Mohammed smeekte hem totdat hij uiteindelijk zwichtte. We vroegen de dokter hem uit het ziekenhuis te ontslaan en spraken af dat we hem die middag zouden ophalen.

Ik vroeg een dokter om mijn oom te onderzoeken en ons te vertellen wat hij had en wat we voor hem zouden kunnen doen. De verpleegster vroeg ons hem naar de dichtstbijzijnde onderzoekkamer te brengen. Ze droeg een wit laboratoriumschort en een sluier in de kleur van saffraanrijst. Hij bedekte haar van haar hoofd en schouders tot aan haar middel. Ik vond het vreemd dat een vrouw in haar beroep haar gezicht moest bedekken. Ze bracht ons naar de dokter en stond achter hem voor het geval hij iets nodig had. De dokter nam wat bloed af van mijn oom. Oom verroerde geen vin toen er een naald in zijn arm werd geprikt, want daarmee zou hij zijn zwakheid tonen. Hij was rustig en geduldig, maar ik merkte op dat de aders bij zijn slapen waren opgezwollen. De dokter keek in ooms ogen. Daarna nam hij zijn bloeddruk op en tikte met een zilverkleurig hamertje op zijn knieën. Hij luisterde naar zijn hartslag en keek in zijn oren. Oom keek aldoor naar mij, niet naar de dokter. Zolang ik instemde met wat er gebeurde, zou hij niets zeggen.

De dokter had een rond pokdalig gezicht en grote moedervlekken op zijn wangen. Hij had een bril aan een ketting om zijn nek, en om zijn pols zat een enorm gouden horloge. Het was iets te groot voor zijn pols en bewoog mee met zijn handelingen. Hij was rustig en voorzichtig met alles wat hij me vertelde. Zijn Engels was uitstekend, en ik vond het prettiger om Engels met hem te praten dan Somali. In het Somali kende ik de woorden niet voor de moderne geneeskunde.

'Wat is er mis met mijn oom?' vroeg ik. 'Kunt u hem beter maken?'

'We kunnen hem behandelen,' zei hij.

'Wanneer wordt hij beter?'

'Hij heeft een hoge bloeddruk en hij heeft een hersenbloeding gehad.'

'O, mijn god!' zei ik. Het drong niet helemaal tot me door wat hij zei.

'Hij heeft een lichte beroerte gehad. De hemoparese heeft de verlamming aan zijn linkerzijde veroorzaakt.' Hij vroeg mijn oom zijn linkerarm op te heffen. Hij kon hem tot ongeveer schouderhoogte optillen, maar het was een onhandige poging.

'Allah zal je genezen!' zei ik om hem aan te moedigen.

'Naarmate de zwelling in de hersens afneemt, zal hij verder herstellen,' zei de dokter. Hij schreef een recept uit op een stukje papier en gaf ons een rond flesje met pillen. 'Deze medicijnen moet hij elke dag slikken,' zei hij tegen mij, met de nadruk op elke. Er stonden aanwijzingen op het flesje, en er zat een dun velletje papier in. Ik denk dat het Duits of Frans was, maar niemand in het dorp zou dat kunnen lezen.

'Wat gebeurt er als de pillen op zijn?' vroeg ik. We hadden uren gereisd om in Galcaio te komen, en er was geen apotheek in de buurt van het dorp van mijn familie. Er was evenmin een betrouwbare manier om dingen bij hen thuis te laten bezorgen. Je kon iemand geld geven om dingen te halen, maar vaak stalen diegenen het geld of brachten je het verkeerde.

'Er zijn een paar apotheken in Galcaio,' zei de dokter. 'Ze hebben medicijnen uit Europa.'

Ik hoopte maar dat oom beter zou zijn tegen de tijd dat hij de pillen uit het flesje had opgemaakt, want ik vertrouwde er niet op dat hij meer zou gaan halen. 'Is er iets wat hij niet mag eten?' Misschien was zijn voedingspatroon iets waar hij controle over kon hebben. 'Zoals suiker?' Ik had het gevoel dat ik deze man moest dwingen om iets te vertellen – uit zichzelf deed hij het niet. Ik wilde weten hoe dit was gebeurd, hoe iemand zomaar verlamd wakker kon worden, maar hij koos ieder woord met de grootste zorg uit.

'Geen suiker, geen zout. Verder kan hij alles eten.'

'Hoe lang bent u al hier?' vroeg ik. Achter hem was een handgeschreven bordje op de muur geplakt. Er stond: 'Dr. Ahmed Abdillahi.' Ik vroeg me af of hij wist dat de meeste nomaden zoveel mogelijk melk en dierlijk vet eten, omdat groenten en fruit meestal niet verkrijgbaar zijn.

'Hier in Puntland?' vroeg hij. Hij zei niet Somalië en niet eens Somaliland.

'Ja, hier in Puntland.'

'Ik heb mijn graad in 1970 in Italië behaald,' antwoordde hij. 'Ik ben neurochirurg.'

Ik moest eerlijk zijn tegen die man. 'Hoe kunt u mensen helpen met wat u hier hebt, met niets?'

'Dit wordt een van de mooiste ziekenhuizen in de Hoorn van Afrika,' zei hij ernstig. 'We bouwen een nieuw ziekenhuis met de hulp van Groot-Brittannië. Wanneer het ziekenhuis echt opengaat, zullen we ook operaties kunnen verrichten.'

'Wat is het grootste medische probleem waarmee u te maken heeft?' vroeg ik.

'Dat zou ik echt niet kunnen zeggen,' antwoordde hij.

'Is het aids?'

'Het komt voor, maar niet al te vaak.'

'Waarom kunt u me niet zeggen wat het grootste medische probleem is?'

'Ik ben chirurg. U zult die vraag aan iemand anders moeten stellen.'

Ik probeerde meer te weten te komen van de andere mensen in het ziekenhuis, maar niemand gaf duidelijke antwoorden. Ik vroeg een dokter met een mondkapje voor hoe lang hij er al was.

'Een maand,' zei hij.

'Wat is het grootste medische probleem dat u tot nog toe bent tegengekomen?'

'Tbc,' antwoordde hij, waarna hij zich weer tot zijn bunsenbrander wendde.

Omdat we in Galcaio waren, besloten we meteen wat te gaan winkelen. Sinds we waren aangekomen had ik alleen maar aan eten kunnen denken, voornamelijk omdat het er niet was. Voedsel kopen, voedsel eten, voedsel bij je hebben, was opeens zeer belangrijk. Ik was vergeten hoe het voelde om geen keukenkastjes vol met pasta, meel en suiker te hebben, of een ijskast met melk, eieren en brood. Ik zocht een kruidenier met brood en kaas en blikken voedsel, maar we vonden er geen. In Somalië zijn er geen ijskasten, zodat alles op de dag zelf moet worden opgegeten. Zelfs al had je geld, dan nog leek er niet veel eten te koop te zijn. De kleine winkels waren vrijwel leeg. Mohammed vroeg iemand de weg naar de markt of soek. 'O, die is gesloten. Iedereen is weg,' zei de man. Hij was lang en moest vooroverbuigen om door het raampje te kunnen kijken, en hij keek lang naar binnen. 'Wie is dat?' vroeg hij aan Mohammed, gepikeerd omdat ik mijn hoofd niet had bedekt. Het was warm onder die sluier, maar ik geneerde me en trok hem snel over mijn hoofd totdat de man was weggelopen. Waarom was ik gevoelig voor de afkeuring van een of andere oude nomade die ik toch nooit meer zou zien? Ik ben blijkbaar een Somalische tot in mijn merg.

We stopten voor een winkeltje waar de deur openstond en lege, metalen vaten her en der voor de winkel op de grond lagen. Een slaperige man met een tulband op kwam overeind en ging achter de kassa staan toen we binnenkwamen. Er lagen een paar rollen stof achter hem op de planken, een doos batterijen en een paar plastic schoenen. Hij zag eruit alsof hij het niet zo had op vreemden. Mohammed en ik hadden in Abu Dhabi honderd dollar in Somalische shillings gewisseld. Ik had 2.620 shilling gekregen voor elke dollar. Er stond een portret van Siyad Barre op, en ik vermoedde dat het het laatste officiële geld was dat de regering had laten drukken. De winkelier wilde de shillings niet aannemen. 'Dat soort geld is voor andere delen van Somalië,' zei hij, waarna hij het weer aan Mohammed gaf. 'Wij gebruiken het geld uit Puntland. Er staat een portret van Mohammed Egal op, het hoofd van de regering van Puntland,' zei hij beslist.

'Hoe kan het dat sommige mensen maar één soort geld accepteren, terwijl je van anderen niets mag kopen als je dat soort geld hebt?' vroeg ik aan Mohammed toen hij weer in de auto ging zitten.

'Zo zijn de dingen hier nu eenmaal.'

We vonden een vrouw die ons wat groene sinaasappels wilde verkopen en een paar in kranten verpakte pakjes thee en kruiden die ze strak tot vierkantjes had gevouwen. We kochten rijst in kranten die in een kegel waren opgevouwen.

Later die middag was iedereen moe en hongerig, dus stopten we om te eten in een klein tentje dat eruitzag als een garage. Het was laat op de dag, maar ze hadden nog lamsvlees, geitenvlees, rijst en pasta. Je kon thee, meloen- of papajasap of water drinken. Ik had honger, en de maaltijd smaakte heerlijk. Ik dronk een groot glas zalige meloensap en at veel pasta. Van het vlees nam ik niets, omdat ik erg voorzichtig ben met vlees, behalve wanneer ik het zelf bereid. De kok legde een plak vlees op mijn blikken bord, maar het was taai. Wanneer je het in een saus kookt, is het mals en valt het uit elkaar. Ik hield het bij de pasta en de saus. Omdat ik bang was om ziek te worden vroeg ik: 'Hebt u flessen water?' Ze hadden zelfs flessen Somalisch bronwater! De ober bracht me een fles Ali Mohammed Jamabronwater. 'Mohammed, we moeten hier iets mee doen. We moeten een handeltje opzetten,' zei ik tegen mijn broer. Mohammed was niet geïnteresseerd, en we aten de maaltijd snel op zodat we mijn vader en Burhaan in het ziekenhuis konden gaan ophalen.

Mijn broer, Mohammed, beheerde het geld, dat dacht hij tenminste, dus betaalde hij de rekening. Ik hield de dollars, en hij had het Somalische geld op zak. Het Somalische geld bracht me steeds in verwarring vanwege de twee presidenten die op de verschillende geldsoorten stonden, een van het noorden, de andere was gedrukt door de Darod in het zuiden. Elke soort was weer een andere hoeveelheid waard. Ik vroeg steeds: 'Hoeveel is dit? Hoeveel is dat?'

Mohammed antwoordde meestal: 'Laat maar, ik regel het wel.' Hij wist wat wat was, en ik wilde niet dat iemand misbruik maakte van mijn onwetendheid, dus vond ik het wel best. Mijn oom had het warm en was moe, en we stopten bij het huis van een neef. Hij moest even uitrusten voordat we weer aan de terugreis over dezelfde wegen zouden beginnen. Nu we in Galcaio waren, en oom was aan het rusten, wilde ik wat geld wisselen bij een bank. Zodra ik dat had gezegd begon Mohammed met me te ruziën.

'Ik wil niet dat je meegaat. Je veroorzaakt te veel problemen.'

De ogen van mijn broer spuwden vuur. 'Ik moet met je meegaan, Waris, je weet niet wat je doet.'

Ik zei: 'Maak je geen zorgen, Mohammed. Ragge gaat wel met me mee. Blijf jij maar hier bij oom Ahmed.'

Mohammed pikte het niet en liep beledigd weg. Toen ik hem zover kreeg dat hij me vertelde wat er mis was, zei hij dat ik Ragge niet moest vertrouwen. 'Hij mag dan wel familie zijn, maar hij staat verder van je af dan je broer,' zei Mohammed. 'Laat hem niet het geld bij de bank wisselen, je weet nooit of je alles krijgt.'

Mijn broer en ik lijken te veel op elkaar. Ik had er genoeg van dat hij de hele tijd zei wat ik moest doen. Samen met Ragge liep ik het huis uit en we reden naar de bank.

In islamitische landen gaan vrouwen meestal geen bankgebouwen in, dus wachtte ik buiten. Ik gaf Ragge ongeveer 450 dollar en wachtte in de auto voor de bank, terwijl hij naar binnen ging om het geld te wisselen. De bank zag eruit als een opslagloods, een grote doos met een deur. Ragge kwam meteen terug en gaf me alles waarom ik had gevraagd, gerangschikt in drie stapeltjes. Ik wisselde honderd dollar voor mijn vader, 250 voor mijn moeder en honderd voor de reis. Ragge gaf me het geld tot op de laatste cent terug, verdeeld in drie stapeltjes waarop hij had geschreven voor wie ze bestemd waren. Hij had de dollars in beide Somalische valuta gewisseld, zodat we voorbereid waren op mensen die alleen een van beide accepteerden.

Toen we eenmaal terug waren in het huis van onze neef praatte Mohammed het eerste uur niet met me. Hij keek de andere kant op en negeerde me, zo boos was hij. Het deed er niet toe, omdat er steeds mensen binnendruppelden die hadden gehoord dat we op bezoek waren en gedag kwamen zeggen. Ik heb een grote familie, veel mensen van wie ik nog nooit heb gehoord, die ik me nooit heb voorgesteld. Iedereen wilde me ontmoeten, me begroeten, en het was heerlijk en vreselijk tegelijk. Ik vond het fijn dat ik deel uitmaakte van zo'n grote familie en dat ik zoveel mensen ontmoette die om me gaven. Veel familieleden die ik ontmoette, wilden echter iets van me of ze hadden iets nodig, en dat was moeilijk. Wat kon ik voor hen doen? Mijn oom Ali riep een klein meisje en zei haar dat ze naast me moest komen zitten.

'Dit kleine kind is heel ziek. Ze heeft je hulp nodig,' zei hij.

'Wat is er mis met haar?' vroeg ik, terwijl ik haar handje in de mijne nam.

'Ze heeft een ziekte.'

'Weet je hoe die ziekte heet?'

'Nee, maar haar haar is uitgevallen en ze kwijnt gewoon weg. Ze weegt nog minder dan een veertje en is opgehouden met groeien.'

Omdat ze een lange jurk droeg en een sluier om haar hoofd en gezicht had gewikkeld zoals de meeste Somalische meisjes, zag ik niet eens hoe ze eruitzag.

'Ik wil dat je haar meeneemt naar de Verenigde Staten en voor haar zorgt.'

'Oom,' zei ik, 'ik zou je heel graag willen helpen, maar dat kan niet.'

'Waarom wil je dit kind niet helpen?' vroeg hij. 'Als je haar meeneemt, kan ze beter worden. Hier kan ze niet genezen – wij hebben geen medicijnen voor deze ziekte. Je moet het kind meenemen en voor haar zorgen en haar redden,' smeekte hij.

'Alstublieft oom, ik heb al zoveel problemen en verantwoordelijkheden waar u geen weet van hebt. Dat ik in het Westen woon, betekent niet dat ik baad in luxe.'

'Wat kun jij nou voor problemen hebben?' vroeg hij. 'Hier is het oorlog en we hebben gekke soldaten met geweren. Er is geen goed ziekenhuis en vaak hebben we niet eens genoeg te eten. Welke problemen kunnen erger zijn dan dat?'

Hij zou nooit begrijpen dat ik een ziek kind onmogelijk mee terug kon nemen naar New York. Ik vermoedde dat ze leukemie had en ik wist dat ik de verantwoordelijkheid niet op me kon nemen. 'Oom, ik zal voor haar bidden, maar ik kan haar niet meenemen. U moet proberen dat te begrijpen.' Ik streelde haar hand en omhelsde haar toen ik opstond en zei dat we nu echt mijn vader moesten gaan halen. Het werd al laat.

Toen we vertrokken, zat ik achterin met mijn oom. Mohammed was nog steeds boos en wilde me niet eens aankijken. Hij zat naar de weg te staren. We reden rechtstreeks naar het ziekenhuis om mijn vader en Burhaan op te halen, maar het was al donker tegen de tijd dat we Galcaio verlieten, en veel zagen we niet. Het moet meer dan 150 kilometer zijn geweest naar het dorp van mijn moeder. Iets buiten de stad vroeg mijn vader waar we heen gingen, en toen ik het hem uitlegde, zei hij dat hij van gedachten was veranderd en dat hij niet mee wilde gaan naar het huis van mijn moeder.

'Nee, ik ga daar niet heen,' hield hij vol, een hulpeloze oude man met verband voor zijn ogen, die te zwak was om te lopen. Mijn oom probeerde met hem te praten. Hij zat naast mijn vader en sloeg zijn arm om hem heen, terwijl hij op zachte, rustige toon tegen hem sprak. Het was voor het eerst dat ik ze elkaar zag vasthouden, twee oude mannen, twee broers. Het was een prachtig moment.

Mijn vader gaf echter niet toe, en daarop smeekte ik hem een paar dagen bij ons door te brengen. 'Ik heb je twintig jaar niet gezien,' zei ik. 'Mohammed en ik zijn hier maar een paar dagen, en als je nu niet bij ons blijft, zal ik je nooit meer zien. Kom alsjeblieft met ons mee.' Uiteindelijk stemde hij toe, maar hij wilde eerst naar zijn lemen hutje om wat spullen op te halen.

'Vader,' vroeg ik, 'waar woon je eigenlijk?'

'Ga maar die kant op,' antwoordde hij, wuivend met zijn linkerhand.

Ik probeerde het nogmaals. 'Vader, het is buiten pikkedonker, we zien geen hand voor ogen.'

Hij reageerde heel kribbig en drong met luide stem aan: 'Doe gewoon wat ik zeg, kind! Ik weet wat ik doe, volg mijn aanwijzingen nou maar op.' Mijn broers en ik moesten lachen om deze oude man die kon zien noch rijden, en die er vanaf de achterbank van de auto op bleef hameren dat de chauffeur deed wat hij zei. Zelfs Mohammed liet zijn woede varen en zag de ironie van de situatie in. Blind en hulpeloos als hij was, deelde mijn vader nog steeds de lakens uit. De enige lichten in de verre omgeving waren de koplampen van de auto, en die toonden niets dan rotsen en stof. Mijn vader wees naar links, dus sloegen we linksaf en reden zo de golvende woestijn in. Opeens zei mijn vader: 'Hier moet je in, hier,' maar er was helemaal niets. 'Is er hier een termietenheuvel? Zie je de *dadune*?' vroeg hij.

'Ja, die zie ik,' antwoordde Mohammed verbaasd.

'Goed, dan moet je linksaf,' zei vader alsof hij deze route elke avond van zijn leven had afgelegd. Ik had er geen idee van wat hij deed – we zagen maar een paar meter voor de auto uit en konden slechts vertrouwen op de blinde aanwijzingen van mijn vader.

Na ongeveer een kwartier zei hij: 'Zie je het?'

'Wat, vader?' vroeg Mohammed.

'Mijn huis,' kondigde hij vol zelfvertrouwen aan. 'Mijn huis staat precies daar.' In het licht van de koplampen waren inderdaad een paar hutten op een heuveltje te zien. 'Goed, we zijn er,' zei hij rustig.

Ik zei: 'Welke is het? Welk huis is van jou?'

Mijn vader trok een gezicht en zei: 'Ik denk die met de rode deur.' Daarna leek hij te aarzelen. 'Was het wel rood?'

Ik zei: 'Vader, wij weten niet welk huis van jou is.'

Hij zei: 'Nou, ik denk dat de deur rood is. Pak de zaklantaarn en zoek naar een rode deur.' We wisten niet wat we anders moesten doen, dus we liepen maar naar het eerste het beste huis. Mohammed deed de deur open en scheen met het licht naar binnen op een vrouw met drie kinderen. We zeiden: 'O, pardon. Sorry.' Toen we zijn hut vonden, zagen we binnen niets anders dan een zandvloer. Ik liep terug naar de auto en vroeg hem: 'Waarnaar zijn we op zoek, vader?'

'Mijn overhemden.' Ik vroeg hem waar ze konden zijn, en hij antwoordde: 'Dat weet ik niet, kind. Ze liggen daar – in een hoek.' Ik bukte en ging de kleine hut in en voelde om me heen op de vloer van aangestampte aarde. Er lagen inderdaad twee overhemden en een legerjas. Ze waren erg smerig doordat ze in het stof lagen. Er zaten moddervlekken op, en vaders zweet had halvemaanvormige vlekken onder de armen achtergelaten. De geur was onverdraaglijk. Ik liet ze gewoon liggen en zei: 'Vader, die spullen heb je niet meer nodig, ze zijn vies.'

'Neem ze mee,' snauwde hij naar me. Er zaten geen sloten op de deur, dus deden we hem gewoon dicht en liepen terug naar de auto. Toen we op het punt stonden om in te stappen, zag ik drie kleine kinderen die naast de auto met mijn vader stonden te praten. Ik vroeg hem wie ze waren en hij antwoordde: 'Zeg maar hallo, dit zijn je broertjes.' Hij legde uit dat de kinderen van de vrouw waren van wie hij vorige week was gescheiden. Ik vroeg hun voor de auto te komen staan, zodat ik ze goed kon zien. Het waren magere jochies met vriendelijke ogen, die allen jonger dan tien jaar waren. Ik had slechts een kort moment om mijn halfbroertjes te zien toen ze in het licht van de koplampen stonden, en daarna vertrouwden we ze weer toe aan Allah en de vreedzame woestijn. Mijn vader bood geen nadere verklaring en ik wist wel beter dan dat ik ernaar vroeg. Ik hoopte dat ik meer over hen te weten zou komen van mijn moeder.

Op de lange weg naar huis zat ik tussen mijn vader en mijn oom, die ik allebei omarmde. Ik voelde me gezegend. Ik had mijn vader, mijn oom en mijn broers gevonden, en ik was thuis in mijn mooie land. Ja, ik was moe en uitgeput, maar het kon me niet schelen, want andere dingen waren zoveel belangrijker. Ik bleef maar denken aan de verschillen tussen mijn leven in New York, waar je op elke straathoek voedsel en comfort kunt vinden, en het leven dat mijn familie hier in Somalië leidt. De meeste mensen in het Westen hebben zoveel dat ze niet eens weten wat ze hebben. Mijn ouders kunnen waarschijnlijk elk afzonderlijk ding tellen dat ze bezitten, en voedsel is hier schaars, maar toch zijn ze vrolijk en gelukkig. Mensen op straat glimlachen en praten met elkaar. Ik denk dat westerlingen een leegte in zichzelf proberen te vullen. Iedereen is er zoekende. Ze zoeken in winkels en op televisie. Mensen lieten me ooit een kamer in hun huis zien waar ze kaarsen brandden voor gebed en meditatie. Een hele kamer vol met kaarsen. Hier moeten we ons verdringen om voor iedereen een plekje op de slaapmat te vinden. Dat is echter geen probleem, want iedereen is blij om bij elkaar te zijn, iedereen zegt steeds 'dank U, Allah, dat we allemaal bij elkaar zijn'. In Somalië hebben we niet een speciale plek voor ons gebed, we bidden zelfs wanneer we iemand begroeten. 'Moge Allah bij je zijn,' zeggen we. In

New York zegt iedereen 'hallo'. Wat betekent dat? Hallo. Voorzover ik weet, betekent het niets. Mensen zeggen: 'Prettige dag verder,' maar het is gewoon ook iets wat je zegt. 'Als God het wil, zie ik je later,' zeggen we in Somalië. God had het gewild, en mijn eerste dag met mijn familie was een goede dag, een heel goede dag!

Waris en Aleeke in Brooklyn

Wassen met de hand

Somalische dorpsgenote

Het dorp waar Waris' moeder woont

Tijdelijke hut

Permanente hut

Waris en Ragge bij de school

Theetijd

De school in het dorp

Het ziekenhuis waar Waris' vader werd behandeld

Aleeke

9
Stammenpraat

De schoonheid van een vrouw schuilt niet in haar gezicht.

SOMALISCH SPREEKWOORD

Toen we eindelijk terugkwamen in het dorp, zat mijn moeder bij het vuur haar geiten te vertroetelen en verhalen te vertellen aan Nhur, haar dochter en Mohammed Inyer. Toen ze mijn broers zag, die mijn vader tussen hen in droegen, zei ze tegen me: 'Allah! Je hebt hem meegenomen? Hoe gaat het met hem?'

'Vraag hem dat zelf maar,' zei ik tegen haar. Ze ging naar hem toe en zei: 'Wel, wel, wat hebben we hier? Heb je in de woestijn een verdwaalde kameel gevonden?' Toen raakte ze voorzichtig het verband van mijn vader aan en zei met haar kenmerkende gevoel voor humor: 'Hoe gaat het daarbinnen?' Ze vroeg of ik meeging om wat doeken te halen en een bed voor hem te maken.

'Het verbaast me dat je vader mee terug wilde komen,' zei ze toen we alleen waren.

'Waarom? Wilde hij soms niet dat je hem zo zou zien?'

'Nee! Waris, Burhaan heeft nooit de bruidsprijs voor Nhur betaald,' fluisterde ze in mijn oor. 'Je vader bleef maar zeggen dat hij zou betalen zodra hij het geld had. Ze is nu al twee jaar met Burhaan getrouwd en verwacht een tweede kind. Haar vader en broers hebben er al over geklaagd.'

'O. Ze is zo'n lieve meid. Ik hou nu al van haar.'

'Ze zorgt goed voor Burhaan en voor mij. Haar vader vraagt zich af wat er zou kunnen gebeuren als Burhaan haar eruit schopt. Ze was een onbedorven nieuwe bruid. Nu vragen ze geld voor haar. Je vader heeft Burhaan beloofd om hem een paar kamelen voor haar te geven, maar in plaats daarvan heeft hij aan een neef verteld dat ze geen vijf kamelen waard was. Hij zei dat ze lui was en niet werkte en dat hij dus niet zou betalen.'

'Nee toch! Nhur is elke ochtend als eerste op, ze werkt harder dan wie dan ook. Die vrouw is een parel,' zei ik.

'Nou ja, haar familie kreeg het te horen en ze zeiden dat ze vader zouden zoeken om hem een pak slaag te geven. Nhur heeft gehoord wat hij over haar heeft gezegd en nu durft hij haar niet onder ogen te komen.' Mijn moeder zuchtte. Misschien kon mijn vader het niet over zijn hart verkrijgen om afstand te doen van de paar kamelen die hij had, maar er was geen enkel excuus waarom hij de familie van Nhur niet de bruidsprijs zou betalen.

In Somalië worden veel bruiden tijdens de huwelijksnacht opengesneden, zodat ze hun echtgenoot kunnen ontvangen. De volgende ochtend onderzoekt de schoonmoeder haar schoondochter om te kijken of ze heeft gebloed en ondanks de pijn met haar echtgenoot heeft geslapen. Als het bloed tussen haar benen vers is, dansen de vrouwen door het dorp en vertellen het aan iedereen. Alle mensen in het dorp hadden mijn moeder horen zingen dat Nhur zo dapper was geweest en als reine maagd met Burhaan was getrouwd. Iedereen wist hoe hard ze werkte. Ze wisten dat ze moest worden opengesneden om haar dochtertje te kunnen baren en dat ze daarna weer was dichtgenaaid. Het was duidelijk dat mijn vader de bruidsprijs gewoon niet wilde betalen en dat iedereen hem een lafaard en een vrek vond. 'Hij kan hun beter gaan vertellen dat zijn kamelen zijn gestolen en dat hij geen geld heeft,' zei ik. 'Hij moet ook niet gaan rondbazuinen dat ze het niet waard is.'

We liepen met onze armen vol kussens terug naar moeders hut en waren nog net op tijd om Nhur haar echtgenoot te zien begroeten. Hoewel ze elkaar nooit in het openbaar zouden kussen was aan haar gezicht te zien hoeveel ze van mijn broer hield. Nhur liep meteen naar mijn vader toe, die bij Mohammed stond. Ze zei: 'Welkom, Aba,' en hield haar ogen vol respect neergeslagen, ook al kon hij niets zien. Hij deinsde een tikje terug toen hij haar stem herkende, maar ze pakte voorzichtig zijn handen vast en zei geruststellend: 'Aba, u bent vast moe. Kom maar mee, we hebben een lekker bed voor u.' Wat is mijn broer toch met een prachtige vrouw getrouwd. We mogen ons gelukkig prijzen dat we zo'n waardigheid en gratie in onze familie hebben.

Mijn moeder legde de meeste van de weinige doeken en kussens die ze bezat voor haar hutje voor mijn vader neer. Nhur hielp hem teder en langzaam toen hij ging liggen. Hij was moe, maar liet dat pas blijken toen hij in de kussens ineenzonk.

Mijn broers sliepen bij mijn vader, net zoals ze als kind hadden gedaan. De vrouwen sliepen met de kleine kinderen in de *occle* en de mannen en de jongens bleven buiten om op de dieren te passen.

Toen ik de volgende morgen opstond, was het alsof ik droomde. Ik had zo naar die morgen verlangd: opstaan met mijn hele familie. De enigen die nog ontbraken, waren mijn zussen en Aleeke. De mannen lagen allemaal nog te slapen en ik moest lachen toen ik drie paar lange benen onder de lakens uit zag steken. Ze waren met elkaar verstrengeld en je kon niet zien welk been van wie was. Het had die nacht geregend, en omdat ze nergens konden schuilen, hadden ze zichzelf maar met een stuk plastic proberen te bedekken. De randen van het plastic waren doorweekt en modderig. Mijn moeder had brandhout verzameld en Nhur was al naar de markt geweest, zodat ze het ontbijt klaar kon hebben voordat iedereen opstond. Ze was voor zonsopgang vertrokken om er zeker van te zijn dat de beste dingen er nog waren. Ze was *angella* aan het bereiden, en de geur deed me het water in de mond lopen. Toen moeder terugkwam van het melken van de geiten, met de melk voor de thee in haar tinnen beker met de blauwe rand, keek ze naar de verstrengelde benen en merkte op: 'Blijven die mannen de hele dag liggen slapen?' Mijn moeder fluistert nooit, je kunt haar stem overal horen. Toen stond iedereen op.

Het eerste wat ik die ochtend deed, was de vuile hemden van mijn vader bijeenzoeken en ze in een ondiepe bak wassen. We gebruiken niet veel water omdat het van ver gehaald moet worden. Om spullen schoon te wassen, moet je flink boenen. Ik boende zoveel mogelijk vuil uit de hemden, wrong ze uit en spreidde ze uit over de doornstruiken, zodat ze konden drogen in de zon. Mijn vader lag op zijn doek naast de hut en hoorde me bezig. 'Wie is daar?' riep hij.

Ik zei: 'Ik ben het maar, vader, Waris.'

Hij zei: 'Kom eens hier, Waris, ik wil met je praten.' Mijn vader zei dat hij het wilde hebben over de ruzie om Ragge en het geld die ik met Mohammed had gehad. Ik herinnerde me meteen weer dat er nooit iets gebeurt zonder dat mijn vader er weet van krijgt. Zelfs al fluister je iemand iets in het oor, dan hoort hij het nog. Hij zei: 'Gisteravond hoorde ik je met Mohammed ruziën over Ragge.' Daarop vertelde mijn vader me dat ik Ragge niet kon vertrouwen, vooral niet waar het geld betrof.

'Waarom niet?' vroeg ik. 'Ragge is de zoon van je eigen broer. Mohammed en Ragge zijn als broers opgevoed! Is de broer van mijn broer ook niet mijn broer?'

Hij zei: 'Ja, maar je weet helemaal niets over hem, Waris. Je bent hier nog maar net. Hij laat zich nu wel van zijn beste kant zien, maar je kent hem niet. Luister, ik wil niet dat je met hem omgaat.'

'Ik snap niet wat je tegen hem hebt,' zei ik tegen mijn vader. Ragge sprak goed Engels en ik kon echt met hem praten. Hij begreep me, en tegen hem kon ik dingen zeggen die Mohammed en Burhaan niet begrepen. Soms dacht ik weleens dat mijn broers me gewoon niet wilden begrijpen en me alleen maar onder de duim wilden houden. Ik heb al zo lang op mezelf gewoond dat ik niet meer toegeef wanneer een man zegt dat ik dit of dat moet doen.

Mijn vader kwam half overeind, steunend op een hand, en ik kon zien dat bewegen hem pijn deed. 'Luister naar me, Waris: je bloedbroeders en jij tegen je halfbroers. Je broers en halfbroers en jij tegen je neven. Jouw clan tegen andere clans. Jouw stam tegen een andere stam.'

'Aba, ik geloof niet in al dat stammengedoe.' Ik ging zitten en pakte zijn hand. 'Wat is het probleem met Ragge? Wat heeft hij gedaan? Waarom heb je het gevoel dat hij niet te vertrouwen is?'

'Ragge is een erg slechte zoon die zijn vader niet goed behandelt,' zei mijn vader vasthoudend. 'Hij zou voor zijn vader en voor de kuddes van de familie moeten zorgen. Hij is een samenzweerder. Je bent er nog maar net, je zult die kant van hem niet zien.'

Mohammed en Burhaan kwamen terug en hoorden waar we het over hadden. Ze kozen allebei de kant van mijn vader en begonnen me de les te lezen. 'Jij dom wicht. Luister naar wat Aba je vertelt. Waarom ga je tegen hem in?'

'Noem me niet zo,' zei ik, en ik vertelde hun alle drie dat ze op moesten houden met me te commanderen en niet moesten proberen om me dingen te laten geloven die ik niet geloofde. Ik wist wat ze zeiden, dat je eigen bloedverwanten het betrouwbaarst zijn, maar ik geloof niet dat dat altijd opgaat. Het feit dat iemand geen bloedverwant van je is, wil nog niet zeggen dat hij of zij je zal uitbuiten. Ik snapte niet waar ze het over hadden, of waarom het zo belangrijk was dat er de hele morgen over moest worden gepraat, maar zo zijn Somaliërs. Praten, discussiëren, redetwisten, dat is de levensadem van Somalische gezinnen.

Mama kwam de hoek om. Ze had een geamuseerde uitdrukking op haar gezicht en ik wist meteen dat er iets aan de hand was.

'Waarom loop je zo te glimlachen, mama?' zei ik. Ze keek alsof ze een groot geheim had: haar ogen blonken in de ochtendzon. Ik keek op en zag een man die bijna even lang was als Mohammed de hoek om komen. Hij bleef staan en keek me ingespannen aan. Ik keek hem ook aan. Mijn moeder schaterde om ons allebei.

'Herken je je piepkleine broertje niet meer?' zei ze.

Deze man had een houding en uiterlijk die me erg bekend voorkwamen, maar ik kon hem niet plaatsen. Hij keek me vanwege de zon met samengeknepen ogen aan en stak zijn tong naar me uit. Het was mijn kleine broertje, Rashid, die nu volwassen was. Hij was een knappe man met een dun snorretje en een kort baardje onder zijn kin. Hij was lang en fier met lange armen en benen en een glimlach die twee rijen perfect witte tanden toonde. Hij droeg een groene *goa* met een fel goudkleurig patroon over zijn schouders en een bruin geruit hemd. Rashid had in de woestijn de kamelen van mijn vader gehoed, of wat er van de kudde over was, en was teruggekomen om te kijken of hij wat proviand kon krijgen. Hij wist niet dat Mohammed en ik zouden komen, maar hier was hij dus. Nu begreep ik waarom mijn moeder liep te glimlachen. Ik kon me niet herinneren dat we in mijn jeugd ooit allemaal bij elkaar waren geweest, mijn broers en ik. Er ontbrak altijd wel iemand. Mohammed woonde in de stad, een ander was op zoek naar voedsel of water of zorgde voor de kamelen in de woestijn. Toen ik van huis wegliep, was mijn broertje Rashid nog een dreumes die zonder broek rondrende.

Ik sloot hem in mijn armen en kon zijn sterke botten voelen. Hij en Mohammed omhelsden elkaar en begonnen te dollen. 'Wacht even, dan pak ik mijn fototoestel. Ik wil een foto van mijn knappe broers maken,' zei ik. Ik ging de hut binnen en zocht in mijn bagage tot ik het had gevonden. Toen ik weer buiten kwam, waren de twee jongens verdwenen. Mijn moeder was de sinaasappelschillen en *an-*

gella die over waren van haar ontbijt aan de geitjes aan het voeren. Ik ging op zoek naar mijn broers.

Achter de hut, niet ver van het dorpje, was een grote termietenheuvel, die eruitzag als een reusachtige bruine duim die uit de grond stak. Rashid zat boven op de heuvel. Ik kon me herinneren dat ik als klein meisje op zulke heuvels klom. Mijn moeder had me verteld dat de piepkleine termieten met hun eigen speeksel zulke enorme heuvels bouwden. Dat is pas echt een stam die samenwerkt, leerde ze me. 'Ik heb heuvels beklommen die wel vijf keer zo hoog waren,' riep ik. Rashid trok gekke gezichten naar me en stak zijn tong weer uit. Ik wou dat ik ook de heuvel kon beklimmen, maar ik had geen broek aan en had gemerkt dat ik niets kon doen in mijn lange Somalische jurk. 'Ik wou dat ik deze verdraaide deken kon uittrekken en net als vroeger naar boven kon klimmen,' zei ik tegen Rashid. Als kind pakte ik altijd mijn jurk aan de achterkant bij de zoom beet en trok hem dan tussen mijn benen door naar voren, zodat ik hem rond mijn middel kon vastmaken en zo een soort broek kreeg. Even kwam ik in de verleiding om dat weer te doen, maar uiteindelijk besloot ik dat ik daar te oud voor was. Ook wilde ik geen aanstoot geven.

Ik keek naar Rashid die de termietenheuvel beklom en zag dat hij op blote voeten liep. Daar was hij dan, een volwassen man, en hij had niet eens een paar schoenen. Mijn eigen broer had niet eens schoenen. Zijn voetzolen waren zo eeltig en gebarsten dat ze net olifantenhuid leken. Het enige waaraan ik maar niet kon wennen, was hoe ruw de grond was. De grond ligt vol steentjes met scherpe randen, en ik kon me herinneren dat ik als kind altijd mijn voeten aan die steentjes openhaalde. Als kind had ik geen schoenen, en nu keek ik dan naar mijn broer, twintig jaar oud, die nog steeds geen schoenen had. Ik besloot dat hij een paar mooie sterke leren sandalen zou krijgen, wat er ook gebeurde. Ik zou in de winkels gaan kijken of een paar door een *midgaan* laten maken, maar mijn broer zou niet meer blootsvoets de woestijn ingaan. Ik zei: 'Rashid, ik zal ervoor zorgen dat je een paar schoenen hebt wanneer je weer teruggaat.'

'Waarom geef je me geen geld voor schoenen?' zei hij. 'Dan koop ik zelf wel een paar.'

Omdat ik bang was dat hij voor dat geld qat zou kopen, zei ik: 'Laten we naar de markt gaan, dan kun je ze zelf uitzoeken.'

Ik dankte Allah dat ik in staat was om een paar schoenen voor

Rashid en medicijnen voor mijn vader en oom te kopen. Samen liepen we terug naar mijn moeders hut. Ze gebruikte haar kleine stapeltje brandhout om thee en wat rijst en bonen voor het eten te maken.

'Wat hebben ze in het ziekenhuis met oom Ahmed gedaan?' vroeg Rashid me. 'Ik hoorde dat hij aan een kant van zijn lichaam een djinn heeft.'

'De dokter heeft hem onderzocht en hem een flesje pillen gegeven,' zei ik tegen hem. 'Meer kan ik je ook niet vertellen. De mensen daar wilden niet echt met me praten of tijd aan me besteden.'

'Wie was de dokter?' wilde Rashid weten.

'Hoe bedoel je?' vroeg ik. 'Hij zei dat hij in Italië was opgeleid en dat hij neurochirurg was.'

'Nee, ik bedoel, tot welke clan behoort hij?'

'O, dat weet ik niet. Wat heeft dat ermee te maken?'

'Als we niet aan hem verwant zijn, dan besteedt hij minder tijd en zorg aan jou dan aan mensen van zijn eigen stam.'

'Hij is een dokter, en die malen er niet om van welke stam je bent,' zei ik. 'Ik denk dat hij gewoon niet met een vrouw wilde praten. Hij is eraan gewend om met mannen om te gaan en denkt waarschijnlijk dat vrouwen dom zijn.'

'*Hiyea*,' antwoordde Rashid. Daar moest hij wel mee instemmen. Hij zag dat mijn moeder langsliep en vroeg haar wie de schoenen droeg.

Iedereen was voortdurend aan het kibbelen over hetzelfde paar teenslippers. Er was maar één goed paar in het hele huis te vinden en ik hoorde de hele tijd: 'Waar zijn de schoenen? Ik moet naar de wasruimte. Het is bijna tijd om te bidden, ik moet me wassen.' Wanneer mama ze droeg omdat ze buiten iets moest doen, moest Burhaan wachten tot ze weer terug was en hem de slippers zou geven, zodat hij naar de wasruimte kon gaan. 'Wie heeft de schoenen?' hoorde ik de hele dag, vooral wanneer het bijna tijd voor het gebed was en iedereen zich moest gaan wassen. Vier mensen streden om een paar rubberen teenslippers. Het waren van die goedkope die al twee dagen nadat je ze hebt gekocht uit elkaar vallen. Het stukje dat vooraan tussen de tenen zat, was losgeraakt, zodat ze voortdurend van je voeten gleden. Mijn moeder droeg tijdens mijn bezoek slippers in twee verschillende kleuren en van de ene ontbrak de halve zool. Ik zei: 'Laten we naar de markt gaan om te kijken of we een paar schoenen voor je kunnen kopen. Dan hoef je niet meer zoveel tijd te verspillen met wachten op deze.'

Rashid lachte een grote rij parelwitte tanden naar me bloot. 'Je bezit de tijd niet, Waris. Hoe kun je hem dan verspillen?'

Ik kon merken dat hij me plaagde. 'Nou, met jou praten is tijdverspilling,' grapte ik. Hij en Ragge liepen met me mee naar de markt. Ragge wilde dat ik een paar zwarte laarzen voor hem kocht. Ik keek hem aan en zei: 'Zeg, wat moet je hier nou met laarzen? Het is hier heet, die zijn geschikt voor Londen.' Omdat mijn neef geheel eigen opvattingen over mode heeft, kocht ik ze voor hem. Ik kocht twee paar teenslippers, wat wierook en een vijzel om verse specerijen te kunnen malen. Rashid vond geen van de schoenen op de markt mooi, zodat we besloten om een andere keer nog eens te gaan kijken. Hij vond mijn zonnebril wel mooi, dus die gaf ik aan hem. Die zou zijn ogen tegen de zon beschermen wanneer hij de kuddes van mijn vader aan het hoeden was.

Die avond had ik een hele discussie met mijn broers en de rest van de familie over clans en stammen. Mijn vader behoort tot de Darod, de belangrijkste stam in Centraal- en Zuid-Somalië. Zijn clan zijn de Mijertein. Mijn familie heeft altijd in de Haud geleefd, het gebied aan de grens met Ethiopië. De naam van mijn vader is Dahee Dirie. Mijn moeder behoort tot een andere grote stam, de Howiye. Ze is opgegroeid in Mogadishu, dat ooit als de hoofdstad van heel Somalië werd beschouwd. Toen mijn vader om de hand van mijn moeder ging vragen, werd hij afgewezen. 'Je bent een Darod, je bent een wilde, hoe kun je mijn dochter onderhouden? Je behoort niet tot ons volk,' zei de familie van mijn moeder tegen hem. Mijn moeder en hij liepen samen weg en mijn moeder heeft nooit meer omgekeken. Nu hebben haar broers en zussen zich over de hele wereld verspreid. Zij is de enige die in de woestijn is verdwaald.

Er zijn vier grote belangrijke clans in Somalië: de Dir, de Darod, de Issaq en de Howiye. De meerderheid van de Somalische bevolking behoort tot een van die clans. Iedereen is moslim en spreekt Somali. Er zijn ook kleinere clans, zoals de Rahanwayn en de Digil, maar die mensen wonen vooral in het uiterste zuiden van het land, in de buurt van Chisimaio. De mensen van onze clan waren van oudsher boeren, maar nu woonde de meerderheid in steden. Omdat nomaden voortdurend rondtrekken, is de clan belangrijker dan een adres dat steeds weer verandert. Dit was iets wat de Europeanen nooit goed hadden begrepen. Toen ze de grenzen van Somalië vastlegden, kwamen veel Somaliërs in verschillende landen terecht. De vijf sterren op de Somalische vlag staan voor Somalië, Somaliland, Djibouti, Ogaden en de Somaliërs in Kenia. Tijdens mijn jeugd had ik nooit zoveel aandacht besteed aan al dat stammengedoe. Ik was er gewoon trots op dat ik een Darod was omdat dat de meest onverschrokken clan is, en dan bedoel ik ook echt onverschrokken. De bijnaam van de Darod is *libah*, 'de leeuw'. Nu wilde ik er wel meer over weten. De stammencultuur was belangrijk voor mijn vader en broers en speelde een rol in de conflicten in mijn land. Siyad Barre had aanvankelijk gezegd dat hij de stammencultuur wilde afschaffen, maar later begon hij de conflicten tussen de stammen zelf juist aan te wakkeren om de aandacht van zijn problemen af te leiden. In 1991 verliet Siyad Barre het land en was zijn regering gevallen. Iedereen zocht de leden van zijn clan op en probeerde een soort machtsbasis te creëren. Die pogingen om macht en bezit te vergaren zorgden ervoor dat het in mijn land een enorme puinhoop werd. Ik vroeg mijn broers wat zij ervan vonden.

'Het enige waardoor Somalië wordt vernietigd, is de stammenstrijd,' zei ik.

Burhaan zei: 'De Darod behoren tot de grootste en sterkste stam van het land. Het is op dit moment de belangrijkste stam, Waris.'

Ik zei: 'Ja, en het is ook de meest trotse en onverschrokken stam.' Ik wist dat je nooit moest liegen over het feit dat je een Darod was, al was het om je leven te redden, want ze kwamen er altijd achter. 'Iedereen zou een stem in de regering moeten hebben,' zei ik tegen hem.

'Wij zouden het hier voor het zeggen moeten hebben,' zei hij. 'Ik ga de macht niet met mensen van een andere clan delen.'

'Ik snap niets van dat gedoe rond die stammen,' zei ik. 'Het verhindert alleen maar dat dit land zijn problemen oplost. Als je Somalië zou verlaten, zou je zien dat we allemaal tot hetzelfde volk behoren! We leven allemaal in hetzelfde land, we spreken allemaal dezelfde taal, we zien er hetzelfde uit, we denken hetzelfde. We moeten ons verenigen en een einde maken aan deze strijd.' Sinds we over dit onderwerp waren begonnen, zat ik me verschrikkelijk kwaad te maken. In de rest van de wereld waren we allemaal Somaliërs, maar hier konden de mensen niet met elkaar opschieten.

Mijn moeder bracht ons wat thee en Rashid begon me te plagen. 'Waris, wie ben je? Kun je je afstamming noemen?'

'Ik ben een Darod,' zei ik.

'Ja, maar wat ben je nog meer?'

'Nou, ik ben Waris Dirie,' zei ik, en ze begonnen allemaal te lachen. 'Ik noem de naam van mijn vader, Dahee, en de naam van mijn grootvader, Dirie, Mohammed, Sulimann.' Ze lachten naar me omdat er nog dertig namen achter horen en ik me alleen maar de eerste drie kon herinneren. Ik zei: 'Zeg, ze zijn allemaal dood, hoor.' Mijn moeder heet Fattuma Ahmed Aden, en zij begon de naam van haar vader en haar grootvader en haar overgrootvader en zo verder op te noemen. De kinderen krijgen de naam van de vader, maar de vrouw houdt na haar trouwen de namen van haar eigen vader. Mijn broers probeerden me alle namen van mijn voorouders te leren. Ik kon het niet volgen, maar ze wilden niet langzamer praten, zodat ik niet eens kon horen hoe de namen moesten worden uitgesproken. Ze begonnen onze afstamming op te noemen alsof het een rapnummer was. De stamboom van de clan begint met een gemeenschappelijke voorouder, en bij elke generatie voeg je weer een nieuwe naam toe. Mijn familie gelooft dat de stam meer aanzien geniet wanneer je op meer namen, dus meer generaties, kunt bogen.

Ten slotte zei ik: 'Weet je, zodra ik Somalië had verlaten, had ik helemaal niets meer aan al die dingen en ik heb me er nooit meer in verdiept. Waarom is het zo belangrijk dat je je al die namen kunt herinneren? Welk verschil maakt het voor jou, Mohammed, in Amsterdam?' vroeg ik. 'Van al die namen heb ik nog nooit kunnen eten of iets dergelijks.'

Mohammed zweeg, alsof hij zich iets vervelends herinnerde. 'Toen Afweine' (Grote Mond, de bijnaam van Siyad Barre) 'de macht overnam, begon hij met heel veel verschillende projecten. Hij bepaalde dat voor het Somali het Latijnse schrift moest worden gebruikt en stichtte scholen. Toen Afweine geen geld meer had om de onderwijzers te betalen, besloot hij om de studenten naar het platteland te sturen zodat die de nomaden konden onderwijzen. Hij voerde een grote alfabetiseringscampagne.'

'Dat weet ik nog,' zei ik. 'Je hebt geprobeerd om mij en Oude Man de letters te leren.'

'Ja, maar ik was een jongen uit de stad,' zei Mohammed. 'Ik vond jullie maar domme nomaden. Ik had geen zin om naar het platteland te gaan en ook niet om jullie iets te leren.'

'Dat weet ik nog!' zei ik. 'Je sloeg me met de schrijfstok.'

'Afweine bleek nog de grootste aanhanger van de stammencultuur te zijn.' Mohammed zuchtte. 'Als negen mannen met hem kwamen praten, dan sprak hij alleen met elk clanlid afzonderlijk. Er zijn veel Issaq vermoord. Alleen maar omdat ze Issaq waren.' Mohammed mompelde en hield toen op met praten, alsof hij er niet aan herinnerd wilde worden.

'Waris, de mensen van je eigen clan zijn de enigen die je zullen helpen wanneer je hulp nodig hebt,' zei Burhaan. 'Die dokter in het ziekenhuis was niet behulpzaam omdat hij niet tot onze stam behoort.'

'Hij wordt geacht om iedereen te helpen,' zei ik.

'Bedenk eens hoe we hier gekomen zijn,' ging Mohammed verder. 'We vonden een chauffeur die ons wilde brengen omdat hij familie is. Hij had een reden om ons te helpen omdat hij weet dat we, als hij iets nodig heeft, het hem zullen geven als we dat kunnen.'

Voordat ik naar Somalië ging in 2000, was ik blij dat er voor het eerst sinds 1991 weer een president in het land was. Ik dacht dat veel problemen opgelost zouden worden. Nu zag ik dat ze zich nog steeds niet achter één man konden scharen. 'Hoe wil je nu een land besturen als de stammen niet met elkaar willen samenwerken?' zei ik.

'Er zijn twee landen,' zei Burhaan.

'Nou, en hoe werkt dat dan?'

'Een in het noorden, Somaliland, en de ander in het zuiden van Somalië. Dan heb je nog Puntland rondom Galcaio in het noordoosten,' zei Burhaan. 'Daarom bestaan er twee verschillende soorten geld. De ene soort is een restant uit de tijd van Barre in het zuiden en de andere soort is het geld van Mohammed Ibrahim Egal van Somaliland in het noorden.'

Toen ik nog een kind was, losten de stamoudsten alle problemen op. Stel dat je met iemand had gevochten en dat diegene een oog kwijt was geraakt, dan vroeg zijn clan aan jouw clan een compensatie voor het verlies van het oog. Dit wordt het betalen van *diya* genoemd. Mannen van de twee clans kwamen dan bij elkaar onder een grote boom en praatten net zolang totdat ze hadden vastgesteld wat een oog waard was. Als je een vrouw van een oog beroofde, kostte dat je minder dan in het geval van een man. Iedereen moest iets bijdragen, en de dieren werden dan onder de leden van de clan van de man zonder oog verdeeld. Tegenwoordig zeiden de mensen: 'Zeg, ik woon in Mogadishu, ik heb er niets mee te maken dat de ene vent de andere slaat. Ik ga niet voor zijn problemen opdraaien.'

'We hebben een regering nodig die is gebaseerd op wetten, niet op deze stammencultuur,' zei ik, maar niemand wilde ervan horen. Ze zagen gewoon niet in dat zo'n systeem zou werken. Mohammed hield vol dat de oude gewoonten niet langer opgingen. 'De oudsten genieten geen aanzien meer en de zogenaamde militaire leiders hebben hun eigen troepen niet eens in de hand.' Omdat mijn broers maar bleven doorpraten over deze stammenonzin, ging ik bij de vrouwen zitten. Ik keek naar de maan die opkwam tussen de wolken en mijn thuis in de woestijn bescheen.

Ik zag mijn moeder met een kop geitenmelk naar de buren lopen. Ze had maar vier geiten, maar toch deelde ze haar melk met de buurvrouw. Ik zag haar tussen de rij hutjes lopen die door doornhagen werden omringd, met de kleine tinnen beker met de rode bloem erop stevig in haar hand. Ze droeg dezelfde jurk als altijd en had een kleine versleten sluier om haar hoofd gewikkeld. Aan haar voeten droeg ze het kapotte paar teenslippers. Ze bukte zich en ging de hut van de buren binnen, waar ze een paar minuten bleef. Toen kwam ze stilletjes weer naar buiten en rechtte haar rug. Ze bleef even met haar handen op haar rug naar de kleuren van de zonsondergang staan kijken. Ze liep met haar lege beker bungelend aan haar vinger terug naar de hut waar ze de beker aan een spijker naast de deur hing. Dat was mijn moeder. Dat was de vriendelijkheid die ik van vroeger kende, dat was een echte buur.

'Mama, kom eens even zitten, ik wil je laten zien wat ik voor je heb meegebracht,' zei ik smekend. Die vrouw ging nooit eens zitten, ze was van 's morgens vroeg tot 's avonds laat in touw. Wat ik mijn moeder echt wilde geven, waren al die dingen die ze in haar leven nooit had gehad.

Ze schonk me een van haar halve glimlachjes en slaakte een grappige zucht. 'Ik kan me wel voorstellen wat je hebt meegenomen,' grapte ze. Natuurlijk vroeg ze zich af wat ik in vredesnaam voor nuttigs voor haar uit New York kon hebben meegebracht. Mama keek om zich heen en zei: 'Niet hier, Waris. Als iemand ziet dat je dingen weggeeft, dan zit voor je het weet het halve dorp om je heen en zullen ze pas weggaan als je hun ook iets hebt gegeven.' Ze had gelijk. Mijn verwanten zouden nooit om iets vragen, maar ze zouden me aan blijven kijken totdat ik eindelijk toegaf en hun een cadeautje aanbood. Nhur en mama liepen met me mee naar haar kleine hutje, waar we een *feynuss* aanstaken.

Nhur begon onmiddellijk als een gier in mijn tas te rommelen en vroeg: 'Wat is dit? Waar is dit voor?'

Ik zei: 'Rustig aan, rustig aan. Als je nu even wacht, zal ik het je zo vertellen.' Ik haalde een potje cacaoboter te voorschijn. 'Dit is *subaq*, cacaoboter,' zei ik, en ik deed het potje open zodat ze het konden proberen. Voordat ik ze tegen kon houden, hadden Nhur en mijn moeder allebei een lik uit de pot genomen om te proeven.

'Jakkie! Dit smaakt vreselijk. Geen wonder dat je zo mager bent als dat het enige is wat ze in New York te eten hebben.'

'Hé,' zei ik, 'je moet cacaoboter niet eten. Het is voor je handen en je huid.'

'Kun je er niet mee koken?' vroeg mijn moeder.

'Nee, het is lotion voor je gezicht, voor droge voeten, voor je huid.'

'Maar het ruikt zo lekker. Kan ik het niet eten?'

'Nee, het is alleen voor je huid. Je moet het niet eten.'

'Goed, goed, dan zal ik het niet eten, maar *subaq ghee* is veel beter dan dat spul. Daar kun je mee koken én je kunt het op je huid smeren. Wat heb je nog meer?' zei mijn moeder, die me het potje schouderophalend teruggaf.

Ik gaf haar een fles babyolie van Johnson's.

'Wat is dit nu weer?' Ze draaide de fles om in haar handen.

'Het is olie. Je kunt het op je gezicht smeren, overal waar je maar wilt, zelfs in je haar. Net als de cacaoboter.'

'Goed,' zei ze, maar in plaats van een druppel te proberen, kneep ze veel te hard in de fles, zodat ze de olie over de vloer morste. Mijn moeder schrok er zo van dat ze achteruit sprong en de fles in het zand liet vallen. 'Wat is dit voor spul?' vroeg ze, de olie tussen haar vingers wrijvend.

'Ruik maar, mama,' zei ik. 'Je kunt het op je huid smeren of op die van de baby.'

Mijn moeder rook aan haar hand, en toen nog een keer. 'O!' Ze smakte goedkeurend met haar lippen. 'Dat is mooi. Dit vind ik fijn, Waris.' Ze wreef de olie uit over haar armen, die begonnen te glimmen in het lamplicht. 'Dit moet ik verstoppen.'

Ik zei: 'Mama, zo bijzonder is het niet. Als iemand een beetje wil, geef het dan gewoon. Ik kan je zoveel babyolie geven als je maar wilt.'

'Ik weet niet wanneer ik je weer zie, dus ik neem geen risico,' zei ze tegen me. Ze stond op en begon haar bezittingen te doorzoeken. Onder in een mand vond ze een sleutel, waarmee ze een gedeukt houten kistje opende. Ze stopte de babyolie erin. 'Dit is heel kostbaar, en hier is het veilig,' zei ze. Ze gaf het kistje een klopje voordat ze het weer in de hoek zette.

Ik had een paar kleine spiegeltjes en één mooie grote spiegel voor mijn moeder meegebracht omdat ze zichzelf nog nooit in een spiegel had gezien. Ik wilde dat ze zou weten hoe mooi ze is. Mensen zeggen vaak tegen me dat ik mooi ben, maar als ik maar een greintje van de schoonheid van mijn moeder zou bezitten, zou ik hen misschien geloven. Ik heb mijn uiterlijk van mijn moeder geërfd en dankzij dat uiterlijk heb ik mezelf lange tijd kunnen onderhouden. Haar schoonheid is een goede vriend van me geweest. Ik wikkelde de speciale spiegel die ik voor haar had meegebracht uit het vloeipapier. Hij had een zilveren handvat en rondom het glas waren bladeren gegraveerd, die zich aan de achterkant tot prachtige bloemen verstrengelden. 'Mama,' zei ik, 'ik heb iets heel bijzonders voor je meegenomen.'

'Hiyea,' zei ze. 'Ik heb niets bijzonders nodig, Waris.'

'Mama,' zei ik. 'Kom eens naast me zitten en kijk wat ik heb meegenomen.' Toen ik haar de spiegel gaf, keek ze eerst niet-begrijpend naar de achterkant. Ze wist niet wat het was. Ik draaide de spiegel om en hield hem voor haar gezicht. 'Kijk eens naar jezelf, kijk eens hoe mooi je bent.' Toen mama eindelijk haar spiegelbeeld zag, dacht ze dat er iemand achter haar stond en ze sprong geschrokken achteruit. Ik zei: 'Nee, mama, er is niemand. Dat ben jij.' Ik hield de spiegel weer voor haar omhoog. Ze keek naar zichzelf, ze wendde haar gezicht af en keek toen telkens weer. Ze begon haar gezicht en haar haar met haar vingers aan te raken. Ze zoog haar wangen naar binnen, keek naar haar tanden en draaide haar hoofd eerst naar de ene en toen naar de andere kant. Ze keek heel lang aandachtig naar haar gezicht en zei toen kreunend: 'O, mijn god! Allah! Wat ben ik oud! Ik zie er vreselijk uit. Ik wist niet dat ik er zo uitzag.'

'Mama!' fluisterde ik. 'Hoe kun je nou zoiets zeggen?'

'Kijk eens naar me!' antwoordde ze. Mama keek me aan en keek toen naar Nhur; ze kneep haar ogen samen in het schemerlicht. 'Wat is er met mijn gezicht gebeurd?' zei ze zuchtend. 'Ooit was ik een mooie vrouw, maar je vader en jij hebben al het leven uit me gezogen.' Ze draaide de spiegel om en gaf hem aan me terug.

Ik wist niet wat ik moest zeggen. Ik was even verbaasd als gekwetst. Mijn moeder windt nooit ergens doekjes om. Ze zegt altijd precies wat ze van iets vindt en zou zeker niet doen alsof ze mijn cadeau wel mooi vond. Ik stopte de spiegel snel weer in mijn tas, uit het zicht, en het speet me dat ik hem aan haar had gegeven. Ik schaamde me en wilde ervan af. Ze wilde geen dingen hebben waar ze niets aan had, want het is lastig om bezittingen mee te nemen bij het rondtrekken. De belangrijke dingen zijn je familie, je verhalen en je dieren. Ze zijn de bron van het leven en de vreugde. Ik vond mijn moeder mooi vanwege de manier waarop ze voor haar gezin en haar vrienden en haar dieren zorgde. Ware schoonheid is niet iets wat je in een spiegel of op de cover van een tijdschrift kunt zien; het is de manier waarop je je leven leidt.

10
Vaders en mannen

De man mag dan het hoofd van het huis zijn; de vrouw is het hart.

SOMALISCH GEZEGDE

De volgende dag was het weer zo mooi dat ik de zegen van Allah op mijn schouders voelde rusten. Er stonden een paar wolken hoog aan de hemel, en het was een aangename ochtend. Bij zonsopgang zagen we enkele bliksemschichten, een teken van naderende regen. De intense hitte van de vorige dag verdween, verjaagd door de regen. Nog belangrijker, mijn familie was bij elkaar. Wat een wonder! Een stemmetje in mijn hoofd fluisterde: 'Zei ik je niet dat alles in orde zou komen?' Het was mijn zielengids Oude Man die tegen me sprak.

Mijn moeder stuurde Rashid en Mohammed eropuit om een van de jonge geiten te vangen, zodat ze een feestmaal voor ons kon bereiden. Ze slachtten het kleine, witte mannetje omdat hij toch geen melk gaf. Mijn moeder sneed de kop eraf en stopte hem in een mand. Heel behoedzaam stroopte ze de huid af en verwijderde de ogen. Van de kop van een dier zeggen we dat hij over bijzondere, genezende krachten beschikt voor ogen en hersens, en onder het prevelen van een gebed bereidde mijn moeder het medicijn voor mijn vader. Ze heeft maar één pan en die had ze nodig voor de rest van de maaltijd, waardoor ze niets had om de kop in te koken. Ze liep naar de stortplaats en kwam terug met een oude kan. 'Mama!' zei ik. 'Je kunt geen oude kan van de vuilstortplaats gebruiken om iets in te koken. Hij is smerig en zit vol bacillen. Wil je vader soms vermoorden?'

Ze keek naar me met haar handen op haar heupen. 'Het zou me werkelijk niets kunnen schelen als hij stierf. Hij is toch oud en nutteloos, dus het maakt niets meer uit.'

'Mama, laat me er alsjeblieft een van iemand lenen,' smeekte ik.

'Nee, je raakt hem niet aan,' zei ze, terwijl ze haar vinger voor mijn neus heen en weer bewoog. 'Ik ga dit doen, en ik doe het op mijn manier. Geloof me nou maar, je vader zal hier echt niet aan doodgaan. Hij zal nooit sterven, want daar is hij te vals voor.' Ik hoorde mijn vader achter het huis lachen, en zodra ze het had gezegd, realiseerde ik me dat het kokende water alle bacillen zou doden. 'Kind, ga aan de kant. Ik ga het hoofd hierin koken, dan krijgt hij de soep,' zei ze. De kan was roestig en ze schuurde hem uit met zand, waarna ze hem uitspoelde. Ze deed de geitenkop erin, vulde de kan met water en deed er een paar van de speciale, gedroogde bladeren in die ze in een mandje bewaarde. Ze liet de kop de hele dag koken om er een speciale soep voor mijn vader van te bereiden.

Mijn moeder stroopte voorzichtig de huid van de rest van de geit en bewaarde die om touw en krukken van te maken. Ze groef een gat dat groot genoeg was om het dier in te leggen en diep genoeg om tevens een vuur in aan te brengen. Met grote stukken hout legden Nhur en ik een vuur aan, en toen al het hout tot witte, hete kolen was verbrand, pookte mama erin zodat ze de geit erop kon leggen. Ze sneed de poten door, zodat ze tegen het lichaam konden worden gebonden. In de romp van een geit kun je alles stoppen wat je maar wilt, en zij deed er brood, knoflook, ui, tomaten, rijst en haar speciale kruiden in. Zij en Nhur bonden hem weer dicht en legden het vlees op de gloeiende kolen. Een heerlijke geur verspreidde zich in de lucht. Moeder wist precies wanneer ze het dier moest omdraaien, zodat beide kanten werden dichtgeschroeid en er een korstje op de buitenkant zou komen. Nhur legde er nog meer gloeiende kolen en as uit het vuur tegenaan. Moeder hurkte naast het vuur neer en wakkerde het aan zodat de kolen weer heet zouden worden. Hierna joeg ze iedereen weg. Ik had zo'n honger dat de geur me bijna gek maakte. 'Je blijft eraf,' snauwde ze. 'Ik roep je wel wanneer het eten klaar is. Jullie staan er als een stelletje aasgieren bij.'

Toen we het vlees uitgroeven, viel het uiteen en later smolt het op mijn tong, zo mals was het. Het was verrukkelijk. Het gezicht van mijn vader was zo gezwollen en pijnlijk dat hij niet kon kauwen. Vlak voordat we bij elkaar gingen zitten om de geit te eten, zei mijn moeder dat zijn medicijn klaar was. De geitenkop was tot een dikke gelei gekookt. Ze goot hem in een kop en zei tegen me: 'Breng dit naar je vader.'

Ik ging naast hem zitten en zei: 'Vader, de soep is klaar.'

'Is dit hetzelfde spul als waarover jullie vanmorgen ruzie hadden?'

'Ja, papa. Maar het is goed voor je, het is goed voor je ogen.'

Hij zei: 'Ach, ik heb nu geen zin om het te drinken.'

Mijn moeder hoorde dat en schreeuwde: 'Hè, wat zei hij?'

'Hij wil het nu niet drinken, mama,' antwoordde ik.

'Wat een lelijke, oude kerel!' mopperde ze zo hard dat het hele kamp het kon horen. 'Brouw ik speciaal voor hem een medicijn, wil hij het niet drinken!' Daarna riep ze: 'Waris, breng het dan maar weer terug.' Ik begon overeind te krabbelen, maar ze veranderde van gedachten en zei: 'Nee, laat maar staan. Hij krijgt geen eten voordat hij het heeft opgedronken.' Mijn vader pruilde als een klein kind, maar hij dronk alles op.

Mijn moeder bleef hem vanaf haar kant van het vuur streng toespreken. 'Nu ben je op mijn terrein, hoor je me? Je bent blind, oud en hopeloos. Je doet wat ik zeg, hoor je me?' Wat kon hij doen? Hij had haar zorg nodig, en hij moest het medicijn drinken dat ze speciaal voor hem had bereid.

'Wie zijn die andere vrouwen eigenlijk? Toen we naar vaders huis gingen, waren er drie kinderen, en hij zei dat ze van hem waren,' vroeg ik aan mijn moeder.

'Tja,' antwoordde ze. 'Hij zegt dat hij er net een had weggestuurd toen jij kwam. Maar ik heb gehoord dat zij bij hem is weggegaan.'

'Waarom?' vroeg ik. 'Wat is er gebeurd?'

'Ik heb geen idee waarom, mij vertelt hij niets. Hij woont meestal bij zijn tweede vrouw,' zei ze achteloos. 'Zij komt hem vast snel opzoeken om te kijken of je iets voor haar hebt meegebracht.' Mama liep weer naar haar pan boven het vuur, en het was duidelijk dat ik van haar niets meer zou horen.

'Burhaan,' vroeg ik, 'woont vader nog steeds bij de vrouw die we ooit in een boom hebben gehangen?' Ik hoopte van niet. Ik had die arme vrouw niet meer gezien sinds ik haar samen met mijn broers ondersteboven in een boom had gehangen. Het was een grote schok voor ons toen mijn vader jaren geleden het kamp in kwam lopen met een andere vrouw. Ze was even oud als ik, maar helemaal geen verlegen meisje. Ze nam meteen de leiding over en begon mij en mijn broers en zussen te commanderen alsof ze een of andere Somalische koningin was en wij haar dienaren. Toen mijn vader een dag weg was, bonden mijn broers en ik haar vast en hingen haar ondersteboven in een boom. Daarna is ze vertrokken, ik heb haar sindsdien niet meer gezien. Als mijn vader nog steeds met haar getrouwd was, wist ik niet wat ze zou zeggen als ze langs zou komen.

'Ik denk niet dat ze het zich nog herinnert,' antwoordde Burhaan.

'Hoe doet hij dat, drie vrouwen onderhouden?' vroeg ik aan mijn broer.

'Een man had ooit drie vrouwen,' vertelde hij. 'Ze waren alle drie jaloers op elkaar en gingen op een dag naar de man om hem te vragen van wie hij het meest hield. Hij zei hun hun ogen te sluiten, en dan zou hij zijn geliefdste vrouw aanraken. De drie vrouwen sloten hun ogen, en hij raakte ze allemaal aan, een voor een.'

Iedereen kwam langs om kennis te maken met de familieleden uit het verre buitenland, om te zien wat ze konden krijgen en misschien zelfs gedag zeggen. Ik had geen benul van wat ze nodig zouden kunnen hebben, dus had ik van alles en nog wat meegebracht: babyolie, cacaoboter, haarcrème, zeep, kammen, shampoo, tandenborstels en tandpasta. Ik gaf Rashid een blauwe tandenborstel en Colgate-tandpasta met fluoride.

Rashid vroeg: 'Wat is dit?'

Ik antwoordde: 'Een tandenborstel. Je doet een beetje van de pasta op de borstel en dan poets je je tanden.' Ik deed de beweging voor met mijn vinger.

Hij mopperde wat en vroeg toen: 'Is dit het spul dat ervoor zorgt dat je tandvlees verdwijnt en al je tanden uitvallen?'

'Ja,' beet ik hem toe, terwijl ik mijn ogen ten hemel sloeg, 'dat is precies wat het doet.'

'Nou,' zei hij, en gaf het aan me terug. 'Ik heb al een *caday*,' en hij trok een twijgje van ongeveer een centimeter dik en acht centimeter lang uit het zakje van zijn overhemd. 'Deze helpt tegen de kiespijn. Doet die tandenborstel van jou dat ook?'

'Nee.'

'Kamelen en geiten eten dit ook graag. Kunnen ze dat blauwe ding eten?'

'Nee, dat is alleen voor je tanden.'

'Kun je het spul in die tube eten?'

'Nee, dat moet je weer uitspugen. Het is niet goed om het door te slikken.'

'Waarom zou je iets in je mond stoppen als het niet goed voor je is?'

'Je spoelt je mond gewoon met water. Het kan geen kwaad zolang je het niet inslikt.'

'Nou, dat is zonde van het water. En als je geen water hebt om je mond uit te spoelen?' Daarop had ik geen antwoord, en hij legde me uit dat als je een goede tandenborstelboom vindt, je tandenreinigers kunt maken van de zachte, nieuwe twijgjes, en dat de oudere goed zijn om speren van te maken. Je kunt de grotere takken voor brandhout gebruiken of er een beschutting tegen de wind van maken. De bast van de wortels kun je gebruiken als pleister, moeder maakt thee van de bladeren die helpt tegen spierpijn, en ze vermaalt ze tot een antiseptische pasta om op sneden en wonden te doen.

'In de zaden zit olie, en je kunt ze eten,' vervolgde hij zijn les. 'Wanneer er niets anders te eten is, kun je er zelfs op overleven. Kun je op deze tandpasta overleven in het droge seizoen?' vroeg hij, kijkend naar het dopje met de perfect gevormde ribbeltjes.

'Goed, goed,' zei ik, terwijl ik het spul weer in mijn tas stopte. Ik gaf hem een scheermes, maar ik zag dat hij weer niet blij was. Ik probeerde de tandenborstel aan Nhur te geven, maar zij bedankte ook.

Burhaan vertelde dat er hars in de jonge twijgjes van de tandenborstelboom zit die bacillen in de mond doodt. 'Als er een vlek op je tanden zit van de qat of iets anders, haal je hem eraf met steenkool,' legde hij uit, waarna hij me een oogverblindende glimlach toewierp. Zijn tanden waren prachtig wit, bijna lichtgevend, en ze stonden mooi recht.

'Ik weet het, ik weet het,' zei ik met geheven handen. Ze dreven me allemaal tot wanhoop. 'Ik ben hier geboren, ik weet die dingen wel. Je kauwt op de steenkool en bijt een klein stukje van een Somalische tandenreiniger af. Als de steenkool nog niet helemaal is fijngekauwd gebruik je de tandenreiniger. Hiervan krijg je mooie, witte tanden.'

'De mooiste tanden die je ooit hebt gezien,' zei Rashid uitdagend.

Ik besloot de tandenborstels aan anderen te geven. In New York had ik gedacht dat ze misschien tandenborstels nodig zouden hebben. Er is geen tandarts, en ze moeten toch voor hun tanden zorgen. Misschien zijn er geen bomen en kunnen ze de tandenborstelboom niet vinden. Wist ik veel in wat voor omgeving mijn familie zich bevond. Maar nu wou ik dat ik schoenen en kleren mee had gebracht. Eten kon ik niet meebrengen, omdat het bedorven zou zijn tegen de tijd dat ik hier zou aankomen, maar dat is wat ze eigenlijk het hardst nodig hebben.

Die middag zat ik naast mijn vader en hielp hem overeind om zijn kussen en deken op te kloppen. Ik deed de druppels in zijn oog en huilde toen ik ernaar keek. Het oog was bloeddoorlopen en gezwollen door de infectie. Het zou een wonder zijn als hij het ooit weer kon openen. Hoe had hij iemand zijn oog kunnen laten opensnijden met een mes? Ik kon de gedachte gewoon niet verdragen. Ik gaf hem een pijnstiller, blij dat ik die bij me had. Nu was er tenminste iets wat ik voor mijn vader kon doen. Toen ik hem de sandalen gaf die ik in New York had gekocht, betastte hij het leer en liet zijn vingers over de dikke, rubberen zool glijden. 'Ik weet wie deze kan gebruiken,' zei hij. 'Ik bewaar ze voor je broer Rashid,' zei hij.

Wanneer hij zijn behoefte moest doen, moest iemand hem helpen, omdat hij zwak en beverig was en omdat hij niets zag. Hij riep mijn moeder, maar ik zei: 'Papa, ik ben hier. Laat mij je helpen.'

'Liggen hier schoenen?' vroeg hij.

Ik vond een paar witte slippers en zette ze naast elkaar voor zijn voeten. 'Laat mij je helpen,' zei ik. 'Geef me je hand.'

'Nee, zo blind ben ik ook weer niet. Zet de schoenen neer, dan vind ik ze wel,' zei hij, terwijl hij neerhurkte en met zijn tenen naar de schoenen zocht. Toen hij ze aanhad, zei hij: 'Haal mama voor me.'

'Ze is er niet, vader, ik weet niet waar ze is.'

'Dan wacht ik op haar,' zei hij en sloeg zijn armen om zijn benen.

'Ik kan je toch helpen, vader. Ik ben je kind, ik heb zelf ook een kind. Ik kan je helpen,' zei ik tegen hem, maar hij weigerde naar me te luisteren. Als een standbeeld zat hij in die hurkhouding naast het huis op mijn moeder te wachten. Hij zat er langer dan een uur, trots en koppig.

Ik besloot een dutje te doen, omdat ik nog steeds moe was van de lange reis. Ik legde wat matten neer en ging liggen. Het was onmogelijk om echt te slapen, omdat er steeds mensen voorbijkwamen. Ik hoorde een vrouw tegen mijn moeder praten, en daarna liep ze op mij af.

'Waris!' begroette ze me hartelijk. 'Hoe gaat het met je?'

Ik was half wakker en stond niet op, omdat ik dacht dat het gewoon weer iemand was die alleen maar naar me wilde kijken. Herkennen deed ik haar in elk geval niet.

'Waris, je herkent me niet, hè?' vroeg ze, terwijl ze haar hoofd schuin hield alsof ik haar hoorde te kennen.

'Er is veel veranderd,' zei ik. Mijn vader lag te lachen. Ik keek haar lang aan. Ze zag eruit alsof ze even oud was als mijn moeder.

'Vraag je vader wie ik ben,' zei ze.

Hij vroeg haar: 'Hoe gaat het met de baby?'

Ik vroeg me af over welke baby hij het had.

'Ik zal hem even halen,' zei ze.

Mijn vader lag daar maar te grinniken tot ze terugkwam met een kleine baby. 'Geef me mijn zoon,' zei mijn vader, en toen pas realiseerde ik me dat dit zijn tweede vrouw was. Ze leek even oud als mijn moeder, maar toen hij met haar trouwde was ze ongeveer even oud als ik geweest.

Ik omhelsde haar en zei: 'Toen ik wegging, had je een baby, en nu loop je na al die jaren nog steeds met een baby.' Lieve god, bad ik, ik hoop dat ze zich niet meer herinnert dat we haar destijds in die boom hebben gehangen.

Ze bleef drie nachten en bracht het voorval niet ter sprake. Ze had lang moeten lopen met de baby op haar rug om bij ons te komen. De arme vrouw was er niet best aan toe, ze had honger en was moe. Ze had geen schoenen aan en haar voeten bloedden. En zo leerde ik een broer kennen, van wie ik niet eens had geweten dat hij bestond. Ik heb een broer die bijna veertig jaar oud is, en ik heb er een die pas drie weken oud is.

Mijn vader zei: 'Het leven is niets waard zonder familie en kinderen.'

Ik zei: 'Weet je, vader, het gaat er niet om hoeveel kinderen je krijgt; het gaat erom hoe sterk, gezond en verbonden je met elkaar bent.'

Hij zei: 'Vertel mij wat.'

Die avond rond het vuur hadden we een lange discussie over mannen. Burhaan vertelde me dat mijn schoonzus vroeg waarom ik niet getrouwd was.

Ik zei: 'Zo eenvoudig is het niet. Het is niet zoals met kamelen en geiten. Je kunt het huwelijk niet kopen en weer verkopen wanneer je er geen zin meer in hebt.' Nhur keek me alleen maar aan, en ik zag dat ze het niet begreep. Zo worden Somalische vrouwen opgevoed, en dat is het enige wat ze kennen: gehoorzamen aan een man. Nhur en haar moeder vroegen me of ik een kind had.

'Ja, ik heb een prachtige zoon,' antwoordde ik.

Mijn moeder vroeg: 'Lijkt hij op jou?'

'In alle opzichten,' verzekerde ik haar. Ze keek naar me en sloeg daarna haar ogen op naar Allah. Ze zei slechts 'O-oo!' en iedereen lachte, vooral mijn vader. Hoofdschuddend zei ze: 'Als jouw kind ook maar een beetje op jou lijkt, zul je nog interessante tijden met hem beleven, en je verdient het!'

Nhur vroeg: 'Maar waar is zijn vader?'

Ik zei: 'Die heb ik uit mijn leven gebannen.'

'Waarom?' riepen ze in koor.

Ik antwoordde: 'Omdat ik hem niet meer nodig had in mijn leven of dat van mijn zoon, niet meer althans.' Daar moesten ze allemaal om lachen. Het choqueerde hen dat ik hem aan de kant had gezet. Asha zei: 'Hoe heb je dat gedaan? Hij heeft je zeker het huis uitgezet? Ik dacht dat de man de vrouw er altijd uitzette.'

Ik zei: 'Nee.'

Mijn schoonzus hield op met lachen en werd heel ernstig. Ze zei: 'We zijn zwak hier. De vrouwen in dit land mogen dat niet doen.'

Ik zei: 'Zus, ik ben hier geboren. Ik ben hier net als jij opgegroeid. Ik heb hier veel goede dingen geleerd, zoals zelfvertrouwen. Ik heb ook geleerd om onafhankelijk te zijn, ik ga niet zitten wachten tot iemand iets doet, ik sta op en doe het zelf. Dat heb ik hier geleerd.' Mijn vader zat naast me, en mijn moeder kwam ook bij ons zitten. Ik veronderstel dat ze wilde horen waarom iedereen lachte. De vrouwen lachten omdat ik had gezegd dat ik mijn zelfvertrouwen in Somalië had meegekregen. Ik zei: 'Vraag het aan mijn vader en mijn broers, daar zitten ze. Mijn broers weten hoe ik ben en hoe ik als kind was.' Ik zei: 'Vraag het aan mijn ouders, zij weten precies wat en wie ik ben.'

Mijn vader deed een duit in het zakje: 'O ja, als zij zich eenmaal iets in haar hoofd haalde, dan moest je haar wel haar gang laten gaan. Ze was zo koppig als een ezel.' Die opmerking werd door iedereen gewaardeerd, vooral door oom Ahmed.

'Ben je teruggekomen om een man te zoeken?' vroeg Nhur. Ze kon maar niet geloven dat ik niet getrouwd was en toch geld had. Dat ik geen bedelares was.

'Nee,' zei ik. 'Ik ben niet gekomen om een man te zoeken. Ik ben niet getrouwd en ik heb een kind, maar ik ben niet speciaal op zoek naar een man. Wanneer ik er een tegenkom die bij me past, dan zal ik overwegen om te trouwen.' Ik sloeg mijn armen over elkaar, het kon me niet schelen wat ze dachten.

Mijn vader zei: 'Je bent wie je bent.'

Ik zei tegen hem: 'Herinner je je de dag nog waarop je tegen me zei: "Je bent geen kind van mij, en ik weet niet waar je wel vandaan komt?" Je zei dat je van me af moest zien te komen. Herinner je je dat nog?'

'Ik denk van wel,' antwoordde hij. Hij keek mijn kant op, en ik hoorde aan zijn stem dat hij er spijt van had. Iedereen zweeg, en ik wist dat dat kwam doordat ik de enige van onze familie was die echt op eigen benen stond. Daar ben ik heel trots op.

Ik probeerde aan mijn vader en moeder uit te leggen wat Kleine Oom met me had gedaan toen ik een meisje was geweest. Mijn vader vroeg steeds: 'Wát heeft hij gedaan?' Geen van mijn ouders herinnert zich iets over die vreselijke dag. Ik vroeg hun of ze zich de middag herinnerden waarop Kleine Oom met me was meegegaan om de geiten te halen.

Mijn moeder schudde haar hoofd. 'Ik herinner me niet dat hij je lastigviel, Waris. Waar heb je het over?'

'Ik kan het je niet vertellen, maar hij was een slechte man.'

Vader zei: 'Kind, ik weet niet eens over wie je het hebt.' Hij herinnerde zich niemand met de naam Kleine Oom, en ik legde hem uit dat ik was aangevallen door een man die ze in huis hadden laten logeren, iemand die ze hadden vertrouwd.

Mijn moeder zei: 'We weten niet wat er met je is gebeurd. We hebben Kleine Oom al jaren niet meer gezien.'

'Ik hoop dat hij brandt in de hel!'

Mijn vader en moeder waren van streek toen ze merkten dat ik zo boos op hem was. 'Dat is niet zo aardig,' zei mijn moeder, terwijl ze troostend over mijn been streelde. 'Wat wil je ons duidelijk maken?'

Uiteindelijk besloot ik dat het geen zin had om het allemaal nog een keer te vertellen. Wanneer mijn vader en moeder naast me zaten, zouden de woorden over zo'n beladen onderwerp niet zomaar uit mijn mond rollen. Misschien glipt er een djinn in je mond die op je tong gaat zitten. 'Hij deed iets heel slechts,' zei ik uiteindelijk, en iedereen zweeg. Ik wilde hun wanhopig graag vertellen wat er precies was gebeurd, maar ik kon het niet. Over zulke dingen praatten we nooit. De lange stilte die viel was op een vreemde manier troostend. Mijn ouders begrepen in ieder geval dat Kleine Oom iets vreselijks met hun dochter had gedaan. De ergste emotionele pijn onderga je wanneer je wordt aangerand en iedereen doet alsof er niets is gebeurd. Er werd een tijd niet gesproken, en mama klopte met een bezorgd gezicht op mijn been. Ze keek me onderzoekend aan, alsof ze mijn geheim in mijn ogen wilde lezen. Wat ze zag, verontrustte haar, maar ze vroeg niet verder, want over zulke dingen praten we gewoon niet. Als je toch niet over seks mag praten, kun je de meisjes ook maar beter dichtnaaien, omdat ze dan net als ik tenminste niet weten wat er met hen gebeurt. Hevige pijn is soms een groot geschenk, en ik geloof dat Allah me een geschenk had gegeven. Ik wist waar ik moest beginnen met mijn campagne tegen genitale verminking. Vrouwen moesten onderwezen worden over seks. Mannen moesten het vrouwenlichaam even goed leren kennen als hun eigen lichaam.

Mijn nichtje Amina onderbrak mijn gedachtestroom. 'Kun je een brief voor me meenemen naar Amerika?'

'Amerika is heel groot. Ik heb wel een adres nodig.'

Er lag een bezorgde blik in haar ogen, en ze plukte aan haar jurk. 'Ik heb het adres en ik zal het aan je geven.'

'Wie woont daar?' vroeg ik nieuwsgierig.

'Mijn man,' antwoordde ze stilletjes zonder me aan te kijken.

'Wat doet je man daar?' vroeg ik. Ze mompelde iets, en ik begreep dat ze geen flauw idee had van wat haar man daar deed. 'Hoe lang zijn jullie getrouwd?'

Ze zei: 'Vier jaar.' Ik kon mijn oren niet geloven; ze zag eruit alsof ze nog maar zestien was.

'Hebben jullie kinderen?'

'Nee. Hij heeft me uitgekozen en me daarna verlaten. Ik hoop dat hij terugkomt om me met hem mee te nemen.'

Ik zei: 'Wacht niet op hem!' Verschillende mensen hapten naar adem, en mijn moeder schudde haar hoofd en klakte afkeurend met haar tong. Ik beloofde haar de brief mee te nemen. Ik wilde niet nog meer opschudding veroorzaken.

Mijn familie vond mijn ideeën meestal afwijkend of grappig.

Mijn nicht zei: 'Waris, je praat als een man en je gedraagt je alsof je heel sterk bent.'

'Jij kunt ook sterk zijn. Ik ben ook hier opgevoed, hoor.' En weer lachten ze allemaal om mij. Ik voelde me onderhand de dorpsgek. Waar ik ook ging, ik werd altijd achtervolgd. Ik concludeerde dat daar twee redenen voor waren. Ten eerste was ik rijk, en ten tweede vonden ze me gek en anders. Desondanks was ik trots en dankbaar in mijn dorp te zijn, en ik was heel blij dat ik het had gehaald. Ik dankte Allah keer op keer. Het was een wonder dat ik niet alleen mijn moeder had gevonden, maar ook mijn broers en zussen en al die neven, nichten en andere familieleden van wie ik niet eens wist dat ze bestonden.

Een van de belangrijkste ervaringen was het feit dat ik oog in oog met mijn vader stond en dat ik me zijn gelijke voelde. Met sommige dingen die hij zei, kon ik het niet eens zijn, en voorzichtig legde ik hem mijn standpunt uit. Wanneer hij me niet begreep, stelde hij me vragen. Ik leerde hem dingen, en hij genoot ervan. Hij grapte steeds: 'Weet je zeker dat je mijn dochter bent? Wie ben je eigenlijk? Ik dacht dat mijn dochter allang dood en begraven was.'

'Waarom?'

Vader zei: 'Wat voor goeds kan er gebeuren wanneer een klein meisje wegrent van haar vader? Je kende alleen je kamelen en je geiten. Eerst dacht ik dat je door de leeuwen was opgegeten, en dat de hyena's het merg uit je beenderen hadden gezogen. Daarna hoorde ik dat je in Mogadishu en Londen was geweest, dus ging ik ervan uit dat je prostituee was. Wat zou je anders kunnen doen? Je was zo ver weg dat het leek alsof je naar een andere *hydigi* [planeet] was vertrokken. Kind, je leeft en je bent in staat je eigen geld te verdienen! Je spreekt met kracht en waardigheid!'

Mijn vader was trots op me; hij was trots op me! Wat voelde ik me sterk, levenslustig en trots op mezelf. Ooit was ik een meisje dat door haar vader werd geslagen. Als hij me al opmerkte, zei hij: 'Hé, jij daar! Haal dat eens voor me. Schiet op!' Ik was doodsbang voor hem. Wanneer hij me zag, zag hij een meisje dat niet belangrijk was. Nu kon mijn vader me met de ogen van zijn hart zien. Allah bah wain, God is groot.

11
Leven in de woestijn

Een dochter is geen gast.

AFRIKAANS SPREEKWOORD

De volgende dagen vielen er elke middag slagregens. Iedereen keek de hele middag naar de grijze wolken die zich samenpakten en de hemel vulden, en wachtte tot de dikke druppels begonnen te vallen. De *gu*, de regentijd, nam bezit van het dorp en veranderde alles, maar niemand klaagde. Het bloedhete weer was voorbij, en dankzij de zegen van het water was het afgekoeld. Midden in het dorp, waar het stof een paar dagen eerder nog was opgestoven, stroomde nu een rivier. Het hutje van mijn moeder stond blank. Alles was doorweekt, tot de arme geitjes aan toe. Ze wisten niet wat ze moesten beginnen en verstopten zich in het hutje, rillend en nat tot aan het puntje van hun bruine staartjes. Mijn broer Burhaan groef een greppel rond zijn huis om te voorkomen dat het water naar binnen stroomde. Iedereen liep te lachen en was blij; we zijn dol op regen. De kleine kinderen zaten in de modder te spelen en dronken het modderige water. Ik wist dat het niet lang zou duren voordat ze diarree zouden krijgen en alles onder zouden poepen. Vrouwen verzamelden het water op straat en goten hun emmertjes leeg in grotere tonnen, zodat de modder naar de bodem zou zinken en het water geschikt zou zijn om mee te koken of je mee te wassen.

We stonden elke ochtend om zes uur op, wanneer de hanen kraaiden, de vogels begonnen te zingen en de kippen liepen te kakelen. Er waren geen lampen, dus wanneer de zon achter de horizon was verdwenen, ging iedereen naar bed om met de zon weer op te staan. 's Avonds was er niet veel te doen, en soms hadden de winkels geen lampolie meer op voorraad. De aanvoer van goederen leek nogal onregelmatig, en ik vermoed dat het door de gevaarlijke situatie rondom Mogadishu kwam.

Mohammed sliep in het huis van mijn oom, waar het nogal vol was. Natuurlijk waren er in dit dorpje geen hotels of andere plaatsen waar men een bed overhad. Alles werd voortdurend gebruikt. Wanneer er iemand kwam logeren, schoof iedereen gewoon een stukje op om plaats te maken.

'Heb je goed geslapen?' vroeg ik.

Mohammed wuifde met zijn hand door de lucht, alsof hij naar een vlieg sloeg. 'De volgende keer dat we komen, hoop ik dat het nieuwe vertrek in Burhaans huis klaar is, zodat we allemaal bij elkaar kunnen slapen,' zei hij. Mohammed liep naar mama's hutje om haar gele plastic emmertje met water te vullen zodat hij zich kon wassen. Hij stootte zijn hoofd tegen het kozijn van de lage deur. Hij ging op een krukje op de binnenplaats zitten, deed zijn bril af, legde die voorzichtig op een rotsblok en waste zijn gezicht en armen. Hij schepte een beetje water met zijn hand op, wreef het over zijn gezicht en over zijn armen en wendde zich daarna even naar de zon, zodat het kon opdrogen. Hij trok zijn rechterschoen en sok uit en waste zijn voet, daarna trok hij zijn schoen en sok weer aan zodat hij op die voet kon staan terwijl hij zijn andere voet waste.

Ik zag dat de bomen en struiken lichtgroen kleurden, terwijl ze er een paar dagen geleden nog verslagen en dood uit hadden gezien. Mijn huid is ervan overtuigd dat alle struiken in Somalië doorns hebben. Ze hebben elk beetje leven dat ze bezitten nodig, en in de *jilaal* of het droge seizoen zeggen de scherpe doorns: 'Blijf uit mijn buurt, ik heb niets voor je.' Wanneer het regent, groeien de bladeren heel snel, en is alles vervuld van vreugde.

Ik was er niet echt dol op om de plaatselijke latrine te gebruiken. Mijn moeder heeft geen eigen wc of wasruimte, wat betekende dat we deze moesten delen. Je kon hem al ruiken lang voordat je hem zag. Het was een kleine vierkante ruimte die net iets meer dan één bij één meter groot was, een houten deur zonder klink had en niet van een dak was voorzien. In het midden van de betonnen vloer bevond zich een klein vierkant gat. Je moest boven het gat hurken en je behoefte doen. Het stonk er vreselijk en de vloer was nat en vuil. Ik ging zo snel als ik kon naar binnen en weer naar buiten. Mensen liepen blootsvoets over stenen en door doornstruiken, maar niet naar het gemak. Wie geen schoenen had, wachtte tot er iemand langskwam met een paar dat je kon lenen.

Op de weg terug zag ik een paar kleine dorpsjongens die naar me keken. Een jongetje had de zwartste huid die ik ooit had gezien en die glom in het zonlicht. 'O, Zwartje, Zwartje,' riep ik naar hem. 'Laat me je mooie vel eens zien!' Ik haalde mijn fototoestel om een paar foto's van hen te maken. Wanneer de jongetjes me niet aan stonden te staren, dansten ze in het rond en lachten ze. Ze poseerden voor de camera en toonden hun prachtige witte tanden die werden omlijst door knappe zwarte gezichten. Elk kind droeg een beschermende leren amulet om zijn hals. Allah was overal.

Mijn familie fotograferen was een heel ander verhaal. Zodra Mohammed me met mijn fototoestel in mijn handen de hut uit zag komen, begon hij tegen iedereen te schreeuwen: 'Laat haar pas een foto van je maken als je mooi bent aangekleed. Laat haar je niet zo fotograferen, ze verkoopt de foto's aan tijdschriften!' Hij bleef zijn tong naar de camera uitsteken en met zijn armen zwaaien zodat ik geen mooie foto van hem kon maken. Burhaan stond op, ging zijn huis binnen en wilde niet meer naar buiten komen. Hij verborg zijn gezicht achter de tralies voor de ramen en deinsde achteruit wanneer ik het toestel op hem richtte om een foto te maken.

Ik schreeuwde tegen hen: 'Stel jullie niet zo aan. Ik ga de foto's niet aan modebladen verkopen! Kom nou, ik neem alleen een paar foto's voor mezelf. Ik wil ze aan mijn vrienden laten zien. Kom maar weer naar buiten, jongens.' Ik deed geen poging meer om de jongetjes te fotograferen en wendde me tot mijn moeder. 'Mama, mama, laat me je foto nemen. Ik wil alleen maar een foto van je maken om mee terug te nemen.'

'Nee, ze gaat hem verkopen, zodat een of ander blad hem op de cover kan zetten,' zei Mohammed. 'Ik zweer het!' Iedereen dacht dat hij het meende. Hij zei dat iedereen zich moest wassen en zijn mooiste kleren moest aantrekken, zodat ze er op de foto niet vuil en stoffig uit zouden zien. 'Als ze een foto van jullie neemt als jullie vies zijn, sla haar dan maar! Maak haar fototoestel kapot,' zei hij tegen hen.

Ik ging voor mijn vervelende broer staan en schreeuwde tegen hem: 'Mohammed! Je bent gek en dat weet je. Hou eens op met die onzin.'

'Nee, nee,' zei hij, genietend van het spelletje. Hij wees naar me en bleef maar herhalen, alsof hij een deskundige op dat gebied was: 'Ze gaat ermee naar de modebladen.'

Ten slotte zei ik tegen iedereen: 'Jullie zien eruit als een stelletje vluchtelingen! Dat weten jullie. Het enige blad waaraan ik de foto's ga verkopen, is *National Geographic*! Ik meen het.' Ik kon niet geloven dat ze zo'n drukte maakten om een kiekje van de familie dat ik bij de drogist zou laten ontwikkelen. '*Hoyo*, moeder,' zei ik smekend, 'laat me alsjeblieft een foto nemen.'

'Ik ben bezig,' zei ze. Ze hield nooit op. Ze was altijd bezig, van 's morgens vroeg, nog voordat iedereen opstond, tot laat in de avond.

'*Hoyo*,' zei ik bedelend. 'Zit alsjeblieft stil. Ik wil een paar foto's nemen om aan mijn zoontje te laten zien. Ik wil dat hij weet wie zijn grootmoeder en zijn familieleden zijn.'

'Nou, neem die foto dan,' snauwde ze, terwijl ze stijf rechtop ging staan.

Rashid kwam in beeld staan en zei: 'Mama, je moet een andere jurk aantrekken voor de foto.'

'Ik heb me vanmorgen al aangekleed,' zei mama.

Hij greep haar versleten bruine jurk beet en zei: 'Ga die jurk aantrekken die ik voor je heb gekocht. Je kunt niet in dit oude geval op de foto.'

Mama mompelde dat hij haar met rust moest laten, maar ze ging toch haar hut in en kwam even later weer naar buiten met een andere jurk over haar oude bruine heen. De jurk had een patroon van donkerpaarse strepen en gele bloemen. Ze is zo dun dat het niet eens opviel dat ze alle kleren droeg die ze bezat. Ineens werd ze verlegen en trok de *chalmut* voor haar gezicht toen ik afdrukte. Mohammed ging op een krukje met drie poten zitten en begon zoals gewoonlijk iedereen te commanderen. Hij zei tegen mijn moeder dat je op een foto je tong uit hoorde te steken, en natuurlijk luisterde ze naar hem.

'Burhaan,' zei ik smekend. 'Help me eens een paar foto's van Aba te nemen.' Burhaan en Mohammed gingen hem halen. Ze hielden hem tussen hen in overeind en liepen voorzichtig met hem de zon in, ervoor wakend dat hij niet zou struikelen.

'O, het is de prachtige familie Dirie,' zei ik terwijl ik de foto's nam. Ik zag dat mijn vader kleiner was dan Mohammed. Toen Aba merkte dat ik een foto van hem maakte terwijl hij door mijn broers werd ondersteund, duwde hij hen allebei weg en bleef in zijn eentje staan, rechtop en waardig, ook al had hij een verband voor één oog en was het andere oog blind. Hij wilde niet dat hij op een foto stond terwijl hij op iemand steunde. Hij zag eruit als de sterke vader die ik van vroeger kende. Niets kon hem van zijn geesteskracht beroven.

Hoewel Nhur acht maanden zwanger was, liep ze evengoed nog elke dag helemaal naar het dorp om schoon drinkwater bij de enige waterbron te halen. Dat was een tapkraan waar je voor tien shilling je kruik mocht vullen. Ze droeg de twintig liter in haar eentje terug. Ze vulde twee kruiken en droeg er in elke hand een. Ik zag haar met de twee kannen water over de heuvel aankomen. Ze liep een klein stukje en bleef telkens even staan om op adem te komen. Zodra ik haar zag, rende ik naar haar toe om haar te helpen. Mijn broers bleven voor het huis over politiek zitten praten.

Ik zei tegen haar: 'Waar is die waardeloze man van je? Die zit te niksen. Waarom pik je dit?' Ze keek me alleen maar aan.

Wanneer Nhur het water had gehaald, liep ze in de hitte naar de dorpsmarkt om te kijken wat er die dag aan eten te koop was. Ze kocht rijst, gewikkeld in oude kranten die tot kegels waren gevouwen, en als ze het kon vinden geitenvlees. Ze kocht specerijen die in vierkante stukjes papier waren gevouwen; net genoeg voor het eten van die dag, nooit een heel potje. Daarna zocht ze brandhout en maakte een vuur om op te koken. Ze sneed het vlees in stukjes en sneed zorgvuldig al het vet en de bedorven stukjes weg. Ze kookte de rijst en het vlees in een beetje olie, met een stuk of twee uien en wat tomaten erbij. Om het vuur brandende te houden wakkerde ze het voortdurend aan. Toen ze klaar was, legde ze de rijst op een rond tinnen blad en maakte in het midden een kuiltje waarin ze het geitenvlees en de kruidige saus goot. Ze serveerde de mannen het blad met rijst en thee die met een beetje *ghee* was gemaakt. Toen die klaar waren, nam ze alles wat nog over was mee naar de geïmproviseerde keuken, en pas dan ging zij met de kinderen zitten eten.

Op de eerste dag na mijn aankomst kwam de moeder van Nhur vanuit het kamp in de woestijn waar ze woonde naar de nederzetting gelopen. Ze kwam elke dag. Ze was een van de mooiste vrouwen die ik ooit heb gezien. Ze had groene ogen en was langer dan ik. Haar ogen en neus stonden op een regelmatige afstand van elkaar en haar gezicht was volmaakt ovaal van vorm. Deze vrouw had als jurk alleen maar een rafelig vod, en ik heb haar nooit iets anders zien dragen. Ooit was de jurk misschien oranje of rood geweest, maar nu was hij zo oud dat hij alleen nog maar uit grijstinten bestond. Het moet het enige kledingstuk zijn geweest dat ze had. Net als de meeste Somaliërs was ze een trotse vrouw die nooit ofte nimmer ergens om zou vragen. We gaven haar elke dag iets te eten zonder vragen te stellen, want zo gaat dat nu eenmaal in mijn land.

Ik besloot dat ik er genoeg van had en zei de volgende dag tegen mijn schoonzusje: 'Nhur, vandaag kook ik. Ga jij je moeder maar opzoeken.' Nhur schonk me een glimlach en zei dat ze water ging halen. Ze wikkelde haar blauwe *chalmut* om haar hoofd en pakte de waterkruiken. Ik legde een stapel brandhout voor het vuur neer en zette er de grootste pan die ik kon vinden op. Omdat die niet wilde blijven staan, drukte ik hem zo stevig in het hout dat er een kuiltje ontstond en hij niet meer om kon vallen. Ik deed rijst en bonen in de pan en vulde hem daarna tot aan de rand met water.

Het vuur begon te roken omdat het hout nog nat was van de regen. We hadden geen droog hout omdat we geen ruimte hadden om het op te slaan. Ik probeerde het vuur op te stoken zodat het flink zou gaan branden, maar het bleef maar roken. Ik begon te hoesten, kreeg rook in mijn ogen en werd bij elk windvlaagje in rook gehuld. Ik deed vast iets verkeerd, maar ik had al twintig jaar niet meer op een open vuur gekookt. Dat wil zeggen, voordat ik Somalië verliet, had ik trouwens ook bijna nog nooit gekookt. Ik riep Burhaan. 'Hé, wil je me even komen helpen?' vroeg ik. Hij heeft veel meer ervaring met vuur dan ik.

'Dat is vrouwenwerk,' zei hij. Hij bleef in de schaduw op zijn matje zitten.

'Hé,' zei ik, 'ik heb hulp nodig, hoor.'

'Vraag het maar aan Nhur,' zei hij. 'Koken is vrouwenwerk.' Hij sloeg mijn gehannes gade en weigerde domweg een vinger uit te steken omdat koken nu eenmaal vrouwenwerk is. Hij had niets te doen en zat alleen maar te zitten, maar hij weigerde evengoed om me te helpen. Ik had zin om mijn schoen uit te trekken en hem ermee te lijf te gaan.

'Mohammed, jij bent vast niet zo'n idioot als Burhaan,' zei ik. 'Kom hier en zorg voor het vuur, anders kunnen we niet eten.'

'Dat is niet mijn probleem. Wij regelen de mannenzaken,' zei hij.

'O ja? En wat zijn de mannenzaken dan?' Ik stond op en vroeg: 'Als er iets moet worden gedaan, dan doe je het toch gewoon? Dan ga je toch niet zeggen dat je sommige dingen niet doet?' Ik gooide een stok naar het tweetal, die Mohammed lachend naar me teruggooide. 'Ik snap het niet,' zei ik. 'Stel dat je geen vrouw hebt om voor je te koken, blijf je dan gewoon honger zitten lijden?'

'Nee,' zei Burhaan lachend, 'dan zorgen we ervoor dat de kinderen voor ons koken.'

Eindelijk kwam Nhur terug met het water. Vanwege haar dikke buik liep ze heel erg langzaam. Ze zette het water neer en tilde de zware pan van het vuur. Ze porde wat tussen de takken en legde ze anders neer. Ze legde de grootste takken aan weerskanten en zette de pan op het vuur. Dan hurkte ze bij het vuur neer en waaierde ze het weer tot leven.

'Een van de dingen die dit land kapot hebben gemaakt, is qat,' zei ik tegen mijn broers.

'Vandaag hebben we geen qat,' zei Rashid glimlachend.

'Als je eraan kon komen, dan zou je erop zitten kauwen,' zei ik. Ik vond het vreselijk dat hij ooit met die nare gewoonte was begonnen. 'Mannen zijn helemaal niet gemotiveerd,' zei ik tegen hen. 'Ze gebruiken hun hersens niet en verspillen hun leven door de hele dag op dat stomme kruid te kauwen.'

Na het eten ging ik naar mijn moeder. Omdat het regende, gingen we in haar hutje zitten. Toen mijn tante opstond om naar het gemak te gaan, vroeg ik haar: 'Mag ik hem even vasthouden?' en ze liet haar baby bij mij achter. Hij zag er net zo uit als ik en we waren meteen met elkaar verbonden. Hij huilde niet toen ik hem vasthield. Toen ik tegen hem praatte, keek hij me recht in mijn ogen.

Mama deed een beetje van de geitenmelk die ze voor hem had bewaard in een beker. In Somalië hebben we geen zuigflesjes of kinderbekers. Je pakt het kind gewoon bij de wangen en drukt die voorzichtig tegen elkaar. Dan pak je de beker en houd je die zo vast dat de baby de melk van de rand kan zuigen. Mijn neefje had een piepklein schattig mondje en ik was blij dat ik hem mocht voeden, maar ik hoorde mijn moeder zachtjes mompelen.

Ze was in zichzelf aan het praten toen ze de melk pakte. 'O, mijn god, laat de baby niet bij haar achter,' zei ze. 'Moet zij de baby voeden? Weet ze wel wat ze doet?'

Ik keek haar aan en zei: 'Mama, wat denk je wel niet van me? Ben ik zo hopeloos? Ik ben toch zelf ook moeder?'

'*Hiyea*,' gaf ze toe.

'Ik ben toch ook al dertig.'

'*Hiyea*.'

'Jij hebt me toch hier opgevoed?'

Mijn moeder keek me aan en zei: 'O ja, dat is waar,' maar ze klonk alsof ze geen vertrouwen in me had.

Ik zei: 'Kom eens even bij me zitten. Ik voel me beledigd door wat je zei.' Ze gaf me de beker en ik hield de baby dicht tegen me aan. Voorzichtig legde ik mijn vingers naast zijn mondje en zorgde ervoor dat hij het opende. Hij dronk de melk zonder een kostbare druppel te morsen.

'O, kindje,' zei ze. 'Zo bedoelde ik het niet. Ik dacht dat je zo'n ander leven leidde dat je niet meer wist hoe je met kinderen moet omgaan.'

Voordat ik antwoordde, vroeg ik me af waarom ze dat zei. Misschien denkt ze wel dat ik alles ben vergeten wat zij me heeft geleerd, dacht ik. Misschien denkt ze dat echt. Ik zei: 'Mama, ik heb mijn eigen kind zelf opgevoed en ik heb hem zo gevoed als jij me hebt geleerd. Jij hebt me geleerd hoe ik een baby moet voeden. Dat is iets wat ik nooit meer zal vergeten omdat jij het me hebt voorgedaan. Denk alsjeblieft niet dat ik niet weet hoe ik voor een kind moet zorgen.'

'Het spijt me, Waris,' zei ze, me een korte blik toewerpend. Ik denk dat mijn moeder trots op me was. Ze kon merken dat ik waardering had voor haar manier van doen en voor de dingen die ze me had geleerd. Ik ben de belangrijke dingen niet vergeten omdat ik nu ergens anders woon.

Omdat ik op een dergelijke plek ben opgegroeid, ben ik erg zelfstandig. Ik heb veel dingen geleerd die andere mensen niet kunnen, zoals haren knippen. Ik probeerde dan ook om het haar van mijn jongere broer te knippen. Er waren geen kappers in het stadje en Rashid klaagde dat zijn haar te lang werd.

'Vader vraagt me steeds waarom ik hier nog rondhang. Ik moet terug naar de dieren,' zei hij. 'Ik kan niet gaan zitten wachten tot er een keer een kapper langskomt.'

Maar toen ik een schaar pakte, zei iedereen: 'O, nee, help!'

'Waarom niet?' vroeg ik.

'Dat kan niet,' zeiden ze.

'Ik weet hoe ik moet knippen,' zei ik. 'Je kunt me vertrouwen.'

'Nee, Waris, daar gaat het niet om,' zei mijn vader vlak, terwijl hij zijn vinger heen en weer bewoog.

'Nou, waar gaat het dan wel om?'

'Een vrouw kan het haar van een man niet knippen.'

'Waar heb je het over?' zei ik. Ik voelde dat ik er ondertussen doodmoe van werd. 'Wat maakt het uit wie zijn haar knipt? Merken de kamelen het soms?'

Ze riepen allemaal: 'Dan wordt hij uitgelachen.'

Ik zei: 'Door wie? Door jullie? Zijn jullie zo bekrompen?'

'Geloof me, ze zullen hem uitlachen,' hield mijn vader vol.

Ik kon dat maar moeilijk geloven en zei: 'Zolang ik weet hoe ik iemands haren moet knippen en ik er slim genoeg voor ben, is er toch geen probleem?'

Mijn vader zei: 'Daar gaat het niet om, Waris. Het is gewoon de manier waarop we de dingen hier doen.'

Ik zei: 'Papa, doe alsjeblieft niet alsof ik dom ben. Het is niet zo dat ik niet weet hoe het werkt, dat ik de cultuur niet ken.' Dit was een punt waarover we het altijd oneens waren. Ik vroeg hem en al mijn broers: 'Wanneer gaan jullie dan veranderen?' Ik zei tegen hen: 'Het is net als met het besnijden van vrouwen. De vrouwen zijn klaar voor een verandering.' Er viel een stilte in de ruimte. Het was alsof er een wolk voor de zon was geschoven. Ik wist dat ze dit onderwerp zeker niet in gemengd gezelschap zouden bespreken, als ze het al zouden willen bespreken. 'Jullie vonden het goed dat ik foto's maakte,' veranderde ik van onderwerp. 'Toch geloven een heleboel mensen hier dat je daardoor van je ziel wordt beroofd.'

'Alleen domme mensen geloven dat,' zei Burhaan.

'Waarom is het dan iets anders als het gaat om een vrouw die het haar van een man knipt?' Ik probeerde hen maar te overtuigen, maar het lukte me niet. Ik kon ze zoveel uitdagen als ik wilde, ze zouden de manier waarop ze de dingen deden toch niet veranderen. Toch kon ik er niet boos om worden. Ik was gewoon blij dat ik voor een hut kon zitten met mijn moeder, mijn vader, mijn broers en al die mensen die ik zo'n lange tijd niet had gezien. Ik zei: 'Dit is een droom die ik al bijna dertig jaar heb gedroomd. Althans, ik denk dat ik bijna dertig ben, ik weet het niet zeker.'

Mijn vader hief zijn hoofd op en zei: 'Ik denk dat je al bijna veertig bent.' Mohammed en ik schoten in de lach.

'Nee hoor, dat is ze niet,' zei mijn moeder. 'Burhaan is zevenentwintig en hij is een jaar of twee jonger dan zij.' Haar stem stierf weg omdat ze net zomin als mijn vader wist hoe oud we eigenlijk allemaal waren.

Als leeftijden voor mijn ouders niet belangrijk waren, kon het mij ook niet schelen. Hier zat ik onder de sterren van een prachtige Afrikaanse nacht. Ik was vergeten hoeveel sterren er aan de hemel stonden, of misschien hadden ze in de jaren dat ik weg was geweest wel kleine sterretjes gekregen. Het was zo helder dat ik het gevoel had dat ik mijn hand kon uitsteken en de hemel kon melken. Het was waar wat ze zeggen, het is goud waard – eigen haard is goud waard. O, wat had ik dit gemist, het gevoel dat ik ergens bij hoorde wat groter was dan mijzelf. Het speet me dat ik hier zo lang niet meer was geweest. Ik had mijn volk niet ouder zien worden. Ik was er niet geweest toen ze me nodig hadden. Mijn vader zei: 'Maak je geen zorgen om mij, het is gewoon de leeftijd, Waris, ik ben nog steeds sterk. Morgen ga ik op zoek naar een andere grote vrouw en maak ik nog een paar kinderen die voor de geiten kunnen zorgen.'

Het deed me goed dat hij nog steeds grappen zat te maken. Daardoor besefte ik hoeveel ik van mijn vader hield en hoe erg ik hem had gemist. Ik probeerde stoer te doen, en op een bepaald moment zei ik: 'Jij hebt me dit aangedaan, het is jouw schuld dat ik wegliep,' maar ik zou niets, helemaal niets in mijn leven willen veranderen. Ik heb dat al eerder gezegd, en ik blijf het zeggen. Ik wou dat ik de tijd kon terugdraaien, maar ik heb nergens spijt van. We strompelen allemaal door het leven, en hoewel ik geen schoenen had die mijn rotsige pad aangenamer konden maken, heb ik geen spijt van het pad dat ik heb gekozen. Soms was het zwaar, soms was het prachtig, maar het is allemaal levenservaring en voor alles is een tijd en een plaats. Ik droomde vroeger altijd dat mijn vader en mijn moeder en mijn zus en mijn broers allemaal op één plaats zouden wonen, omdat ik dat nooit had gekend. Nu kon ik deze verbazingwekkende week met mijn familie doorbrengen. Het was een droom die ik al mijn hele leven had gekoesterd en ik dankte Allah omdat hij was uitgekomen.

12
Het Somalische onderwijs

Een meisje baren is een probleem baren.

SOMALISCH GEZEGDE

Mijn moeders kleine dorp werd overspoeld door mensen uit Mogadishu die er een veilig heenkomen hadden gezocht. Ze waren gevlucht voor verdwaalde kogels en de aanhoudende gevechten om de macht over de straten. Het dorp was gegroeid als een colonne roofmieren. Er was niet genoeg water, geen elektriciteit, geen artsen, geen medische hulppost en het dichtstbijzijnde ziekenhuis was meer dan honderdvijftig kilometer verderop. Toen ik naar scholen vroeg voor de kinderen zei Ragge: 'Ik geef les.'

Nieuwsgierig vroeg ik hem: 'Waar? Ik wist niet dat er een school was in het dorp.'

'Dan laat ik je hem zien,' zei hij. Vorig jaar hadden Ragge en een stamgenoot uit Mogadishu besloten een school op te zetten. Ze kregen voldoende geld van het Kinderfonds van de Verenigde Naties om een hut te bouwen met een golfplaten dak en een vloer van aangestampte aarde. Ze openden een school voor de kinderen van het dorp. Ragge werd opgeleid in Mogadishu, waar mijn oom ooit zakenman was geweest. Hij kon Somali, Arabisch, Italiaans en Engels lezen. Hij had geen baan dus dacht hij: waarom zou ik die kinderen geen lesgeven? Zijn Engels was uitstekend, en ik praatte graag met hem.

Hij zei: 'Morgenochtend kom ik je op weg naar school ophalen. Zorg dat je klaarstaat.'

'Ik zal er zijn,' zei ik enthousiast. Ik wilde hem en de school op alle mogelijke manieren steunen. Misschien kon ik wat voor hen doen.

De volgende ochtend, toen de geiten nog lange schaduwen op de grond wierpen, stond hij voor de hut. 'Ben je klaar?' riep hij.

'Natuurlijk,' antwoordde ik en liep naar buiten. De zon scheen 's ochtends zo fel dat ik heel vroeg opstond. Tegen zes uur had ik al ontbeten en was ik aangekleed en klaar om op pad te gaan. Niemand weet hoe laat het is, en niemand hoeft het ook te weten, want de zon wekt je en zorgt ervoor dat je aan de slag gaat, en het donker helpt je 's avonds weer in slaap te vallen.

Toen ik bukte en uit de kleine hut stapte, zag ik mijn moeder die buiten haar tanden met haar tandenstoker schoon zat te maken. Ze haalde hem uit haar mond en zei: 'O, mijn god! Waar denkt zij dat ze naartoe gaat?' Ze graaide naar mijn jurk alsof het een vod was.

'Wát? Mama, wat is er mis met wat ik aanheb?' Deze jurk droeg ik in en om de kleine hut. Het was een lange, Somalische *dirah* met een witte onderjurk. In mijn handen had ik een sluier die ik van Dhura in Amsterdam had geleend. Mijn moeder schudde met haar hoofd, en ik pakte mijn jurk uit haar handen. 'Voor wie kleed ik me dan aan? Ik ga alleen maar naar het schooltje.'

Mijn moeder sloeg haar ogen ten hemel en hief haar armen. Het leek wel of ik een minirok droeg. 'Ik weet niet waar je het vandaan haalt, meisje, maar zo ga je het huis niet uit. Nee, met deze jurk zul je me te schande maken.'

Wat was er zo schandelijk aan de jurk die ik droeg? Ik smeekte: 'Mama, ik ben toch helemaal bedekt?' Ik sloeg de sluier om mijn hoofd en draaide een rondje om haar te laten zien dat ik keurig van top tot teen bedekt was.

Ze zei: 'Ga naar binnen en kleed je mooi aan voordat je naar die school gaat.'

Ik vroeg: 'Wat is het probleem? Vertel me alsjeblieft wat er mis is met mijn jurk?' Nhur en mijn moeder stonden naar me te schreeuwen en deden alsof ik de Profeet Mohammed in eigen persoon had beledigd. Ze zeiden dat de jurk vaal was, dat de sluier er niet bij paste en dat ik mijn mooie jurk moest aantrekken. Ze deden alsof ik op bezoek ging bij de koning of de president. Ik begreep niet waarom ze zo'n ophef maakten. 'Ik weet best hoe ik me mooi aan moet kleden. Heb je ooit van Gucci gehoord? Of van Armani? Van een jurk van hen zou dit hele dorp een week kunnen leven.'

'Waarom zou je een jurk opeten?' vroeg Nhur, en ik realiseerde me dat ze het nooit zouden begrijpen. Op de catwalk in Parijs en Milaan kijkt de stylist toe wanneer je je aankleedt en kiest de kleding die je goed staat. Daarna word je opgemaakt door een visagist, en schikt een kapper elke haar op je hoofd alsof die een gouden draad is. Wanneer je aangekleed bent, wordt vlak voordat je het podium op loopt, elk detail, elke centimeter van je lichaam nog eens door de stylist gecontroleerd. Daar moet je je pas met zorg kleden. Mijn eigen familie behandelde me als een dom, onwetend wicht, en ik kon er niet tegen ingaan. Ik moest luisteren naar mensen die een paar slippers nog deelden, die nog nooit een servet hadden gebruikt of in een lift hadden gestaan. Ragge keek steeds de andere kant op. Wat hij ook dacht, hij zou zich er niet mee bemoeien.

Moeder hield vol: 'Nee, je moet iets anders aantrekken,' pakte me bij de handen en leidde me onder zachte dwang terug haar huisje in. In Somalië zal zelfs een vrouw die lijdt aan ondervoeding zich nog proberen te kleden in de beste jurk die ze heeft. Ik wilde dat mensen schoon water, goede medische zorg en onderwijs kregen; wat deed mijn jurk er nou toe? Wanneer mijn moeder echter iets heeft besloten, moet je luisteren en doen wat zij zegt. Ik moest de koele, katoenen *dirah* uittrekken en mijn mooiste *dirah* met de geborduurde onderjurk en de bijpassende gladde, zijden sluier aandoen. Moeder zei: 'Ja, trek die maar aan, in die andere zag je eruit alsof je van een arme familie komt.'

Naarmate de zon hoger boven de hut klom, werd het steeds warmer, en ik transpireerde nu al. Omdat ik bang was dat Ragge te laat op school zou komen, rukte ik mijn kleren uit en dook in mijn koffer om mijn mooie jurk te voorschijn te halen. Daarna kleedde ik me helemaal opnieuw aan, terwijl ik er angstvallig op lette dat de stof de smerige vloer van de kleine hut niet raakte. Ik kon nauwelijks rechtop staan en de zon brandde op het golfplaten dak, waardoor het binnen heet was als een oven. Mama was pas tevreden toen ik de zijden sluier omsloeg die maar niet wilde blijven zitten. Ik moest hem strak om mijn nek binden, anders zou hij afglijden en vies worden in de modder. Toen ik naar buiten stapte, werd ik weer begroet door een koor: 'Nee, nee, die jurk is doorzichtig! Ben je gek geworden? Je moet er iets onder doen. Heb je geen T-shirt?'

Ik zette mijn voeten naast elkaar en zei: 'Nee, ik doe geen T-shirt aan, daar is het veel te warm voor. Ik sta nu al te zweten, en het is nog vroeg.'

Mijn drie broers kwamen uit het niets te voorschijn. Ze kwamen arm in arm om de hoek lopen, drie lange mannen naast elkaar. Wanneer je ze nodig hebt, zijn ze er niet, maar opeens waren ze overal, als een troep hyena's die van alle kanten in me begonnen te knijpen. 'Hé, waar gaat zij naartoe?' vroegen ze in koor.

Mohammed deed alsof hij de leiding had. 'Nee, nee, zo kun je niet gaan,' zei hij hoofdschuddend. Iedereen nam weer aanstoot aan me. Ik gaf het op en trok alles aan zoals ze me zeiden, zodat ik zo snel mogelijk weg kon.

Ragge lachte onophoudelijk toen we door het dorp naar de school liepen. Ik zei dat hij op moest houden, omdat ik anders niet eens naar zijn vervloekte school zou gaan, en toen proestte hij het helemaal uit. Dit officiële bezoek in mijn mooiste uitrusting betrof een kamer met bakstenen muren, waaruit twee gaten waren gehakt die dienstdeden als ramen. De deur was van gammel hout, de vloer was aangestampte aarde en het dak bestond uit golfplaten. Ik zag er fantastisch uit.

Er waren ongeveer honderd kinderen van verschillende leeftijden, die allemaal achter elkaar aan renden en door elkaar heen krioelden. Ragge en zijn vriend, Ali, die zei dat hij het schoolhoofd was, droegen samen de verantwoordelijkheid voor de school. Ragge klapte in zijn handen en riep naar de kinderen: 'In de rij, de les gaat beginnen.' De school begint wanneer de leraar er is. De kinderen gingen onmiddellijk in de rij staan en liepen naar binnen. De meisjes zagen eruit als bloemen met hun vrolijke blauw met gele jurkjes en rode sluiers. De meesten hadden jurkjes die van dezelfde stof waren gemaakt, waarschijnlijk de enige stof in het dorp. Een van de meisjes had een gezicht dat zo rond was als een bal, en oren die naar opzij staken. Toen ze voorbijliep, keek ze verlegen naar me en glimlachte breed alsof ze me bewonderde. Ze herinnerde me aan mezelf toen ik zo oud was omdat ze dapper genoeg was om me aan te kijken, en om die reden hield ik van haar. Ik was blij verrast dat iemand dacht dat ik iemand was! De meeste jongens droegen iets wat eruitzag als een oud schooluniform; witte overhemden met blauwe biezen bij de kraag en de manchetten. Verschillende jongens droegen lange, blauwe broeken die veel te lang waren voor hun dunne beentjes en door het stof sleepten. Het was nog een wonder dat ze niet over de broekspijpen struikelden zoals ik over de zoom van mijn jurk. Er waren zoveel kinderen dat ze als bijen in een korf opeengepakt zaten. Ik bedacht dat ik pas naar binnen zou gaan om ze goedemorgen te wensen wanneer ze allemaal zouden zitten. Voor de deur staand zag ik dat ze met zijn allen op de stoffige vloer gingen zitten. Er was niet één stoel of tafel of zelfs maar een boek in de hut. De kinderen zaten op het zand. Enkelen hadden een dun doekje meegebracht, maar de meesten zaten gewoon op de vloer van aangestampte aarde. Met glanzende ogen keken ze naar de leraar, zo graag wilden ze iets leren, ook al hadden ze geen lesmateriaal. Ik was trots dat mijn neef ze iets probeerde bij te brengen. Ik begreep niet waarom mijn vader en broers Ragge niet vertrouwden. Hij zat niet de hele dag te klagen, hij probeerde iets te doen om de situatie te veranderen.

Ragge legde dingen uit en wees met een grote stok naar woorden. Er was geen schoolbord, maar hij had enkele houten platen zwart geverfd. De kinderen hingen aan zijn lippen. Ze merkten niet eens op dat ik foto's nam, zo graag wilden ze naar school. Ze keken naar de leraar alsof hij een jong geitje was en zij de hongerige leeuwen. Sommige jongetjes waren zo geconcentreerd dat ze op een potlood kauwden, maar de meeste kindjes hadden er niet eens een! Als een kind een potlood en een stukje papier had, dan was dat een heel rijk kind. Ik vond het droevig om te zien, denkend aan de kinderen bij mij in de buurt die liever op straat hingen dan naar school te gaan om iets te leren. Ik had altijd naar school willen gaan om te leren lezen en schrijven, maar ik heb nooit de kans gehad. Al mijn hele leven werk ik om in mijn levensonderhoud te voorzien. Ik heb nooit de kans gekregen om in een klas te gaan zitten en naar een leraar te luisteren. Alles wat ik nu weet, heb ik mezelf geleerd. Toen ik daar zo stond, vergat ik helemaal dat ik het warm had en me ongemakkelijk voelde, want een school is een magische plek voor me.

Ragge vroeg of ik de kinderen gedag wilde zeggen. 'Ik ben heel blij om jullie te ontmoeten,' zei ik. 'Een school is een heerlijke plek, en jullie hebben geboft dat jullie zo'n leraar hebben.' De kinderen wilden allemaal weten waar ik woonde en ik probeerde hen iets over New York te vertellen. 'Sommige gebouwen zijn er zo hoog dat je de bovenkant bijna niet kunt zien. Er rijden heel veel auto's op straat, en alle straten zijn geplaveid. Er is dus geen gras.'

Er werden veel handen opgestoken, en een van de jongens vroeg: 'Wat eten de geiten?'

'Er zijn geen geiten in New York.'

'Waar haal je dan melk om te drinken?' wilden ze allemaal weten.

Ik vroeg of er iemand in New York zou willen wonen, en helaas gingen bijna alle handen omhoog. De kinderen wilden Somalië dolgraag verlaten om naar het Westen te gaan, ook al wisten ze daar niets van af. Ze gingen er gewoon van uit dat het er beter zou zijn dan in Somalië.

Ik vroeg het schoolhoofd wie het gebouw had neergezet. Hij vertelde me dat UNICEF de dorpsoudsten genoeg geld had gegeven om bakstenen en tin te kopen. Alle vaders hadden samengewerkt om een school voor hun kinderen te bouwen. Ali liet me een bord op de voorkant van het gebouw zien, waar UNICEF op stond. De school was echter nu al te vol, en elke ochtend stonden er meer kinderen op de stoep. Ik vroeg hem hoe de leraren betaald werden, en hij vertelde dat ze, als ze geluk hadden, dertig dollar per maand kregen, maar dat ze al lang niet meer betaald waren. 'Eens in de zoveel tijd komt er iemand geld brengen, maar ik weet niet eens of er nog een Somalisch ministerie van Onderwijs is, of dat de Verenigde Naties dit financieren of waar het geld eigenlijk vandaan komt.'

'Hoe kom je rond als je niet betaald krijgt?'

'Leraren hebben te eten omdat iedereen elkaar helpt. Als je naar iemand toe gaat, en er is eten, hoef je er niet om te vragen; mensen hier delen wat ze hebben. Ik maak me geen zorgen om voedsel, maar zonder salaris kan ik verder geen leven opbouwen. Ik kan geen eigen huis bouwen of trouwen en kinderen krijgen. Kijk of je ons kunt helpen,' vroeg Ali me. 'We krijgen geen salaris en hebben geen boeken of ander materiaal. Alles zou welkom zijn.'

Toen ik de school uitliep, merkte ik een oude haan op die rondparadeerde op het schoolplein, kraaiend alsof hij de leider was. Hij pikte gewichtig op de grond, zoekend naar een zaadje in het stof. Ik denk niet dat verder iemand hem had opgemerkt, en datzelfde gevoel heb ik over mijn land. Mensen in het Westen merken mijn arme, kleine land niet op.

Nhur zei steeds: 'We moeten je met henna versieren om je komst te vieren. Zonder henna kun je niet naar huis.' Ik had er zin in. Het is een oude traditie om de schoonheid van een vrouw te vieren. Henna symboliseert vreugde en wordt aangebracht voor je huwelijksnacht of nadat je een kind hebt gebaard, om het kind te verwelkomen in het leven. Als een vrouw heel ziek is en wordt genezen door God, gebruiken we henna om haar terugkomst in het leven te vieren. Vrouwen brengen het ook weleens aan wanneer ze naar een feest gaan.

'Kun jij het voor me doen?' vroeg ik aan Nhur, maar ze weigerde. Ze wilde op haar nicht of buurvrouw wachten om me dan te versieren. Ik wist niet wanneer en of ze zouden komen, dus ik zei: 'Kom op, we gaan niet op hen wachten. Doe jij het maar.' Ik ging er gewoon van uit dat zij net als iedereen hennaversieringen kon maken, want zij woonde al haar hele leven in het dorp. Het was me niet opgevallen dat ze zelf geen enkele versiering droeg, en mijn moeder evenmin. Henna blijft maar een dag of tien zitten, en hoe donkerder en dieper de kleur, hoe beter. Op een middag gingen Nhur en ik naar de markt om henna te kopen. Thuisgekomen mengde ze het poeder met warm water, waarna ze wat olie toevoegde en het tot een papje klopte. Je laat het ongeveer tien minuten staan, en dan is het klaar. Nhur pakte een stok en begon een versiering op mijn kuit te tekenen, naar beneden naar mijn voet. Hoe meer ze tekende, hoe meer de versieringen één grote kliederboel werden. Ik zei: 'Hé, het gaat niet goed.'

Nhur legde uit dat ze echt niet wist hoe ze hennaversieringen moest aanbrengen. Ik wilde niet dat ze zich naar zou voelen, dus zei ik om haar gerust te stellen dat het niet erg was. Voorzichtig tekende ze nog een versiering op mijn andere been. Intussen zaten we gezellig te kletsen. Ik bood haar wat sinaasappels aan die we op de markt hadden gekocht, maar Nhur zei dat ze ze niet wilde. 'Ik had steeds zo'n honger toen ik zwanger was van Aleeke, dat ik niet ophield met eten,' vertelde ik haar.

Nhur keek me verdrietig aan. 'Ik wil niet eten, want dan wordt de baby te groot. Ik heb het heel moeilijk gehad toen mijn dochter werd geboren. Ze moesten me opensnijden, zodat ze eruit kon, en daarna naaiden ze de wond weer dicht.'

Wat kon ik zeggen? Ik schudde mijn hoofd en klopte op haar hand. Ik weet dat de geboorte van een kind een pijnlijke gelegenheid is wanneer je geslachtsdelen verminkt zijn. Hoe kan de baby geboren worden wanneer de opening zo klein is? 'Ik zal voor je bidden dat alles goed gaat,' zei ik tegen haar.

Nhur zong een korte *hoobeyo*, een vrouwenlied, terwijl ze doorging mijn been te versieren. We zingen altijd over onze problemen.

> O, mijn dochter, mannen hebben ons onrecht aangedaan
> In een nederzetting zonder vrouwen
> Worden geen kamelen gemolken
> En worden de gezadelde paarden niet bestegen.

Toen Nhur klaar was met de hennaversieringen op mijn armen en benen ging ik naar buiten om ze in de zon te laten drogen. Het was warm en ik wilde niet dat de versieringen verpest werden terwijl ik ze in de zon liet drogen, dus deed ik mijn sluier af en trok mijn onderjurk uit. Ik wilde niet helemaal bedekt met kleren in de zon zitten, ik wilde een beetje zonnen. Ik trok mijn jurk omhoog en maakte hem rond mijn middel vast, en rolde de mouwen op tot aan mijn schouders. Als een hagedis strekte ik mijn armen en benen uit onder de heerlijke Somalische zon. Helaas zagen mijn voeten eruit alsof ik in de rode verf was gestapt, als de voeten van een koe, maar het kon me niet schelen. Het was prettig om door Nhur verzorgd te worden. Het was een gift van een schoonzus van wie ik was gaan houden.

Toen ik net lekker zat, liep mijn broer Mohammed langs en zei: 'Wat! Hebben ze haar het huis uitgezet, of zo?'

Mijn moeder en Nhur hoorden hem en kwamen schreeuwend naar buiten rennen. 'O, mijn god! Kijk haar, ze heeft haar jurk tot aan haar middel opgetrokken. Bedek haar, bedek haar! Wat spookt ze nu weer uit?'

Ik keek op naar het drietal, dat ronddanste als kippen zonder kop. Ik zei: 'Nhur, kom eens hier, want ik wil je slaan! Je hebt me vandaag al genoeg problemen bezorgd.'

'Waris, zo kun je niet buiten zitten,' zei Nhur hoofdschuddend.

'Laat me met rust, jij dwaze vrouw,' zei ik. 'Waar maak je je zo druk om? Niemand loopt langs deze hut, niemand ziet me. En wat valt er eigenlijk te zien?'

Ik lachte en zij zuchtten en zeiden: 'O, ze is geen steek veranderd, ze is zelfs erger geworden. Ze is nog gekker dan ze al was. Nog steeds luistert ze naar niemand.'

Laat die middag kwamen twee vrouwen Nhur bezoeken. Het viel me op dat ze prachtige hennaversieringen op hun handen en voeten hadden. 'Wie heeft die gemaakt?' vroeg ik. 'Dat zijn prachtige bloemen en symbolen.'

'We hebben ze zelf gemaakt,' antwoordden ze.
'Waar wonen jullie?' vroeg ik.
'Hiernaast.'
Nhur zei: 'Dit zijn de buurvrouwen die ik je hennaversieringen wilde laten doen, maar jij wilde per se dat ik het deed.'

13
Ummi

Een Arabisch woord dat 'ongeletterd' betekent,
slechts beroerd door de kennis van God.

Mijn moeder, haar hart zij gezegend, zit nooit stil. De dag voor ons vertrek bleef ze lange tijd weg. Ik zocht haar overal in het dorp en vroeg aan Mohammed, Rashid en Burhaan waar ze was. Toen Nhur terugkwam van de markt, vertelde ze me dat mama al was opgestaan voordat de kippen begonnen te kakelen. Nhur wees naar de blauwe heuvels in het westen, bij de grens met Ethiopië. Toen de eerste zonnestralen het dorp beschenen zag ik in de verte een kleine gestalte die op haar rug een zware lading in evenwicht hield. Ze zag eruit als een djinn of een vuurgeest, omdat de hitte in bijna zichtbare golfjes om haar heen leek te dansen. Mama had stokken en een enorme dode tak gevonden, de stoffige dingen in haar *chalmut* gewikkeld en er een grote knoop omheen gelegd. Geen wonder dat haar sluier een vod was! Ze droeg er alles in, van geiten tot brandhout. In elke hand droeg ze een plastic kruik van vijftien liter die gevuld was met water. Het was niet alleen het hout, ze moest ook nog eens water bij de bron gaan halen en dat op het heetst van de dag terug sjouwen.

Ik rende naar haar toe om haar met haar zware last te helpen. 'Mama,' riep ik tegen haar, 'waarom heb je me niet verteld wat je ging doen? Dan had ik je geholpen.'

Ze haalde alleen maar haar schouders op en lachte. 'Je lag te slapen.'

'Mama!' riep ik, en ik kreeg haar zover dat ze me de kruiken met water gaf. Ze keek me geamuseerd aan en bleef doorlopen. Mijn moeder is sterker dan drie andere mensen bij elkaar. Ze moet elke dag van haar leven naar hout zoeken. Terwijl ik in Parijs en Milaan over de catwalk liep, zocht zij naar hout dat Allah ons schenkt en zond ze de rook naar Hem terug omhoog.

Moeder tilde het brandhout van haar rug en vroeg aan Nhur wat ze die morgen in de soek had gevonden. Soms is er gewoon niet veel te koop, ook al heb je geld, en deze ochtend was er geen vlees geweest. Vaak hangt er wel een gevild karkas van een geit of een schaap aan een spijker, zodat je kunt zien dat het op de juiste manier is geslacht. De verkoper wuift de vliegen weg en snijdt het stuk vlees af dat je wilt kopen: een ribstuk, een schouder, een bout. Elk stuk heeft een andere prijs. Deze ochtend was er geen vlees. Mijn moeder had hout voor een groot vuur mee terug genomen, maar we hadden alleen maar rijst en geitenmelk om te koken. '*Hoyo!*' riep mijn broer Rashid. Wanneer ik hem vroeg of hij iets wilde doen, ging hij altijd tegen me in, maar wanneer mijn moeder zijn naam riep, kwam hij altijd meteen. Ze zei dat hij haar laatste geitje moest gaan halen. 'Ga *Ourgi Yeri*, Kleine Baby, eens zoeken,' zei ze. Ze wees in de richting van de termietenheuvels.

'Wat ga je met dat mooie kleine geitje doen?' vroeg ik, maar ze negeerde me en begon een vuur aan te leggen. De kniegewrichten van Ourgi Yeri staken zwart en bruin af tegen zijn witte vel, alsof hij in de modder had liggen bidden. 'Mama,' zei ik smekend. 'Dat hoef je niet te doen. Ik hoef echt geen vlees te eten, geloof me, dat hoeft niet. Slacht je kleine geitje nu niet omdat ik er ben. Hou hem voor jezelf! Alsjeblieft mama, ik geef echt niet zoveel om vlees.'

'Zo is het leven nu eenmaal, Waris,' antwoordde mijn moeder ferm. Ze heeft zo'n sterk geloof dat het te veel voor haar alleen is en ook degenen om haar heen vervult. Ze gelooft dat God voor haar zal zorgen, en dus hield ik mijn mond.

Rashid ging niet tegen haar in en nam zijn lange slachtmes mee. Geiten hebben in de regentijd, wanneer er genoeg groene scheuten zijn waarop ze kunnen knabbelen, niet veel verzorging nodig. Rashid kon Ourgi Yeri gemakkelijk vangen en droeg hem in zijn armen terug naar de hut. Burhaan hielp hem om de geit op zijn knieën te dwingen, met zijn nek uitgestoken. Het arme kleine ding wist dat er iets ging gebeuren en blaatte en vocht om los te komen. Ik kon het niet aanzien dat hij werd geslacht, het was zo'n mooi diertje. Ze moesten hem op de juiste manier slachten, anders zou mijn familie het vlees niet eten. Het was belangrijk dat zijn keel in één beweging werd doorgesneden, zodat hij snel en pijnloos zou sterven. Dat is de manier waarop moslims dat doen.

Het was vreselijk omdat mijn moeder zoveel van dat geitje hield. Elke morgen knuffelde ze hem en kriebelde ze hem onder zijn kin, waar een klein sikje begon te groeien. Die geiten waren alles voor haar, en vreemd is dat niet: ze gaven melk en dat was vaak het enige wat ze te eten had en wat ze haar gezin kon geven. De dieren boden ook voedsel en melk aan het gezin van mijn broer, aan de kleine Mohammed en aan de buren van mijn moeder. Nu slachtte ze haar laatste geitje om haar gezin te kunnen voeden. Mama gaf alle schaarse dingen die ze had weg, zonder er veel gedachten aan vuil te maken.

Ineens was iedereen stil. Je kon de duiven op het dak van de buren horen koeren. Mama was natuurlijk onbewogen, al keek ze wel heel even naar de zachte heuvels. Voor mij heeft honger een menselijk gezicht, het gezicht van mijn moeder. Ze had maar vijf geiten op deze wereld gehad, en nu waren er nog maar drie over omdat we er tijdens ons bezoek twee hadden opgegeten.

Rashid bracht het karkas van de geit naar mijn moeder, met de kop in een strak geweven kegelvormige mand. Mama pakte een mes en wette het op een steen. Ze vilde de geit en ontdeed hem van zijn ingewanden. Ze legde de huid opzij om er later een krukje mee te bespannen. Wanneer de natte huid opdroogt, krimpt hij en krijg je een sterke, strakke zitting. Mama sneed al het vlees van het dier zorgvuldig in stukken, ook de ogen, de neus en de lippen. Ze gaf de twee hoorns aan Mohammed Inyer om er mee te spelen en het vlees verdween in haar pan. Mohammed Inyer danste met de hoorns in het rond. Hij blies erin om te kijken of er geluid uitkwam en toeterde opgetogen in mijn moeders gezicht. Toen begon hij met een van de hoorns in de grond te graven, waardoor het stof in haar vlees woei. 'Scheer je weg van mijn pan, anders pak ik ze af om ze zelf te dragen,' zei ze, terwijl ze met haar mes naar hem zwaaide. Hij ging er snel vandoor om de hoorns aan de andere jongens te laten zien.

Mijn broers en ik hebben geprobeerd uit te zoeken hoe oud mijn moeder is. In Somalië wordt iemands leeftijd afgemeten aan het aantal *gu*, of regenseizoenen, dat iemand heeft geleefd. Het is moeilijk om haar leeftijd precies te bepalen, maar we denken dat ze ongeveer zevenenvijftig is, al lijkt ze wel tachtig of negentig. Ik denk dat dat komt omdat ze zoveel leed en ontberingen in haar leven heeft moeten doorstaan. Ze heeft elke dag hard moeten werken om in leven te blijven, en dat is duidelijk te zien aan haar gezicht en haar lichaam. Ze heeft geen grammetje vet aan haar lijf en haar voeten zijn bedekt met een dikke laag eelt. De huid van haar voeten lijkt wel olifantenhuid, dik en vol scheuren. Haar ogen zijn troebel en glanzen niet in het zonlicht. Ik ben blij dat ze gezond is en haar werk kan doen. Ze is nog steeds heel sterk. Toen ik haar aan het werk zag en hoorde zingen, kon ik merken dat alles wat ze doet verbonden is met haar geloof. Je moet geloven in God en in alle krachten die je bezit. Dat is in feite het enige wat mijn ouders hebben, geloof in de magische krachten van de natuur. Ze hebben geen uitkeringen, geen ziekenfonds en geen pensioen. Mijn vader is bijna blind en mijn moeder weegt misschien veertig kilo, maar ze zijn sterker dan ik. De helft van haar kinderen rust al in de armen van God en ze heeft een kogel in haar borst, maar ondanks alle moeilijkheden die mijn moeder in haar leven is tegengekomen, is ze vol moed en hoop.

Die middag hoorde ik mijn vader roepen, die zich afvroeg wie er in de buurt waren.

'Ik ben het maar, Aba,' zei ik, terwijl ik naar de plek liep waar hij lag te rusten.

'Waar is Mohammed?' vroeg hij. 'Het is tijd voor mijn oogdruppels.'

'Ik weet het niet, er is nu verder niemand.'

'Mohammed of Burhaan of je moeder moeten de druppels in mijn ogen doen,' zei hij.

Hij dacht nog steeds aan me als aan een klein meisje, en ik moest hem ervan overtuigen dat ik het net zo goed kon als mama. 'Vader, ik ben nu bijna even lang als de jongens,' zei ik. 'Ik weet wat ik doe.' Ik haalde voorzichtig het verband van zijn oog en waste zijn gezicht met schoon water. De zwelling was iets geslonken en hij kon weer iets beter kauwen en praten, maar het oog zag er nog steeds verschrikkelijk uit. De oogkas was ingevallen en had een nare gele kleur. Toen ik de druppels in zijn oog deed, zei mijn vader dat hij beter kon zien. 'Wat kun je zien?' vroeg ik aan hem.

'Schaduwen. Ik denk dat ik sommige kleuren en dingen kan zien,' zei hij.

'Het enige wat ik kan zeggen, is dat dat echt een geschenk van Allah is,' zei ik. 'Ik dank Allah dat je die operatie in de wildernis sowieso hebt overleefd. Ik hoop dat je voortaan naar het ziekenhuis in Galcaio zult gaan. Vader, je moet niet zomaar met een gek meegaan die een mes heeft.'

'*Hiyea*,' zei hij zacht.

Ik deed het verband weer voor zijn oog om de wond vrij te houden van stof en vliegen. Ik verkruimelde twee pijnstillers en deed die door zijn thee, omdat hij ze niet heel kon doorslikken, maar hij dronk niet zoveel van zijn thee. Gelukkig had ik nog iets meegenomen waar mijn familie iets aan had.

Na het eten zei ik: 'Vader, ik kom weer terug en dan blijf ik langer.' Dat beloofde ik hem. 'Deze week is zo snel voorbijgegaan. Het zou veel beter zijn als ik twee maanden of nog langer kon blijven, en de volgende keer doe ik dat.'

Mohammed knikte, en Rashid zei plagend: 'Misschien kun je dan leren hoe je een vuur maakt zonder iedereen uit te roken.'

'Ik had het niet tegen jullie. Jullie zijn een stelletje waardeloze kerels.' Ik pakte mijn vaders hand en vertelde hem dat ik graag wilde dat mijn zoon hem en de hele familie leerde kennen. 'Volgende keer neem ik Aleeke mee en dan blijf ik twee maanden. Er zijn zoveel dingen die ik nog wil zien, er zijn zoveel mensen die ik nog niet eens heb begroet omdat ik er geen tijd voor heb gehad.'

Rashid keek me verwonderd aan en vroeg: 'Waris, hoe lang ben je weg geweest?'

'Meer dan twintig jaar.'

'Hoe lang ben je nu hier geweest?'

'Een week.'

Mijn broer keek me aan alsof ik gek was. Voor hem was het heel onwerkelijk dat iemand zo'n eind zou reizen om ergens zo kort te blijven.

'Je bent gekomen, Waris, dat is wat telt,' zei mijn vader.

De laatste avond met mijn familie was voor ons allemaal heel bijzonder. Het was een sprookjesachtige avond. Toen het donker werd, spreidden we de geweven matten en kleden uit rond het vuur. Omdat het een heldere nacht was en we niet al te veel last van de muggen hadden, konden we buiten zitten. De geiten van mijn moeder kwamen aangelopen en gingen bij haar in de buurt liggen. De oudste, Witje, viel in slaap en begon te snurken. Iedereen lachte om de oude geit, behalve mama.

'Lach haar niet uit,' zei ze. 'Dan is haar melk morgen zuur.'

'Ze laat ook een hoop winden,' zei Rashid, en mijn moeder siste afkeurend.

Ik zei tegen mijn vader, moeder en broers dat ik blij was dat we nu allemaal bij elkaar waren. Het was een wonder dat mijn nomadenfamilie nu samen voor een kleine hut zat. Mijn broers en ik hebben zich zo lang als ik leef nog nooit allemaal op dezelfde plek bevonden.

'Wanneer waren we voor het laatst met zijn allen bij elkaar?' vroeg ik aan mijn vader en moeder.

Mijn vader zei: 'Nog nooit.'

'Dus dit is een bijzondere avond, waarvoor ik God dank,' zei ik. Mohammed was erg stil en hief zijn gezicht op naar de ontelbare sterren. Hij denkt al aan ons vertrek van morgen, dacht ik. Hij denkt dat we misschien wel nooit meer allemaal zo bij elkaar zullen zitten.

Mijn moeder keek naar haar oudste zoon die er zo stilletjes bij zat. 'Er was eens een rijke en beroemde sultan,' zei ze.

'*Hiyea*,' zeiden al haar kinderen tegelijk. Een verhaal! Moeders ogen glansden in het licht van het vuur en bij het flakkerende licht zette ze elke zin kracht bij met gebaren van haar armen en vingers.

'Hij had hemden met borduursel en zachte tapijten. Hij bezat een paleis in Mogadishu, aan de oever van de Indische Oceaan, zodat hij de koele bries kon voelen. Het was gevuld met kostbare juwelen en zijde uit Arabië. In de vertrekken werd de duurste wierook gebrand, of hij er nu was of niet. Maar ondanks zijn enorme rijkdom was hij niet gelukkig. Hij begreep maar niet wat er mis was. Hij had vele vrouwen die altijd maar kibbelden, zonen die met elkaar ruzieden en dochters die liepen te pruilen. Hij kon alles kopen wat hij maar wilde, maar hij was nooit blij of tevreden. Op een ochtend, na weer een slapeloze nacht, riep hij zijn dienaren bij zich en zei: "Ga op zoek naar een man die echt gelukkig is. Als jullie zo iemand vinden, dan moeten jullie hem naar me toe brengen. Ik wil met hem praten." De dienaren trokken het hele land door, en op een dag stuitten ze op een arme man die zingend water voor zijn enige, magere kameel uit een kleine bron aan het halen was. Neuriënd molk hij het beest, en het kleine beetje melk deelde hij met de dienaren van de sultan. Hoewel zijn maag leeg was, lachte hij en maakte hij grappen. "Bent u een gelukkig man?" vroegen de dienaren. "Waarom zou ik niet gelukkig zijn?" antwoordde de man. "Alstublieft meneer, komt u mee naar het paleis van de sultan," zei de oudste dienaar. "Mijn meester wil u ontmoeten." De arme man stemde in en reisde van de Haud naar de grote stad Mogadishu. Zoiets had hij nog nooit gezien. Er waren zoveel mensen, zoveel kleuren, zoveel dingen die je kon ruiken en proeven. De sultan verwende hem met heerlijk fruit en zoetigheden, richtte een overvloedig banket aan en gaf hem een geborduurde *goa*. "Wat is het geheim van geluk?" vroeg de sultan, gezeten op zachte kussens. De arme man wist niet wat hij moest zeggen. Zijn tong was met zijn tanden verstrikt geraakt en hij kon niet meer praten. Hij wist niet wat hem daar in de woestijn gelukkig maakte – zo voelde hij zich nu eenmaal. De teleurgestelde sultan stuurde hem weer weg en de man keerde terug naar zijn kameel en zijn uit hout gesneden melkkom. Hij kon de pracht van het paleis van de sultan niet meer vergeten en is nooit meer gelukkig geweest.'

'*Hiyea*,' zei ik, want ik wist dat het verhaal waar was. Mohammed wendde zijn gezicht af van het vuur en wikkelde zijn *goa* rond zijn hoofd.

Het leek wel alsof de sterren zich elke avond vermenigvuldigden. Het waren er zoveel. Nergens klonk een geluid. Mijn oren hoorden alleen een heerlijke diepe stilte. Op de plaatsen in het Westen waar ik ben geweest hoor je altijd wel het geluid van een langsrijdende auto. Het wordt er nooit helemaal stil, zoals in de woestijn. Nadat alle verhalen en de grappen verteld waren, gingen mama, Nhur en ik met de kinderen binnen slapen. We konden de hyena's horen jammeren, maar ze kwamen nooit dichterbij.

Mijn dromen waren wild, zodat ik die nacht niet lekker sliep. Ik droomde dat ik met mijn moeder onderweg was. We waren al een paar dagen verdwaald en kwamen bijna om van de honger en de dorst. Toen ik op een hoge heuvel was geklommen, zag ik beneden een hut met een vuur en een theepot. Ik rende terug om het aan mijn moeder te vertellen. 'Mama, mama, ik heb een hut gezien, en mensen. Kom, kom! Het komt nu wel goed.' Ik rende de heuvel af naar het hutje. Toen ik dichterbij kwam, riep ik: 'Hallo, hallo, is daar iemand?' Er kwam geen antwoord, en er kwam niemand het hutje uit. Ik zag iets vreemds uit de tuit van de theepot komen en tilde het deksel op om te zien wat er stond te koken. Wanneer je niet veel water hebt, kun je beter in een theepot koken om water te sparen. Toen ik het deksel optilde, zag ik dat de pot vol bloed zat en dat er iemand in werd gekookt. Geschrokken liet ik het deksel vallen en deed ik een stap achteruit, om me heen kijkend. Achter me stonden aan weerskanten van me vreemde mensen, die er als witte duivels uitzagen, met ingevallen wangen en holle troebele ogen. Er stonden er twee aan elke kant. Mijn moeder kwam achter me aan de heuvel af en ik schreeuwde: 'Mama, mama, maak dat je wegkomt. Kom niet dichterbij, ren, ren.'

Ze keek me aan en zei: 'Nee, Waris, je weet dat ik niet meer zo hard kan rennen. Ren jij maar.' Ik wilde niet weggaan, maar de kwade djinns kwamen veel te dichtbij. Ik zei smekend tegen haar: 'Mama! Kom dan met me mee.' Ze rende niet snel genoeg en ik bleef maar rennen en rennen. Ik riep naar haar: 'Mama, sla die duivels, sla ze weg!'

Ze schreeuwde: 'Rennen, Waris.'

'Nee, mama,' riep ik, 'en jij dan?'

'Ren jij maar weg, Waris,' riep ze, 'ik red me wel.' Ik keek om en zag dat de duivels met lange slagersmessen op haar rug inhakten. Ze viel neer, maar toen ik naar haar toe wilde gaan, kwam er een andere duivel achter mij aan, zodat ik weg moest rennen en haar niet kon helpen. Ik viel en begon te schreeuwen, en toen werd ik schreeuwend wakker.

Om in één dag Boosaso te kunnen bereiken, moesten we vroeg in de ochtend vertrekken, maar ik kon me amper bewegen omdat ik zo verdrietig was. Mijn moeder was al opgestaan voordat de maan was verdwenen en had haar gebedsmatje buiten het kleine hutje op de grond uitgerold. Ze wendde haar gezicht naar de heilige stad Mekka, de navel van de wereld, en begon knielend en zingend te bidden. 'Er is geen andere God dan Allah, en Mohammed is Zijn profeet,' zong ze. O, wat hield ik van de echo van dat lied. Voor mijn moeder is het het lied van het leven. Het is haar agenda. Ze zal nooit een gebed overslaan omdat het toevallig een drukke dag is. Ik behoor tot God, zegt ze, die is het belangrijkste in mijn leven, de enige die van belang is. Elke dag raakt ze vijf keer de eeuwigheid aan.

Zelf heb ik overal in huis klokken. Ik heb horloges, kalenders en agenda's, alsof tijd het allerbelangrijkste is. Het is twee uur, dan moet ik mijn agent bellen. Het maakt niet uit dat de baby huilt of dat de bel gaat – op de een of andere manier beheersen die kleine wijzertjes van de klok alles! Ik ben een slaaf van die dictator; ik ga in de stromende regen naar buiten omdat er moet worden gehoorzaamd aan de kleine pijltjes. Mijn moeder is een slaaf van God. Ze ontleent haar waardigheid en kracht aan haar God, ik word alleen maar koud en nat.

Een paar duiven kwamen uit het oosten aangevlogen en gingen boven op haar kleine hutje zitten. We noemen ze engelenvogels omdat ze de *tuspah* dragen, een zwarte verenkrans om hun nek die aan een amulet doet denken. Ze brengen engelen en goed nieuws met zich mee, en ik bedacht dat Allah wel voor mijn moeder zou zorgen.

Mijn lieve schoonzusje Nhur maakte *angella* voor me. Toen de kolen van het vuur gloeiend heet waren en de vlammen waren verdwenen, hurkte ze ernaast neer en drukte ze het beslag dat ze de avond daarvoor had gemaakt uit tot pannenkoekjes. Ik kon geen *angella* mee naar huis nemen, maar ik wilde een paar foto's maken om me aan die speciale smaak en geur te herinneren. Toen ik Nhur probeerde te fotograferen, pakte ze een groot mes en deed lachend net alsof ze me wilde steken. Ze stak haar tong uit en maakte stekende bewegingen in de lucht. 'Laat me met rust, ik ben aan het koken,' zei ze.

'Ik weet dat je dat mes zult gebruiken als ik te dichtbij kom,' zei ik, maar wat kon ze doen? Nhur was hoogzwanger en droeg een lange jurk. Ik fotografeerde haar uit elke hoek, alleen maar om haar te plagen. Ze zou toch niet achter me aan komen en de *angella* laten verbranden.

De buren kwamen kijken of er voor hen iets te halen viel. Ze wisten dat ik vandaag naar huis zou gaan en dat ik toch niets met me mee kon nemen. 'Geef me die cacaoboter, geef me die sluier!' riepen ze. 'Die heb je niet meer nodig.' Ik had niet veel om weg te geven, maar ik gaf wat ik kon. Het was de Somalische variant van een kofferbakmarkt.

Er zijn van die dagen waarop de zon zich langs de hemel haast, en dit was zo'n morgen. Dat is een ander probleem van klokken, tijd is niet altijd hetzelfde. Mijn vader lag in het huis van Burhaan te rusten en ik wilde het eerst afscheid van hem nemen. Mijn lichaam voelde zwaar aan en bewegen kostte me moeite. Ik had het gevoel dat ik wel tien ton woog. Er is een Somalisch woord dat betekent: voor de laatste keer met iemand praten voordat de reis begint. Zodra Aba dat woord zei, begon ik te huilen. Hij was zo hulpeloos en zwak. Hij hoorde me en vroeg: 'Waarom huil je, kindje?'

'Ik wou dat je mijn gezicht kon zien voordat ik vertrek.'

'Liefje, je weet dat ik je niet kan zien.'

Zijn ene oog was bedekt door een verband, zijn andere oog was troebel, en met geen van beide kon hij iets zien. 'Ik wou dat je me kon zien, mijn gezicht, mijn ogen, ik wou dat je eens goed naar me kon kijken,' zei ik tegen hem. 'Je hebt me zo'n twintig jaar niet gezien. Weet je nog hoe ik eruitzie? Ik ben nu een volwassen vrouw. Toen ik wegging, was ik een klein meisje.'

Hij stak zijn hand uit, die ik vastpakte en tegen mijn gezicht hield zodat hij mijn huid en de vorm van mijn neus kon voelen. Hij raakte me verlegen en teder aan. Er welden nog meer tranen op in mijn ogen, die zijn vingers natmaakten. Ik wilde de brutale sterke vader zien die ik van vroeger kende. Ik verlangde naar de krachtige vader voor wie ik banger was geweest dan voor de leeuwen.

Mijn vader las mijn gedachten en zei: 'Waris, we worden allemaal ouder en we veranderen allemaal. Niets blijft hetzelfde.'

'Ik denk dat er wel een reden voor is, maar die kent alleen Allah,' zei ik snikkend. Iedereen stond op me te wachten. Buiten kon ik Mohammed horen roepen en toeteren. 'Papa, ik moet nu gaan,' zei ik.

Mijn vader zei: 'Ik heb iets voor mijn kleinzoon, een *xudden-xir*.' Hij gaf me een lange haar, geplukt van een vrouwtjeskameel. Het is een geschenk voor een pasgeboren kind. Daardoor moest ik nog harder huilen. 'Doe me een plezier,' fluisterde hij. 'Zorg ervoor dat ze je niet zien huilen, je bent nu een volwassen vrouw. Ik ben nog niet dood, huil maar wanneer ik dood ben. En nu wegwezen.' Dat was zijn manier om te zeggen: ik hou van je. Hij wilde me sterk maken omdat hij weet dat dat de manier is waarop hij door het leven is gekomen.

'Weet je, papa,' zei ik, 'kun je je nog herinneren dat we laatst allemaal bij elkaar zaten en dat iemand zei: "Waris, je lijkt op je vader," en dat anderen juist zeiden: "Nee, je bent sprekend je moeder"? Papa, ik weet wie ik ben. Ik heb mijn koppige kracht van jou gekregen en wijsheid en schoonheid van mijn moeder. Iedereen moest lachen toen ik dat zei, maar je weet dat het waar is.'

Hij zei: 'Daar moet je aan denken, Waris: je hebt mijn kracht, en zorg dat je die behoudt, altijd.'

Ik had ontdekt waaraan mijn familie behoefte had, maar ik wist dat ze het nooit zouden vragen. 'Aba, zodra ik kans heb om naar een bank te gaan, zal ik het geld voor de bruidsprijs van Nhur overmaken,' zei ik. Hij pakte mijn hand en hield die tegen zijn hart. Mijn vader wendde zijn gezicht naar de muur en ik wist dat hij huilde toen ik wegging, maar hij wilde niet dat ik het zou zien.

Zodra ik weer naar buiten kwam, zei mijn moeder: 'Zeg, wacht eens even! Waarom huil je nooit om mij? Waarom huil je wel om hem maar nooit om mij?'

'Mama, kom alsjeblieft met me mee naar huis.' Ik pakte haar handen en smeekte het haar.

'Waris, ik kan nu niet met je meegaan,' zei ze. 'Ik moet voor je vader en Mohammed Inyer zorgen.'

'Mama, ik kom weer terug om je te halen en dan neem ik je mee naar New York.'

Ze zei: 'Waris, ik ben te oud voor zulke landen. Toen ik met je zus in Abu Dhabi was, vond ik het er vreselijk. Ik zag stapels gouden sieraden en een grote boom van goud. Maar op straat zag je kleine kinderen die op een houtje beten en verhongerden. Ze waren ziek en het kon niemand wat schelen. Daar kan ik niet leven.'

'Mama, in New York is het anders.'

'Met wie moet ik dan praten? Ik spreek alleen maar Somali. Bij wie moet ik op bezoek gaan? Iedereen die ik ken woont hier.' Ze pakte mijn handen en liep al pratend met me naar de wachtende auto. 'Liefje,' zei ze, 'ik vond het al niet leuk in Abu Dhabi, en dat land lijkt nog het meest op hier. Het is er heet, net als in Afrika, en de mensen bidden vijf keer per dag, maar ze menen het niet. Hoe kunnen ze gewoon langs die hongerige kinderen lopen?'

Ik zei: 'Mama, alsjeblieft, ik heb je nodig.'

Ze schudde haar hoofd. 'Ik ben daar niet nodig. Dit is mijn thuis, dit ken ik en hier wil ik sterven.' Ze had gelijk. Ik kon me haar niet in New York voorstellen. Mijn moeder zou het er nog geen dag volhouden en zich doodongelukkig voelen. Ze zou haar manier van leven missen. Ik wist dat ze niet gewoon 's morgens op zou kunnen staan en aan de dag zou kunnen beginnen. Waar zou ze naartoe moeten? Niemand in New York zou een grapje snappen over een geit die winden laat. Met wie zou ze grappen moeten maken? Ze knipoogde naar me. 'Ik kan mijn kinderen niet in de steek laten. Ik moet hier blijven voor het geval het grootste kind van allemaal, je vader, geen andere vrouw kan vinden.'

'Mama,' zei ik, 'voor de verandering zou er eens iemand voor jou moeten zorgen. Kom alsjeblieft met me mee.' Ik wilde dolgraag dat ze met me mee naar huis zou gaan, maar het was een egoïstische wens. Ik wilde haar rust meenemen naar mijn huis in New York, naar mijn zoon, naar mijn leven.

Ze hield me dicht tegen zich aan, kuste mijn voorhoofd en zei: 'Nee. Ik blijf waar God me heeft neergezet.' Mijn moeder is het onwrikbare fundament van onze familie.

'O mama,' zei ik huilend, haar voor de laatste keer omhelzend. Ik omhelsde Burhaan en Rashid, Ragge, oom Ahmed, kleine Asha en Nhur. Rashid glimlachte en wees op zijn prachtige rij witte tanden. Toen gaf hij me ongeveer tien *caday*, twijgjes om je tanden mee schoon te maken, die hij die morgen vers van de struik had afgesneden. Mohammed en ik stapten in de auto. Ik zag iedereen van wie ik hield steeds kleiner en kleiner worden toen we over de lage heuvels naar Borama reden, de weg die terug naar Boosaso leidt. Ik zat te snikken en kon niet meer ophouden. Mijn mama! Ik hou zoveel van haar. Ze heeft een gratie en een waardigheid die ik nooit zal bezitten. Ze is als een Somalische vrouw geboren en zal altijd een Somalische vrouw blijven. Ze aanvaardt dat God haar op deze plek op aarde heeft neergezet en ze dankt Hem er elke dag voor. Ze vraagt zich niet af of God bestaat, want ze is al veilig bij Hem. Ik, ik kon dat niet aanvaarden, ik liep weg en raakte het spoor bijster. Ik wou dat ik die berusting van haar had geërfd, maar dat had ik niet. Diep vanbinnen voelde ik dat dit soort leven niets voor mij was, dus ging ik ervandoor. Ik schrok niet en was ook niet echt verdrietig toen mijn moeder zei dat ze niet met me mee naar New York wilde gaan. Ik wist precies wat ze bedoelde. Het leven in een Somalisch dorp is niet zo hard wanneer je er bent geboren en opgegroeid en je geen ander leven kent. Ze bezit iets wat veel belangrijker is dan alle rijkdom in het Westen. Ze heeft berusting en vrede in haar leven.

14
De terugreis

Vrouwen zijn de valstrik van de duivel.

SOMALISCH GEZEGDE

De terugreis naar het kleine vliegveld van Boosaso was totaal anders dan de reis naar het dorp van mijn moeder. Deze keer was het geen stoffig pad, maar een weg van dikke rode modder en putten vol bruin water. Op sommige plaatsen leek de weg meer op een rivier. In de modder moet je een auto rijdend houden, dus we hobbelden weer alle kanten op en moesten ons vasthouden omdat we ons hoofd anders zouden stoten. Als je vast komt te zitten, kun je alleen maar wachten tot er een andere auto of vrachtwagen langskomt die je eruit kan trekken. Maar waar ik ook keek, het was weelderig groen en prachtig. Er stonden grote wolken aan de hemel, en de temperatuur was aangenaam. Ik zat achterin te huilen omdat ik het zo moeilijk vond mijn ouders achter te laten. Ik bad tot Allah dat mijn vader zou genezen en dat hij weer zou kunnen zien. Mohammed en de chauffeur die we hadden ingehuurd, Musa, praatten over hoe warm het was geweest op de dag van onze aankomst. Musa zei dat er mensen van de hitte waren gestorven onder die verschrikkelijke zon.

We reisden de hele dag aan één stuk door om voor het donker in Boosaso aan te komen. Musa was Darod en een vriend van Mohammed. Hij reed uren achter elkaar. Hij was nog nooit in Boosaso geweest, en ik vroeg me af hoe hij wist waar hij heen moest zonder kaarten en bewegwijzering. Paden splitsten zich vaak alle kanten op, en geen ervan leek groter dan de andere. Djinns hangen vaak rond bij kruisingen van wegen, en ik hoopte maar dat er geen in de auto zou springen om zijn listen op ons los te laten. Musa aarzelde echter nooit en bleef maar rijden, weg van de ochtendzon, naar het avondrood toe. Dikdikantilopen huppelden door de struiken – als kleine herten op spichtige poten. We passeerden een *geranuk* met een lange nek die op zijn achterpoten stond om een acaciastruik kaal te vreten. Hij was te geconcentreerd bezig om zich aan een voorbijkomende auto te storen. Een oude mannetjesbaviaan en zijn troep blaften uitdagend vanaf de top van een heuvel, waarbij hij ons zijn grote tanden en lange, harige armen liet zien.

Later die middag had ik zo'n trek dat ik zei: 'Ik hou het niet meer uit, hoor. Ik sterf van de honger hier op de achterbank en ik moet er nu echt even uit.'

'Oké,' stemde Musa in. 'Ik ken een theewinkel niet ver hiervandaan. Daar kunnen we wel even stoppen.'

'Wat hebben ze?' Ik dacht aan een groot bord met iets lekkers zoals rijst en gekruid geitenvlees of shish kebab. Ik hoopte dat ze kamelenmelk hadden. Thuis had ik er de hele tijd naar gezocht, maar in mijn moeders dorp hadden ze het niet. Het was zo droog geweest dat de kamelen geen melk gaven. Kamelenmelk is vol van smaak en zo voedzaam dat mensen ervan kunnen leven. Ik herinnerde me de drie in de hoek gedreven *zambusi* die werden bereid tijdens de ramadan, en de zoete thee met kardemom en melk. Ik had zo'n honger dat mijn maag bijna pijn deed.

'Ik weet niet wat ze zo laat op de dag nog hebben, misschien is alles al op. Ach, ze hebben vast wel iets, en het is een goede plek om te eten,' zei Musa. 'Ik ben er eerder geweest.'

Hij nam gas terug en stopte voor een bouwvallig restaurant dat een stukje van de weg af lag. Het was niet echt een dorp; er waren een pompstation, de theewinkel en enkele hutten erachter. Het restaurant was een grote, open ruimte met een rood dak. De keuken lag erachter, en omdat er geen wind stond, steeg de rook van het vuur recht naar boven op. Het terras lag in de schaduw van enkele grote bomen, en er kwam een briesje naar binnen. Tot mijn verbazing zag ik minstens vijftig à zestig mannen, die aan kapotte oude metalen tafels en houten banken zaten. Het was zo'n klein gehucht dat ik me afvroeg waar ze vandaan kwamen of waarom ze hier waren.

Musa en Mohammed liepen voor me uit door het restaurant. Zodra ik een voet in het restaurant zette, hoorde ik mannen mompelen: 'O nee! O nee, nee.' En daarna: 'Wat doet ze?' Ik negeerde ze en liep gewoon door. Toen ik langs enkele tafels naar de keuken achterin probeerde te lopen, kwam er een man naar me toe die recht voor me ging staan. Hij was kennelijk de ober, al had hij geen schort voor en zag hij er niet bepaald fris uit. Toen ik om hem heen probeerde te lopen, blokkeerde hij me de doorgang en zei: 'Pardon, pardon.' Ik negeerde hem, en hij besloot kennelijk dat ik geen Somali sprak, want hij begon te schreeuwen en met zijn handen voor mijn gezicht te zwaaien: 'Hé! Hé! Hé!' bulkte hij, maar ik liep stug door. Ik had geen zin om iets uit te leggen aan een man met bezwete oksels en vieze vingernagels.

Opeens begonnen verscheidene mannen naar hem te schreeuwen: 'Hou haar tegen! Zet haar eruit.' De ober haalde me in en blokkeerde me weer de doorgang.

Ik keek hem recht in de ogen en zei: 'Is er een probleem? Krijger, *Maa'hah d'ih*?' zei ik in het Somali, zodat hij wist dat ik alles begreep wat hij zei.

Hij weigerde me aan te kijken, maar siste naar me alsof ik een verdwaalde kip was die hij de deur uit wilde jagen. 'U kunt hier niet binnenkomen,' zei hij luid. 'Het is hier alleen voor mannen, de vrouwen eten ergens anders.'

'Wát? Waar heeft u het over? Waarom kan ik hier niet eten als ik wil?' vroeg ik. Somalische vrouwen gaan meestal niet met een man naar een restaurant, maar het was nieuw voor me dat vrouwen niet met mannen mochten eten wanneer ze wilden.

Hij herhaalde: 'Dit restaurant is alleen voor mannen, vrouwen worden hier niet toegelaten.'

'Dat is belachelijk. Ik zal heus niemand lastigvallen.'

'Ik heb u al gezegd dat u weg moet gaan,' zei hij, terwijl hij me de woorden toe spuwde en opzwol van gewichtigheid. Ik was zo geschoqueerd dat ik niet wist wat ik moest doen. Mohammed dacht alleen aan eten, en Musa wilde weer zo snel mogelijk de weg op. Die akelige man wilde me niet door laten zodat ik ze kon vertellen wat er aan de hand was – hij stond als een blok tussen mij en de keuken. Ik was ziedend, maar ik had ook razende honger omdat we de hele dag nog niets hadden gegeten. Terwijl ik me zo lang mogelijk maakte, snauwde ik naar het dunne, kleine mannetje: 'Nou, waar gaan de vrouwen dan wel heen?'

Hij zei: 'Daarheen, achterin,' en wees met zijn lange, benige vinger naar de achterdeur, alsof ik de smerige tent – met zijn vloer van aangestampte aarde en krakkemikkige tafeltjes die met draad bijeen werden gehouden – op de een of andere manier had ontheiligd.

Mohammed keek eindelijk achterom. Hij had geld van me nodig om het eten te betalen dat hij had besteld, en vroeg zich kennelijk af waar ik bleef. Hij liep op ons af en vroeg aan de groezelige ober: 'Is er een probleem?'

Opeens deed de ober heel beleefd en zei: 'Het spijt me, maar vrouwen worden hier niet toegelaten. De vrouwen eten daar, in een andere kamer.'

Mijn broer bekeek de man met zijn kleine oogjes en smerige overhemd van top tot teen. Hij merkte op dat het stil was in het restaurant en dat iedere aanwezige afwachtte om te zien wat er zou gebeuren. Hij schudde zijn hoofd naar me en vroeg hem: 'Nou, waar is die andere kamer dan? Breng ons ernaartoe.'

De ober leidde ons naar buiten. Alles was stil op het geluid van zijn goedkope Chinese slippers na, die klepperden op de vloer. We liepen helemaal om het terras en de bomen heen naar een stukje grond dat losstond van de rest van het restaurant. Hij wees naar een haveloze hut, die achter in de wc-ruimte lag, draaide zich om op zijn rubberen zolen en klepperde terug naar het restaurant.

De wc-ruimte was geen mooi vertrek met betegelde muren en een witte porseleinen toiletpot om op te zitten en door te trekken. Dat had ik ook niet verwacht. Het was een Somalische latrine; een diep gat dat in de grond was uitgegraven. Het was smerig en zat vol vliegen en grote bruine kakkerlakken. Deze laatste kennen geen angst en zullen zo uit dat stinkende gat komen terwijl jij erboven hangt, of in je eten kruipen. Het stonk er zo erg dat mijn ogen prikten, en vliegen kwamen vanuit de donkere hoeken op ons af zwermen. Eén muur van de wc vormde de eetruimte van de vrouwen. Die bestond uit niet meer dan drie bouwvallige tussenschotjes en een zandvloer. Er stonden niet eens een tafel of stoelen, slechts een oude bank met een gebroken poot. Ik kon wel huilen. Mijn moeder zou haar geiten nog niet op zo'n plek laten eten. De mannen zaten als een koning in de schaduw in het restaurant, en de vrouwen werden verondersteld hun voedsel te midden van de stront te nuttigen.

Ik keek naar mijn broer en hij keek naar mij. Hij gedroeg zich als een grote, Somalische man, maar dit was voor hem ook te veel.

Hoofdschuddend zei hij: 'Verrek maar.' We draaiden ons om en liepen terug naar de auto. Mohammed vroeg: 'Goed, wat wil je doen?'

'Zijn er hier nog andere plaatsen waar we iets te eten kunnen halen?' vroeg ik aan Musa. 'Ik sterf van de honger.'

'Ik ook,' zei Mohammed.

Musa schudde zijn hoofd. 'Het spijt me, maar er is hier verder niets in de buurt.'

'Waris, wat heb je tegen die ober gezegd?' vroeg Mohammed, alsof ik hem op de een of andere manier had beledigd.

'Het was al een belediging voor die lomperd dat er een vrouw binnenkwam,' antwoordde ik.

'Laten we met de kok proberen te praten. Dat leek me een redelijk persoon,' zei Mohammed, waarna hij buitenom naar de keuken liep om met de kok te praten. 'Pardon, maar ik zou mijn zus daar nooit willen laten zitten – het is er smerig,' zei hij. 'We zijn op doorreis en willen alleen iets eten voordat we weer verdergaan.'

De kok luisterde naar wat hij te zeggen had, maar was even koppig als de ober. 'Het spijt me, maar vrouwen mogen hier niet naar binnen.'

Mijn broer zei: 'Wat bedoelt u precies wanneer u zegt dat vrouwen niet naar binnen mogen? We hebben honger. Hebt u iets te eten?'

De kok zei: 'Ja.'

'Verkoopt u het?'

'Ja.'

'U serveert het?'

'Ja.'

'Nou,' zei Mohammed rustig, 'ze is toch een menselijk wezen, nietwaar? Wat is nu eigenlijk het probleem? We willen alleen maar wat eten.' De kok stond daar alleen maar, en Mohammed besloot het erbij te laten. 'Goed, ik begrijp dat vrouwen hier niet mogen eten. Maar mag mijn zus dan niet wachten, zodat wij wat voedsel kunnen meenemen?'

Maar de kok zei: 'Nee.' Hij schudde zijn hoofd en deed heel knorrig. 'Ik heb u al verteld dat vrouwen hier niet binnen mogen. Nooit.' Hij stond daar in zijn gerafelde t-shirt en versleten *maa-a-weiss*, met zijn armen voor zijn borst gevouwen alsof hij van adel was.

Mijn broer keek hem even aan en zei daarna: 'Weet je wat? Steek dat voedsel maar in je reet, *Aba'ha Wuss*.' Hij keek naar me en zei: 'Kom op, Waris, we gaan.' Ik zei geen woord en liep trots achter mijn broer aan naar buiten.

We stapten in de auto en reden weg, met achterlating van een grote stofwolk. Musa keek naar Mohammed en zei: 'Het eten is er toch niet te vreten.'

Ik was zo blij dat mijn broer mijn kant had gekozen dat ik hem wilde omhelzen. Hij was razend over het hele voorval. 'Dit land komt nergens als ze niet een paar van die domme, oude tradities kunnen veranderen. Het is belachelijk!'

Ik was blij dat mijn broer van mening begon te veranderen. 'Het is de onwetende woestijnmentaliteit waaronder het land gebukt gaat,' zei ik. 'Vrouwen en mannen eten niet samen. Een vrouw mag het haar van een man niet knippen, vrouwen worden dichtgenaaid. Vrouwen worden in geen enkel opzicht als de gelijke van een man beschouwd.' Ik vervolgde: 'Ik respecteer het feit dat mensen er zo over denken, ik wil de manier waarop ze de dingen zien niet veranderen, maar tegelijkertijd begrijp ik niet waarom ze hun mening aan mij willen opdringen.'

'Het moet veranderen, Waris,' zei hij. 'Wanneer je vrouwen als vuil behandelt, is het gemakkelijk om mensen van andere stammen even slecht te behandelen. Het moet veranderen.'

Mohammed, jij bent degene die veranderd is, dacht ik, en ik was zo trots dat de tranen over mijn wangen naar beneden rolden.

15
Dageraad in de woestijn

Geeft de verwanten, de behoeftigen, de reiziger wat hun toekomt. Dat is het beste voor degenen die het aangezicht van God zoeken, dezen zijn het die zullen slagen.

SOERA 30:38, DE ROMEINEN

Musa kroop als een bezetene over de buik van Somalië, van de Ethiopische grens naar de Indische Oceaan. We kwamen langs de dorpen Garoowe, Nugaal en Qardho. Die waren groter dan de nederzetting waar mijn moeder woonde, maar hadden evenmin stroom, sanitaire voorzieningen, scholen of ziekenhuizen. Er waren modderpoelen zo groot als meren en in de weg zaten voren waaraan ik tot mijn knieën kon wegzakken. Af en toe slipten we en gleden we in diepe gaten vol modder, maar Musa wist er altijd voor te zorgen dat de banden grip op iets kregen. Dan gleden we er aan de andere kant weer uit, de droge grond op. Dat gebeurde zo vaak dat ik er liever niet meer aan denk.

Aan het einde van de middag hielden we halt bij een rivier, zodat we onze gezichten konden wassen en konden afkoelen. Water in de woestijn is altijd onderweg naar elders. Spreeuwen met een prachtig verenkleed in blauw en goud glansden in de zon toen ze wegvlogen. Twee pauwen waggelden kalmpjes weg. Pauwen brengen geluk, vooral wanneer je er twee ziet, maar wanneer je alleen de veren vindt, brengt het ongeluk. Mohammed trok zijn schoenen uit en waadde het water in. 'Hadden we overal in dit land maar zulke rivieren, dan zou Somalië het mooiste land ter wereld zijn,' zei ik. Ik wilde als een dorstige leeuw mijn mond in het heldere water steken. Ik waste mijn gezicht en armen, maar wat ik echt wilde, was mijn kleren uittrekken om te gaan zwemmen. Ik trok mijn jurk op, maar Mohammed bleef maar zeggen dat ik mijn jurk moest laten zakken. Een kameel met aan elkaar gebonden voorpoten hinkte langzaam naar het water om te drinken. De voorpoten waren aan elkaar gebonden om te voorkomen dat hij te ver zou afdwalen. 'Zo voel ik me ook door deze jurken en sluiers,' zei ik tegen Mohammed. 'Je kunt niet bewegen, want dan struikel je.'

'Wanneer hou je sowieso eens op met rondrennen?' vroeg hij.

Ik had alle hoop laten varen dat Mohammed me ooit zou begrijpen. Ik doopte mijn sluier weer in het water en waste mijn gezicht ermee. Musa zag vlak naast de weg een schildpad. Het dier keek ons met zwarte kraaloogjes aan, maar toen ik hem van dichterbij wilde bekijken, verborg hij zich snel onder zijn schild. 'Misschien is het een geest die me iets wil vertellen,' zei ik. 'Deze schildpad wil zeggen dat mijn huis veilig is.'

Tegen de tijd dat ik de Indische Oceaan kon ruiken en de lichten van Boosaso zag, was het al zo laat dat de hele stad op één oor lag. Het was zo stil dat ik de golven tegen de oevers bij de rand van de stad hoorde klotsen. Musa bracht ons naar een hotel, en Mohammed ging naar binnen om te kijken of hij een paar kamers en iets te eten kon krijgen. Ik verlangde eigenlijk nog meer naar een koude douche en een bed dan naar eten. Ik dacht niet dat er nog iets open zou zijn. De mensen eten tussen de middag de belangrijkste maaltijd en de restaurants sluiten na zonsondergang omdat de stroomvoorziening tamelijk onbetrouwbaar is. Mohammed probeerde verschillende hotels, maar er waren nergens kamers vrij. Musa bracht ons naar een ander hotel in een zijstraatje. Het zag er niet best uit, maar dat kon me niet meer schelen. Ik was zo moe dat ik met Mohammed mee naar binnen ging.

'Nee, voor vannacht hebben we niets,' vertelde de kleine receptionist in de lobby ons. Hij kwam met een kromme rug overeind en wreef zijn ogen uit. Zijn baard was rood geverfd met henna en zijn gezicht werd omlijst door zijn witte hoofdhaar.

'Waarom zijn er geen kamers meer?' vroeg Mohammed. 'De andere hotels zaten ook allemaal vol.'

'Veel mensen zitten te wachten op het vliegtuig naar Abu Dhabi,' zei hij, wijzend naar de vele mensen die in de lobby zaten te wachten. 'Die mensen werken voor verschillende projecten van de Verenigde Naties en andere organisaties. Overal wordt tegenwoordig gebouwd! De hele tijd komen er mensen aan en gaan er weer mensen weg.' Hij miste drie ondertanden en de rest was zwart van het kauwen van qat. 'Het vliegtuig kon niet landen omdat er geiten op de landingsbaan liepen. O, die piloot was zo stom, hij keerde om en vloog terug naar Abu Dhabi!' zei hij lachend.

Ik vond het niet grappig. Ik moest terug naar New York en wilde niet nog een week in Boosaso rondhangen omdat ze de beesten niet van de landingsbaan konden houden. We hadden geen instapkaarten of gereserveerde plaatsen – je gaat gewoon naar het vliegveld en wacht in de rij. Ik keek naar Mohammed en zei: 'Ik hoop dat we met die vlucht mee kunnen! Denk je dat het moeilijk zal worden?'

'Ik ga nu naar het vliegveld om te vragen hoe we aan boord kunnen komen.' Hij wendde zich weer tot de receptionist en vroeg: 'Is er nog een ander hotel in de stad?'

'Ik denk niet dat u ergens nog iets vindt. Het is al laat en er zijn maar een paar hotels in Boosaso. De stad is zo druk dat alles altijd vol zit.'

Terwijl we ons daar af stonden te vragen wat we moesten doen, kwam er een man die ik niet kende naar Mohammed toe en vroeg hem: 'Bent u Mohammed Dirie?'

'Mijn vader is Dahee Dirie,' antwoordde Mohammed. Ze begonnen over mijn vader te praten, maar ik was zo moe dat ik niet meer helder kon denken. De man had een ronde buik en droeg een geborduurd hoofddeksel dat aangaf dat hij de hadj, de bedevaart naar Mekka, had gemaakt. 'Waris, dit is hadj Suliman,' vertelde Mohammed me. 'Hij is zowel van de kant van de Mijertein als van de kant van de Howiye met onze familie verwant.'

De hadj wierp me een snelle blik toe en zei tegen Mohammed: 'Uw zuster kan mijn hotelkamer vannacht wel nemen.'

Ik kon niet geloven dat hij zo gul was. Hij bood zijn bed aan een vreemdelinge aan, alleen maar omdat we verwanten waren. Even wist ik niet wat ik moest zeggen. Wanneer je in het Westen iets dergelijks wordt aangeboden, hoor je te zeggen: 'O, dat kan ik gewoon niet aannemen.' Je zegt nee tegen het aanbod, en als de ander dan blijft aandringen, kun je het aanbod aannemen. Maar dit was nu eenmaal de manier waarop een gast in mijn land werd behandeld. Tijdens de reis hadden de meeste mensen zich zo gedragen. Als ik nee zou zeggen, zou de hadj beledigd zijn. 'Dank u, dank u,' zei ik tegen hem.

Mohammed en ik liepen achter hem aan naar zijn kamer. Hij

pakte zijn spullen en gaf me de sleutel. Hij drukte me op het hart om de deur op slot te doen, zowel wanneer ik in de kamer was als bij vertrek. 'Waar ga jij nu slapen?' vroeg ik aan Mohammed.

'Ik slaap wel buiten, maak je daar maar geen zorgen om,' zei hij. Hij ging kijken of hij op het vliegveld iets meer te weten kon komen.

De moed zonk me in de schoenen toen ik de kamer binnenkwam, en ik wist niet wat ik moest doen. Het was onverdraaglijk. Hoewel het bijna veertig graden was, moest ik de deur sluiten en op slot doen. Toen ik het raampje opendeed, kwam er helemaal geen briesje naar binnen. Niets bewoog. Het ergste waren nog het vuil en de stank van zweet en urine. Ik wilde een koude douche en schone lakens. Het piepkleine kamertje had een betonnen vloer en er stond een soort veldbed. Er was geen badkamer. Er hing een plafondventilator, maar die deed het niet. Mohammed kon zijn *goa* op de grond leggen en in de frisse schone lucht gaan slapen die over zee kwam gewaaid.

Het bed was een soort versleten mat die over een houten raamwerk was gespannen. Het was verre van comfortabel. Maar wat kon ik doen? Ik klaagde niet omdat ik geen ondankbaar kreng wilde zijn, maar het zat vol gaten en het stonk. Ik was liever buiten gaan slapen met de mannen, maar dat kon niet.

Voor het eerst was ik dankbaar dat ik een lange jurk droeg. Ik wikkelde hem rond mijn benen en trok mijn sluier over mijn hoofd om de insecten weg te houden. Vanwege de hitte kon ik niet slapen en ik was ook bang voor ratten. In het donker hoorde ik van alles rondscharrelen, en ik lag me het grootste deel van de nacht af te vragen wat dat geluid was en te bidden dat ik niet zou zien wat die geluiden maakte.

Nog voordat het licht werd, hoorde ik de oproep tot het gebed. Het moet een uur of vier 's nachts zijn geweest. Voor het gebed klimt de muezzin naar de top van de minaret van de moskee en zingt: 'Er is geen andere God dan Allah en Mohammed is Zijn profeet.' Wanneer er wordt gebeden, is de echo aan alle kanten te horen. Het was verbazingwekkend om het gebed door de hele stad te horen galmen. Dit wordt bij elk gebed herhaald, vijf keer per dag. Alles ligt stil en overal weerklinkt het gebed. Het is de enige klok waarvan je je iets aan moet trekken.

Mohammed kwam me 's morgens halen. We dronken thee en

wachtten op Musa, maar hij kwam niet opdagen. Mohammed nam aan dat hij van pure uitputting was ingestort. De man reed voortdurend heen en weer om zijn brood te verdienen. Mohammed had de avond ervoor met niemand iets kunnen regelen, en daarom huurden we maar een andere auto om ons naar het vliegveld te brengen, zodat we er zeker van konden zijn dat we de eerstvolgende vlucht konden nemen. Er waren meer mannen die naar het vliegveld wilden, en toen we de stad uit reden, hielden nog twee andere mannen de auto aan en vroegen om een lift. 's Morgens vroeg is het het heetst omdat er nog geen bries vanaf het water waait. Toen we naar het vliegveld reden, zag ik de blauwe zee glanzen in de verte. 'Via welke weg kom je bij de oceaan?' vroeg ik, verlangend naar een verkoelende zwempartij.

'Waarom wil ze dat weten?' vroeg een lange man met een lang ritueel litteken op zijn wang aan Mohammed.

'Hallo,' zei ik. 'U hoeft niet tegen mijn broer te praten. Ik zit hier.'

'Wat wil ze aan zee gaan doen?' Hij bleef me negeren en praatte tegen Mohammed.

'Kijk eens naar mijn kleren. Ze zijn doorweekt, zo warm heb ik het,' zei ik. 'Ik wil aan het water afkoelen en zwemmen.'

'U kunt haar maar beter vertellen dat we hier niet zwemmen,' meldde hij Mohammed. 'We zijn een woestijnvolk.'

Toen we op het vliegveld aankwamen, verdween Mohammed in een bakstenen gebouw en ik wachtte in de auto op hem. Hij kwam terug met slecht nieuws. De vlucht van Damal Airlines zou pas over twee dagen aankomen, en we zouden in Boosaso moeten wachten.

'Wat!' riep ik uit. 'Eerst kost het ons een dag om van Galcaio naar Boosaso te komen en dan moeten we nog eens twee dagen op de vlucht wachten! Mohammed, ik had nog een dag langer bij moeder kunnen blijven. Waarom zijn we zo vroeg weer teruggegaan? We hadden hier pas morgen hoeven zijn!'

'Je moet nu eenmaal in Boosaso zijn om er zeker van te zijn dat je de vlucht haalt. Het is namelijk de enige,' zei Mohammed. 'Er zijn geen instapkaarten, je moet er gewoon zijn om je van een plekje te verzekeren.'

'Dat is belachelijk, zo run je toch geen luchtvaartmaatschappij,' zei ik. 'We hebben twee dagen verspild, twee dagen die ik met mijn familie had kunnen doorbrengen.'

'Nou, zo gaan de dingen hier nu eenmaal. Maak je geen zorgen; wanneer het vliegtuig komt, gaan wij aan boord.'

'*In'shallah*, als Allah het wil,' zei ik, en ik ontdekte dat de woorden van mijn moeder op mijn lippen lagen. Allah heeft een bepaald voornemen met je, zei ze altijd tegen me. Nu ik tijd overhad, besloot ik dus maar om met mensen te gaan praten over de projecten van de Verenigde Naties. Ik wilde uit eerste hand horen wat ze nodig hadden en zo vaststellen op welke manier ze het beste konden worden geholpen.

Mohammed stelde me voor aan een ander familielid, een man die onze vader kende. Abdillahi Aden was de directeur van het vliegveld en regelde dat we zouden kunnen instappen en niet in de rij hoefden te staan. Abdillahi reed met ons mee terug naar de stad en vertelde over de vele projecten in Boosaso.

'Wanneer mensen hoop hebben, willen ze graag aan het werk en het gevoel hebben dat ze ergens deel van uitmaken,' zei hij. 'De regering in Somaliland heeft voor een zekere stabiliteit gezorgd, en dat is iets waarvoor de mensen ontzag hebben,' vertelde hij ons. 'Er zijn heel veel mensen die in Boosaso komen wonen. De stad groeit en wordt elke dag groter.'

Mohammed legde uit: 'Mijn zus komt uit New York en is nu voor het eerst in twintig jaar weer terug in Somalië.'

'*Hiyea*! New York! Ik heb gehoord dat het daar heel gevaarlijk is,' zei Abdillahi.

'Dat kan het zijn,' zei ik tegen hem.

'Ik heb gehoord dat ze daar honden eten.'

'Nee,' zei ik. 'Ze eten geen honden.'

'Hij bedoelt hotdogs,' kwam Mohammed tussenbeide. 'Europeanen en Amerikanen eten iets wat hotdogs wordt genoemd. Maar dat is geen hond, het is varkensvlees.'

'Wat een vreselijk oord,' zei Abdillahi vol ernstig medeleven, en eindelijk drong het tot me door dat hij me zat te plagen. 'Wanneer komen jullie weer voorgoed terug naar Somalië? Het is hier nu veilig, jullie kunnen terugkomen en hoeven dan geen honden en varkens meer te eten.'

Abdillahi probeerde Mohammed over te halen om voorgoed terug te keren en aan de opbouw van het land te werken, maar Mohammed wendde zijn blik af.

Na het middageten bracht Abdillahi ons naar een ander hotel. Ze hadden nog maar één kamer met twee smalle houten bedden, maar de kamer was schoon en had een badkamer. Het was eenvoudig, maar Mohammed en ik waren er blij mee. Ik nam een douche met zout water dat uit de oceaan werd opgepompt en dankte God voor de zegen van water.

In de buurt van het hotel was een gebouw van betonblokken waarop een bord van de Verenigde Naties hing. Aan het eind van de middag liepen Mohammed en ik erheen. Op het heetst van de dag sloot alles zijn deuren om na het middagmaal en de middagpauze pas weer open te gaan. Binnen zaten een paar mannen. Degene die de leiding had, zei dat hij uit Sierra Leone kwam. Hij had niet de regelmatige trekken van een Somaliër: zijn neus was te groot en zijn huid was pokdalig.

'Wat voor soort project is dit?' vroeg ik. Hij keek me vreemd aan toen ik begon te praten. 'Ik ben Waris Dirie. Over een dag of twee ben ik weer terug in New York. Daar heb ik binnenkort een vergadering bij de Verenigde Naties, en ik zou daar graag wat meer willen vertellen over de projecten in Boosaso. Mag ik u een paar vragen stellen over wat u hier allemaal doet?'

Hij peuterde aan zijn onderlip en staarde zonder antwoord te geven naar de tafel. Ten slotte wendde hij zich tot Mohammed en zei achterdochtig: 'Voor wie werkt u? Wat doet u hier?'

'Ik ben Waris Dirie en ik werk voor de Verenigde Naties,' herhaalde ik.

Hij negeerde me volkomen en bleef aan Mohammed vragen: 'Wie bent u? Wat wilt u?'

Ik ging vlak voor hem staan, zodat hij me wel moest aankijken. 'Pardon,' zei ik. 'Ik praat tegen u.'

'Wat doet u hier? Waar gaat dit allemaal over?' begon hij te schreeuwen. De hele tijd bleef hij naar mijn broer kijken.

Achter in de ruimte zaten twee mannen. Een van hen zag er wel intelligent uit, dus ik ging naar hem toe en zei: 'Broeder, kunt u me misschien helpen?'

Hij keek naar mij en naar de oude man die stond te schreeuwen en zei toen tegen zijn vriend: 'Kom op, wegwezen hier.'

Dat vond ik nogal verdacht en het maakte me alleen maar vastberadener om erachter te komen wat het project inhield. Ik wendde me weer tot de man uit Sierra Leone en zei: 'Meneer, pardon, maar met alle respect, kijkt u me alstublieft aan. Ik praat tegen u, niet deze man, die stelt de vragen niet, dus kijkt u me alstublieft aan.'

De boze man hief zijn hand op, alsof hij me weg wilde duwen, maar hij hield op toen Mohammed opstond. Mohammed zei niets, maar torende alleen maar boven ons uit. Vervolgens legde mijn broer kalm uit dat we alleen maar informatie aan het vergaren waren en dat we geen misstanden wilden rapporteren.

'U zult iets preciezer moeten zijn. Wat wilt u precies?' zei de man, die weer aan zijn onderlip trok.

'Het spijt me als u het gevoel kreeg dat ik u wilde bespioneren. Ik zou graag meer informatie willen hebben over het VN-project dat is bedoeld om vrouwen te vertellen over hun gezondheid en die van hun kinderen. Weet u waar ik het over heb?'

'Aha,' zei hij. 'Daar kan ik u niet mee helpen. De mensen die daar meer over kunnen vertellen, zitten in een ander gebouw. Daar.' Hij wees naar een betonnen gebouw om de hoek.

We liepen naar het gebouw, waar ook een bord van de Verenigde Naties boven de deur hing. In het enige vertrek zaten een stuk of zes, zeven mannen een potje *shax* te spelen. Dat spel speel je met zijn tweeën. De een tekent drie vierkanten in het zand, het ene vierkant in het andere. Elke speler legt twaalf kleine steentjes op de snijpunten van de vierkanten. Als je drie steentjes op een rij kunt krijgen, win je een van de steentjes van je tegenstander.

Ze keken amper op van hun spel toen we binnenkwamen. Toen het potje afgelopen was, begroetten ze ons vol argwaan. Het was dezelfde reactie als we in het eerste gebouw hadden gekregen. Iedereen dacht dat ik hen geld wilde aftroggelen, ook al legde ik uit dat ik een vrijwilliger vol goede bedoelingen was. 'Ik ben niet op zoek naar werk en wil me niet met uw zaken bemoeien,' zei ik tegen hen. 'Ik ben alleen maar gekomen omdat ik bezorgd ben. Ik hou van mijn land en dacht dat ik misschien kon helpen. Ik ga straks terug naar New York en heb volgende week een vergadering met de grote jongens van de Verenigde Naties. Ik wil hun graag wat meer kunnen vertellen. Ik wil weten wat jullie nodig hebben en hoe we kunnen helpen.'

De mannen wipten van de ene op de andere voet en kozen elk woord zorgvuldig, wat ik ook zei. 'Dat is het belangrijkste wat ik mee terug kan nemen: informatie over wat jullie hier precies nodig hebben,' herhaalde ik. 'Ik wil niets van jullie, ik ben hier om te helpen.' Ze bleven er ongemakkelijk bij staan en deden niets. Ik had er helemaal genoeg van en trok van leer: 'Waarom helpen jullie me niet, zodat ik jullie kan helpen? Wat is er hier aan de hand?' Maar niemand wilde met me praten. Het maakte niet uit wat ik zei, ze vertrouwden me toch niet. Ze wilden niet met een vrouw praten.

Toen we vertrokken, zei Mohammed: 'Vrouwen kunnen zoiets gewoon niet doen, Waris. Je kunt niet zomaar ergens naar binnen gaan en mannen allerlei vragen stellen. Vrouwen doen dat hier gewoon niet.'

'Ik snap de mensen hier niet,' zei ik. 'Hoe kan er nu iets veranderen als iedereen die houding heeft en alles op dezelfde manier blijft doen?'

Op weg terug naar het hotel zag ik nog een ander laag gebouw met een bord van de VN erop. Ik keek door het raam naar binnen en zag daar een paar vrouwen zitten. Ze begroetten me hartelijk en wezen ons de weg naar het kantoor van de vrouw die aan het hoofd stond van een onderwijs- en gezondheidsproject voor vrouwen en kinderen. Het kantoor bevond zich in een van de lage geprefabriceerde gebouwen aan de rand van de stad. Assia Adan was een statige vrouw die nergens doekjes om wond. Ze was een bron van informatie.

Assia vertelde dat ze vrouwen meer over hun gezondheid probeert te leren. Ze is vroedvrouw en biedt niet alleen medische zorg, maar vertelt ook over de gevaren van genitale verminking. 'We vertellen over het infectiegevaar en over de meisjes die zijn overleden.'

Ik dacht aan mijn prachtige zus die stierf na haar besnijdenis.

'Het liefst zouden we die gewoonte helemaal uitbannen, maar het is al moeilijk genoeg om het onderwerp bespreekbaar te maken. De moeders zijn er zo aan gewend dat ze zich niet eens afvragen of het wel het beste voor hun dochters is. Het is gewoon ondenkbaar dat je je dochter niet laat besnijden.'

Ik knikte instemmend en zei: 'Mijn moeder deed het niet om me pijn te doen. Ze geloofde dat ik er rein en zuiver van zou worden.'

Assia en ik wisten allebei dat de faraonische besnijdenis, die in mijn land wordt toegepast, de ernstigste vorm is omdat de schaamlippen en de clitoris helemaal worden weggesneden en de vrouw daarna wordt dichtgenaaid.

'Mijn moeder lette er heel goed op dat ik na de besnijdenis op mijn rug sliep, zodat de wond zich glad en plat zou sluiten. Voor haar was het heel belangrijk dat mijn lichaam plat en glad was. Hoe probeer je dat soort ideeën te veranderen?' vroeg ik haar.

Assia legde uit dat ze de moeders vertelden dat er ook een andere manier van besnijden bestaat, *sunna*, waarbij er geen lichaamsdelen worden weggesneden en de vrouw niet wordt dichtgenaaid. Het is eerder een soort ritueel, dat door moderne vrouwen in Saoedi-Arabië als alternatief wordt beschouwd.

'In mijn dorp was er helemaal niemand die met me over dit onderwerp wilde praten. Helemaal niemand! Ze keken me aan alsof ik gek was.'

'Ja,' zei Assia begrijpend. 'We staan nog maar aan het begin. Ik werk hier al zes jaar en we hebben nog niet veel vooruitgang geboekt, maar het is geweldig dat we hier nog steeds zijn! Niemand heeft ons gedwongen om ermee te stoppen of om te vertrekken. Eerlijk gezegd vind ik het al een belangrijke stap dat we hier een voet aan de grond hebben gekregen. Er is hoop.'

Ik glimlachte. 'Ik kan de hoop voelen. Ik was bang om naar mijn land terug te keren omdat ik vreesde dat mensen me erop aan zouden vallen dat ik me openlijk tegen vrouwenbesnijdenis uitspreek. Mensen waarschuwden me dat ik misschien aan de grens zou worden tegengehouden, dat ik ontvoerd zou worden, of nog erger. Assia, wanneer ik weer terug ben, moeten we gaan samenwerken,' zei ik tegen haar. 'Ik zal je zoveel mogelijk helpen.' Ik vertelde haar over mijn stichting, Desert Dawn, en over het geld dat we hadden ingezameld om vrouwen en kinderen te helpen. We zijn van plan om een gemeenschappelijk gezondheidscentrum in Boosaso op te richten, om vrouwen te onderwijzen en om geld te steken in mobiele klinieken zodat de nomadengezinnen in afgelegen gebieden medische zorg kunnen krijgen en kunnen leren hoe ze een gezond leven kunnen leiden. Ik omhelsde haar en gaf haar een kus. Zolang er mensen als Assia zijn, is er een weg.

Mohammed had zulke lange benen dat ik bij elke stap die hij zette twee stappen moest nemen. Toen we door de stad terugliepen naar het hotel, kostte het me moeite om hem bij te houden, vooral omdat mijn lange jurk door de modder sleepte en rond mijn enkels verstrikt raakte. Ik haastte me achter hem aan en trok mijn jurk een stukje omhoog, zodat ik sneller kon lopen. Toen ik langs twee vrouwen liep die op de stoep zaten, hoorde ik: 'Kijk daar eens! Haar jurk zit om haar middel.'

'Nou, het is vast geen Somalische als ze er zo bij loopt.'

Toen we die avond ergens gingen eten, nam ik mijn fototoestel mee, zodat ik een paar foto's van de stad en de verschillende VN-projecten kon maken. Na het eten zag ik een prachtig affiche vol schitterende kleuren en een kaart. Ik pakte mijn fototoestel en maakte er met mijn flits een foto van. Ineens werd ik op mijn bovenbeen door een steen geraakt. Ik sprong vol pijn op en zag een karretje met flesjes fris omvallen, die over de hele straat stukvielen. De jongen die de steen naar me gooide, moet door de zwaai van zijn arm het karretje hebben geraakt, zodat de flesjes door de lucht vlogen. God, ontferm U over hen, dacht ik. Ik wachtte niet op wat er ging gebeuren, maar rende terug naar de auto, waar Mohammed zat te wachten.

'Iemand gooide een steen naar me!' riep ik tegen mijn broer.

Hij zat heel bedaard zijn tanden met een tandenstokje schoon te maken en keek me hoofdschuddend aan. 'Ze hadden ook op je moeten schieten.'

'Jij rotzak! Ik had wel gewond kunnen zijn.'

'Waris, ik heb je al keer op keer gezegd dat je geen foto's moet nemen. Ze zullen je nog ombrengen. Je weet dat sommige mensen hier echt geloven dat een foto hen van hun ziel berooft. Zo denken ze nu eenmaal over foto's, zusje. Voor jou betekent het niets, maar zij vinden het niet van respect getuigen. Ik zou hetzelfde doen als een vreemde vrouw een fototoestel voor mijn gezicht hield.'

Die avond zaten er in de lobby van het hotel een paar dames thee te drinken. We raakten met elkaar aan de praat en een elegante vrouw zei dat ze ook Somalisch waren. Ze zei: 'Weet u, u lijkt op de vrouw die ik op tv heb gezien.'

Omdat ze een tv had, vroeg ik me af waar ze woonde. 'Waar komt u vandaan?'

'Zweden. Ik woon in Zweden.'

'U hebt een Somalische vrouw op de Zweedse tv gezien?'

'Ja! Maar ik weet niet meer hoe ze heet. Ze komt ook in Duitsland op tv.'

Ik zei: 'O.' Ik zei niet: o, dat ben ik. Ik wilde weten wat ze van me vond, dus ik vroeg: 'Wat doet die vrouw?'

'Ze praat over vrouwenbesnijdenis.'

'En wat vindt u daarvan?' vroeg ik haar zachtjes.

'Ik vind dat het tijd wordt dat iemand daar eens iets over zegt! Ik ben zo trots op die Somalische vrouw!' zei ze met glanzende ogen. 'Wij praten nooit over die dingen! Ze is zo dapper, ik hou van haar. Ze geeft ons allemaal moed en hoop dat er ooit iets zal veranderen.'

Ik vroeg: 'Weet u hoe ze heet?'

'Volgens mij heet ze Waris,' zei ze. 'Weet u zeker dat u het niet bent?'

'Nee, ik ben niet erg dapper,' zei ik met gebogen hoofd. Ik schaamde me omdat ik zo dom was geweest. Waarom had ik niet naar Somalië durven gaan? Waarom had ik gedacht dat ze me zouden vermoorden? Toen iedereen in New York tegen me zei: 'Ga niet. Ga niet naar Somalië, het is veel te gevaarlijk,' twijfelde ik daar eigenlijk niet aan. Ik heb nooit gedacht: zeg, ik ken mijn volk, waarom zouden ze me iets aandoen? Toen er op het nieuws werd gezegd dat Somalië een oorlogsgebied was, twijfelde ik daar niet aan. Ik weet dat het waar is, maar toen ik in Somalië was, was ik net als ieder ander, waar dan ook. Ik ben geen moment bang geweest. Ik werd wel kwaad vanwege de manier waarop mannen me behandelden, alleen maar omdat ik een vrouw ben, maar wat ik van de meesten hoorde was: welkom, welkom. 'Wil je dat ik je dat laat zien? Kom maar, dan leid ik je rond. Ben je daar al geweest? Heb je dat al gezien? Je kunt niet terug voordat je dat hebt gezien,' zeiden de mensen. Misschien is er ergens wel een gestoorde stam, maar ik ben nooit bedreigd door de geweren van soldaten die gek waren van de qat. Ik zag een prachtig land met mijn prachtige volk.

Het is gemakkelijk om op te staan en je ergens tegen uit te spreken wanneer je ver weg bent, het is gemakkelijk om in een ruimte vol vreemden over vrouwenbesnijdenis te praten. Er is moed voor nodig om iets te doen waarvan je weet dat je eigen familie het af zal keuren, er is moed voor nodig om je vraagtekens te zetten bij het geloof van iemand die voor je staat. Het is gemakkelijk om in het Westen over vrouwenbesnijdenis te praten, maar de echte strijd moet in Somalië worden geleverd. Allah leidde me terug naar mijn land opdat ik zou ontdekken wat er moet worden gedaan. Ik bid dat Hij me de kracht mag geven om met mijn volk te praten op een manier die ze kunnen verstaan en begrijpen. Ik hou van mijn land, maar door mijn bezoek had ik gemerkt hoe moeilijk het was om mensen te veranderen. Maar ik heb hoop. Als je me nu zou vragen waar ik zou willen zijn, dan zou ik over Afrika zingen. *Hallo, Mama Afrika, hoe gaat het met je? Met mij gaat het goed en ik hoop met jou ook.*